本书由辽宁省社会科学规划基金重点项目（L19AGL012）、2024年度大连外国语大学出版基金资助

导向性技术创新视角下
环境规制
对绿色增长的影响机理研究

周晶淼 ◎ 著

中国财经出版传媒集团
经济科学出版社
Economic Science Press
·北 京·

图书在版编目（CIP）数据

导向性技术创新视角下环境规制对绿色增长的影响机理研究 / 周晶淼著. -- 北京：经济科学出版社，2025.7. -- ISBN 978 - 7 - 5218 - 7040 - 4

Ⅰ．F124.5

中国国家版本馆 CIP 数据核字第 2025Z6Z273 号

责任编辑：程辛宁　黄双蓉
责任校对：易　超
责任印制：张佳裕

导向性技术创新视角下环境规制对绿色增长的影响机理研究

DAOXIANGXING JISHU CHUANGXIN SHIJIAOXIA HUANJING GUIZHI
DUI LÜSE ZENGZHANG DE YINGXIANG JILI YANJIU

周晶淼　著

经济科学出版社出版、发行　新华书店经销
社址：北京市海淀区阜成路甲 28 号　邮编：100142
总编部电话：010 - 88191217　发行部电话：010 - 88191522
网址：www.esp.com.cn
电子邮箱：esp@esp.com.cn
天猫网店：经济科学出版社旗舰店
网址：http://jjkxcbs.tmall.com
北京季蜂印刷有限公司印装
710×1000　16 开　15.5 印张　220000 字
2025 年 7 月第 1 版　2025 年 7 月第 1 次印刷
ISBN 978 - 7 - 5218 - 7040 - 4　定价：92.00 元
（图书出现印装问题，本社负责调换．电话：010 - 88191545）
（版权所有　侵权必究　打击盗版　举报热线：010 - 88191661）
QQ：2242791300　营销中心电话：010 - 88191537
电子邮箱：dbts@esp.com.cn

前　言

自工业革命以来，经济发展所导致的资源匮乏、环境恶化等全球性问题对人类的生存和发展提出了严峻挑战。我国在过去30多年经济高速发展的同时形成了依靠低效率的生产要素投入、过度牺牲环境质量为代价的粗放型发展方式，除了面临资源匮乏和环境污染的威胁，还存在发展动力后劲不足的问题。绿色增长是一种新兴的增长方式，强调"在追求经济增长和发展的同时，自然资源和生态环境的可持续利用"。作为一个发展中国家，我国推行绿色增长政策是积极应对全球气候变化的表现，更是加快生态文明体制改革、建设美丽中国的内在要求。为了实现环境保护和经济发展相协调的绿色增长目标，我国相继出台了多项环境规制，但治污效果不显著，导致绿色增长在我国的实践进展缓慢；而且，企业在环境

导向性技术创新视角下环境规制对绿色增长的影响机理研究

规制的引导下技术创新研发方向不明确，由此引发的导向性技术创新选择问题也是绿色增长寻找新的增长动力要面临的问题。

本书围绕环境规制对绿色增长的影响，以绿色增长及相关理论为基础，从导向性技术创新的视角重点探讨了环境规制如何通过导向性技术创新影响经济活动和社会福利，这里导向性技术创新的两个技术方向分别为能够提高要素生产效率的偏向生产技术创新方向和能够减少污染排放量、改善环境质量的偏向减排技术创新方向。基于增长理论模型，融合环境质量和非可再生资源作为环境资源要素，在构建社会福利、经济活动、导向性技术创新和环境规制四个模块的绿色增长理论分析框架基础上，按照环境规制演进的顺序，深入剖析四种类型环境规制工具对绿色增长的影响机理，并就这一过程进行数理模型测算与仿真分析。可归纳为以下五个方面。

（1）构建环境规制约束下绿色增长理论模型，设计符合绿色增长均衡性、包容性和可持续性的初始条件和均衡条件，并针对相关参数和变量进行仿真分析，旨在考察和量化社会生产、资本分配、导向性技术创新和社会福利四个模块变量、参数及互相之间的动态关系。模型结果表明：导向性技术创新中偏向生产的部分是资本"可持续性"增长的根本动力，偏向减排的部分是气候环境"包容性"变化的重要保障；无论偏向生产还是偏向减排的导向性技术创新均存在"技术挤出效应"，但偏向生产的导向性技术创新对实现长期的绿色增长最有利；通过同时逐步控制技术进步和减少技术投资的"创新性变革和内生性繁荣"才是实现长期的绿色增长最优路径。

（2）建立政府扶持型环境规制对绿色增长的影响机理模型。以社会福利最大化为目标，通过政府扶持力度和环境治理成本在资本积累过程中对技术创新投资收益和资本分配的影响进行剖析，得到的结果说明：尽管棕色资本在资本积累中的生产弹性上存在优越性，但绿色资本才是维持全社会经济增长的重要支撑；环境规制的实施能够促进资本分配转向减排技术创新领域，且强度越大越有助于绿色资本利用，而进一步的减排技术创新对绿色增长目标实现具有更有效的推动作用。

（3）建立命令控制型环境规制对绿色增长的影响机理模型。以污染控制为前提，通过量化非可再生资源、导向性技术创新、污染排放和环境治理成本等要素，并内生化变量和参数间的动态关系后建立内生增长模型，求解结果的仿真分析得到：绿色增长关键的动力来源是技术创新，应为其准备资本空间；非可再生资源并非绿色增长必要的动力要素；相比生产技术创新，环境政策的实施中更应重视对减排技术创新的引导。

（4）建立市场引导型环境规制对绿色增长的影响机理模型。通过环境正向外部性将导向性技术创新方向内生化，并引入污染税和减排技术补贴到政府支出的预算约束中，探析市场引导型规制在影响导向性技术创新方向时如何实现绿色增长。模型结果表明：福利最大化与增长最大化不是等同的；污染税是经济增长速度新的驱动力，但其税率的确定十分关键；控制政府转移支付比例，为引导改善环境质量并提高整体技术水平的减排技术投资提供充足后援资本。

（5）建立公众参与型环境规制对绿色增长的影响机理模型。基于扩展索洛（Solow）模型框架，将绿色消费作为消费效用新的影响变量，利用环境资源承载力统一衡量生产过程中环境资源存量和绿色消费的动态变化，将生产与消费有机结合，研究环境资源约束下公众参与型的环境规制对绿色增长的影响。结果表明：应结合绿色消费水平，充分考虑环境资源存量、物质资本的资本弹性和环境自净能力等因素，作出有针对性的调整策略，以提升公众的绿色消费意识，促进绿色增长。

目　　录

| 第一章 | **绪论** ／1

　　第一节　研究背景与意义 ／ 1

　　第二节　国内外相关研究工作及研究进展 ／ 8

　　第三节　主要研究思路与方法 ／ 26

　　第四节　本章小结 ／ 31

| 第二章 | **相关范畴界定及理论基础** ／ 32

　　第一节　绿色增长 ／ 32

　　第二节　导向性技术创新 ／ 41

　　第三节　环境规制 ／ 46

　　第四节　增长理论模型与绿色增长 ／ 50

　　第五节　本章小结 ／ 63

| 第三章 | 环境规制约束下绿色增长理论模型 / 64

  第一节 问题提出 / 65

  第二节 模型构建 / 70

  第三节 模型求解 / 73

  第四节 数值仿真分析 / 77

  第五节 本章小结 / 92

| 第四章 | 政府扶持型环境规制对绿色增长的影响机理 / 93

  第一节 问题提出 / 93

  第二节 模型构建 / 98

  第三节 模型求解 / 100

  第四节 数值仿真分析 / 104

  第五节 本章小结 / 118

| 第五章 | 命令控制型环境规制对绿色增长的影响机理 / 120

  第一节 问题提出 / 120

  第二节 模型构建 / 126

  第三节 模型求解 / 129

  第四节 数值仿真分析 / 133

  第五节 本章小结 / 147

| 第六章 | 市场引导型环境规制对绿色增长的影响机理 / 149

  第一节 问题提出 / 149

  第二节 模型构建 / 155

第三节　模型求解 / 158

第四节　数值仿真分析 / 163

第五节　本章小结 / 187

第七章　公众参与型环境规制对绿色增长的影响机理 / 189

第一节　问题提出 / 190

第二节　模型构建 / 194

第三节　模型求解 / 196

第四节　数值仿真分析 / 200

第五节　本章小结 / 207

第八章　结论与展望 / 209

第一节　主要结论 / 209

第二节　政策建议 / 212

第三节　创新要点 / 214

第四节　研究不足及未来展望 / 216

附录　主要符号表 / 218

参考文献 / 221

| 第一章 |

绪　　论

第一节　研究背景与意义

一、研究背景

背景一：绿色增长成为当今各个国家解决环境资源问题的重要手段，我国在面对发展过程中环境资源约束和动力后劲不足的问题时有效实施了绿色发展战略。

自工业革命以来，经济发展所导致的资源匮乏、环境恶化等全球性问题对人类的生存和发展提出了严峻挑战。进入21世纪，人类社会进入第四次绿色工业革命，发展模式由传统黑色增长模式转向绿色增长模式，绿色增长作为一种新兴的增长方式强调"在追求经济增长和发展的同时，自然资源和生态环境的可持续利用"。2008年国际金融危机的爆发为以绿色增长为导向的增长模式转变和经济复苏提供了契机，联合国环境署提出"全球绿色新政"，以绿色增长为核心的经济革命正席卷全球。欧盟是推行绿色新政的先导者，2009年3月正式启动了绿色经济发展计划。英国的绿色新政可细分为绿色能源、绿色生活方式和绿色制造三个方面，德国重点发展生态工业，法国重点发展可再生能源。美国的绿色新政主要体现在节能降耗、减缓气候变暖以及新能源的开发和利用等方面。日本在2009年公布了以削减温室气体排放为目标的《绿色经济与社会变革》。韩国提出了"低碳绿色增长"的经济振兴战略，以发展绿色环保技术和新能源及可再生能源为主。

我国人均资源拥有量低于世界平均水平，过去30多年经济高速发展在使我国成为世界第二大经济体的同时，也形成了高能耗高排放的发展方式，这种粗放型发展方式是以破坏生态环境、生产中大量投入环境资源要素为代价来提升国内生产总值（GDP）增长速度，不仅我国国情不允许，全球资源能源容量也难以承载。另外，资本投入的低效率导致了严重的产能过剩、增长乏力。GDP增速放缓说明要素投入在我国经济的新常态下不再是增长的主要驱动力，只有培养出经济的新增长引擎、为未来经济增长注入新动能（李平、付一夫和张艳芳，2017），才能适应新形势下的经济增速变缓、结构高级化速度加快和动力转换的发展需要。面对资源匮乏和环境污染问题威胁社会发展的挑战，以及来自国际社会的巨大减排压力，我国作为一个发展中国家，通过政策、技术、经济等多方面措施，全面推进绿色发展战略国策，旨在实现经济增长与环境保护的平衡，为全球可持续发展贡献力量。2015年，联合环境保护部环境与经济政策研究中心、全球绿色增长研究所和中国环境与发展国际合作委员会发布了"'十三五'中国绿色增长路线图"研究报告（俞海、张永亮和张燕，2015），为我国绿色增长政策框架的建立、机制的完善和规制工具的实施提供了决策参考。2020年我国在第七十五届联合国大会提出"2030年前碳达峰、2060年前碳中和"目标，并制定绿色增长相关行动计划。

背景二：环境规制体系有待进一步完善，可为绿色增长在中国实践提供更多助力。

绿色增长更多关注的是资本积累过程，即社会生产在整个国民经济中的主导地位。社会生产是资本收益的主要来源，也是经济增长的引擎，为国家创造大量财富的同时也排放了大量污染物。显而易见，生产过程中污染物排放的减量化能够有效抑制环境污染、改善环境质量。我国在社会生产实践方面，为推动绿色增长也相继开展了"低碳城市"试点、构建资源节约型、环境友好型社会和建设"绿色中国"等一系列促进绿色发展的国家战略。

但从环境规制的制定和实施效果来看，需要完善环境规制体系，为绿色增长提供助力和保障。自改革开放以来，我国相继出台了多项环保政策措施，环境保护工作还被纳入我国的基本国策。1979年国家制定了首部《中华人民共和国环境保护法》，对环境污染的防治作出原则性规定。1992年党的十四大召开，确立了中国经济体制改革的目标是建立社会主义市场经济体制，标志着我国开始进入社会主义市场经济体制框架构建阶段。伴随着改革进程的加速，环境规制成为其中一个重要方面。到2003年经济体制改革进入完善阶段，环境规制也得到了进一步发展。2005~2009年我国相继颁布和实施了《关于落实科学发展观加强环境保护的决定》和《中华人民共和国循环经济促进法》，环境保护部于2008年由全国人大批准成立。在解决环境问题上，"十一五"期间从政策、体制和减排能力等方面取得了一定进展，但是控制污染物排放的目标并未完全实现。为进一步完善环保标准，解决经济社会发展与资源环境约束的矛盾，"十二五"规划再次将"建设资源节约型、环境友好型社会"作为指导思想和发展目标。2014年《中华人民共和国环境保护法》的修订也为规划目标的实现提供了法律保障。"十三五"规划将绿色发展上升为五大核心发展理念之一，其中提到"加快改善生态环境，推进资源节约集约利用，加大环境综合治理力度，加强生态保护修复，积极应对全球气候变化，发展绿色环保产业"。2016年全国人大常委会通过《中华人民共和国环境保护税法》，众多法律法规的颁布实施为我国的环境保护提供了司法保障。虽然环境规制日趋完善，但预期的环境质量改善或环境不再恶化并未完全实现，甚至遭遇了严重的环境污染问题。为了解决类似问题，我国在2018年对《中华人民共和国环境影响评价法》进行了修订，取消部分项目环境评价审批前置条件，强化事中事后监管。

环境规制的污染治理效果不理想的主要原因：一方面，是监管者不能积极履行监督职责。虽然有立法作为规制执行的保障，但我国对环境违法行为的处罚规定普遍不够严格。而且执法过程受到地方保护主义的影响，很多地方环境监管部门普遍存在执法过于宽松，甚至无作为的现象，这实质上对企业环境污染行为形成了变相鼓励。另一方面，是规制中对环境保护行为及做法激励不足。我国已经形成以命令控制型环境规制为主、市场引导型环境规制为辅的环境规制体系，具体包括"环境影响评价""三同时""排污收费""环境保护目标责任""城市环境综合整治定量考核""排污申请登记与许可证""限期治理""集中控制"八项核心制度。命令控制型规制缺乏成本有效性和对企业降低污染的激励，造成一些企业的污染治理止于形式。而基于"污染者付费"原则的市场引导型环境规制不但使用较少，而且尚未形成体系，不能适应市场经济体制下控制污染排放的需要。

背景三：识别新的绿色增长动力引擎，并通过完善环境规制对企业技术创新的研发方向加以引导和转化。

企业作为国民经济细胞，是社会生产和服务等经济活动的主要参与者和承担者，在应对环境规制政策时，企业投入成本构成将发生变化。为了求生存、谋发展，并在市场中取得竞争优势，企业管理者必须将环境影响效应纳入管理实践中，同时调整经营战略、投资方向和生产行为。环境规制的实行无疑能带来巨大的社会收益，但对于企业来说，由传统生产者向绿色生产者的转变仍是一个极大的挑战。

绿色增长始终面临的重要问题在于如何创造新的增长动力。"波特假说"的出现带来一种新思维，即环境规制使企业增加的成本只是短期静态的结论；从长期和动态的角度看，环境规制可以促使企业加大研发力度，新技术的出现会弥补环境规制带来的短期损失。但他忽略了企业作为技术创新的载体，在加大新技术的研发力度时是有选择性的，它可以以提高生产效率但增加环境污染的生产技术研发为主，也可以以减少或替代污染性活动的减排技术研发为重心。这种技术创新研发方向的选择内生于企业的生产经营活动过程中，影响着环境规制政策对技术创新研发的激励效果。受环境规制影响，将导向性技术创新的选择纳入企业管理实践中已经引起企业经营者的高度重视。

可能增加污染的新技术单纯强调了经济增长，没能将资源和环境与经济相关联，使企业在创新过程中不可避免地以危害环境为代价，虽然推动了经济的快速增长，但也破坏了人类赖以生存的生态环境，引发环境恶化问题。因此，只有减少或替代污染的绿色技术创新才是绿色增长的根本动力。绿色增长实践中社会计划者宣布实施的一些环境规制，可能对社会创新者选择进行不同类型技术创新的研发成本和收益产生不同影响，进而引发导向性技术创新问题。

基于上述背景可以看出，绿色增长不仅是各发达国家解决环境资源问题的重要手段，也是我国作为发展中国家建设美丽中国、实现可持续发展的内在要求。我国正处在经济增长速度换挡、结构调整步伐加快、发展动力开始转换的新常态下，绿色增长无疑是整合了发展动力（导向性技术创新）和保障手段（环境规制）的最适合这一时期发展要求的增长方式。然而绿色增长至今仍停留在理论层面，实践效果不显著的原因在于环境规制治污效果不显著以及对绿色增长新引擎的认识不清。由此可知，环境规制对绿色增长的影响机理还具有很强的黑匣性。因此，本研究主要关注的是：将导向性技术创新作为绿色增长的新动力，以及由环境规制引发的导向性技术创新方向引导问题；受环境规制类型变化的约束，如何引导导向性技术创新的方向选择来实现物质资本积累，同时提高环境质量、促进经济发展，实现环境和经济双赢。

综上所述，本研究通过构建导向性技术创新视角下绿色增长运行机理、政府扶持型环境规制对绿色增长的影响机理、命令控制型环境规制对绿色增长的影响机理、市场引导型环境规制对绿色增长的影响机理和公众参与型环境规制对绿色增长的影响机理等一系列理论模型，以期在各类环境规制实践过程中推动导向性技术创新的发展偏向减排技术创新，并带动整体导向性技术创新水平的提升，实现整个社会的绿色增长。

二、研究意义

环境规制对绿色增长的影响机理研究具有重要的理论价值和现实意义，具体表现在以下几个方面。

（一）理论意义

1. 以最优控制理论和动态优化的方法研究环境规制对绿色增长的影响机理，丰富了绿色增长机理性研究的方法应用。

环境规制是政府提升环境质量的重要手段，本研究通过探讨其与绿色增长的内涵，厘清环境规制引导导向性技术创新进而作用于整个绿色增长过程的影响机理。鉴于传统技术创新的局限，从导向性技术创新视角探索导向性技术创新在绿色增长中的核心作用，弥补了该领域研究的空白。构建了环境规制、导向性技术创新和资本积累的动态最优控制模型，在均衡条件下通过模型求解得到最优绿色增长路径，打开了环境规制作用于导向性技术创新的"黑箱"，证实了环境规制这一变量在环境质量的提升中存在着不可忽视的重要性，为学术界开展研究、政府相关部门制定政策提供理论依据和决策参考。

2. 以增长理论的数理模型为基础从导向性技术创新视角对环境规制的作用机理进行模型研究,开拓了对绿色增长研究的视角。

传统技术创新以经济增长为中心,忽视了资源和环境效益,本研究拓宽了对技术创新的研究视角,从绿色增长出发,考察导向性技术创新在绿色增长中的驱动作用;特别地,从不同环境规制对绿色增长的作用机理出发,研究不同环境规制下导向性技术创新的选择及其对绿色增长的影响机理。在方法上,利用算例仿真模拟不同情境下各绿色增长要素的动态变化过程,使得研究更有针对性。

(二)现实意义

1. 为政府针对环境问题推行新的、更有效的绿色增长改革政策和监督手段提供决策参考。

在推行绿色增长改革的进程中,我国不仅需要广泛吸收发达国家的成功经验和失败教训,积极参与到与其他国家的双边、多边合作中,更需要研究设计支撑绿色增长的可行政策。因此,基于可适用于不同发展阶段的环境规制约束下导向性技术创新对绿色增长的影响机理的研究结果,为能源需求上仍依赖非可再生资源(化石燃料)投入社会生产的我国在未来的绿色增长改革中提供政策建议和决策参考。

2. 对政府如何引导企业进行更有效的社会生产和技术研发,使整个社会向绿色增长的方向发展,具有重要的作用。

绿色增长实践中政府制定的环境政策,可能会对企业进行技术创新研发的成本和收益产生影响,这也是政府通过环境规制引导企业选择导向性技术创新研发方向的依据。在明晰了环境规制对绿色增长的影响机理后,可以通过环境规制调整企业的技术创新方向,进而促进企业社会生产的清洁化、资源分配的优化以及投入产出的高效化,使整个社会朝着绿色增长的方向发展。这对坚持绿色发展国策、实现生态文明建设具有很强的现实意义。

第二节　国内外相关研究工作及研究进展

一、绿色增长

目前，绿色增长的理论研究以环境资源投入和环境政策调整对绿色增长目标实现的动态影响为关注的重点。另外，相关研究还侧重对绿色增长的概念界定和内涵理解，以及在此基础上构建的理论分析框架。下面从绿色增长的概念内涵、绿色增长的影响要素及绿色增长分析框架三个方面对已有研究文献进行梳理。

（一）绿色增长的概念和内涵

绿色增长概念最早是由学者穆尔盖（Murgai）明确提出的，而后绿色增长的理念便在全球范围迅速蔓延。世界各个国家和国际组织机构对绿色增长进行了深入研究，并各自给出了对"绿色增长"概念的界定，详细内容参见表1-1。联合国亚洲及太平洋经济社会委员会（UNESCAP）在2005年举行的联合国亚太经社会会议上提出将"绿色增长"作为环境可持续发展的经济范式之一。经济合作与发展组织（OECD，2009，2011）的绿色增长议程致力于纠正影响环境资源和生产系统服务的不完善因素，在发布的一系列报告中不断完善对绿色增长的定义。联合国环境署（UNEP，2011）的"绿色经济"更侧重经济的可持续发展，自然资源的持续利用，以及生活质量的持续提高。在欧洲，如丹麦、德国、挪威和法国等以"绿色经济"来促进其他类似的政策。"欧洲绿色经济"和"亚洲绿色增长"都是OECD和UNEP在"全球绿色新政"的推动下提出的一种政策观点，是经济增长的新范式。世界银行（WB，2012）发布的《包容性绿色增长——实现可持续发展的路径》中也给出了对"绿色增长"的概念理解。2014年3月，绿色增长最佳实践倡议（GGBP）发布了《绿色增长最佳实践：主要发现》综合报告，其中也明确了绿色增长概念的内涵。

表1-1　　　　　　　　国际组织机构对绿色增长的概念界定

机构/组织名称	年份	绿色增长概念	报告名称
UNESCAP	2005	为推动低碳、惠及社会所有成员的发展而采取的环境可持续的经济过程	《第五届亚洲及太平洋环境与发展部长级会议纪要》
OECD	2009	在防止环境破坏、气候变化、生物多样性丧失和以不可持续的方式使用自然资源的同时，追求经济增长和发展	《绿色增长战略宣言》
OECD	2011	在确保自然资产能够继续为人类幸福提供各种资源和环境服务的同时，促进经济增长和发展	《迈向绿色增长》
UNEP	2011	提高人类福祉和社会公平，同时有效降低环境风险和生态稀缺性	《迈向绿色经济：实现可持续发展和消除贫困的各种途径》
WB	2012	使增长过程实现资源节约、清洁和更有弹性而不必减缓增长速度	《包容性绿色增长——实现可持续发展的路径》
GGBP	2014	一条能够实现资源高效利用、增强气候变化应对和适应能力以及减少贫困的具有包容性的绿色经济的途径	《绿色增长最佳实践：主要发现》

资料来源：作者整理。

同时，学术界许多学者也对绿色增长的概念内涵进行了研究，为形成科学系统的绿色增长概念提供了参考。莱恩（Lane，2010）认为绿色增长是2008年金融危机后为陷入困境的全球经济提出的一种补救措施，将发展重点重新聚焦于对环境资源和生态系统服务的投资，以及"自然基础设施"的建设，如森林、水体和生物多样性等。奎斯与斯梅尔德斯（Quaas and Smulders，

2013）对绿色增长的定义主要体现在两个方面：一是环境污染随着时间的推移而减少，除了增加社会福利，还能达到资源的帕累托最优分配；二是对于以经济发展为主的短期绿色增长，可适度放宽环境污染和资源使用的严格约束。绿色增长不仅是增长与环境保护的平衡，更是以质量为中心的、低碳的、节能的增长，它聚焦于通过清洁技术、公共基础设施和环境友好商品和服务来创造价值（Kim et al.，2014）。绿色增长包括能源市场、自然资本的积累（包括种植和管理土地以及水的供应）、清洁生产、环境友好型技术创新（新能源、碳捕捉和新型环保材料）和服务部门的进一步发展（Hamdouch and Depret，2010）。促进绿色增长的主要驱动不是环境而是经济。绿色增长是作为复兴状况不佳的全球经济的后金融补救措施而提出的，使之重新聚焦于在环保产品和服务市场上的投资，和类似于森林、水体、生物多样性的"自然基础设施"的发展（Lane，2010）。然而，绿色增长不仅适用于环保产品和服务部门的重点强调环保和社会创新的传统新古典经济学的重新命名，而且相关政策可能旨在改变游戏规则并提供趋向于经济中结构转变的过渡平台（Torgerson，2010）。问题不再是当前的资本主义增长模式是否应该被"绿色增长"所取代，而是现实情况要求经济增长向着与环境可持续并存的新增长方式转变。斯特纳和达蒙（Sterner and Damon，2011）在气候变化的背景下提出了实现全球温室气体排放量减少需要严格的环境标准和有效的政策工具，但是由于这样的工具对于许多消费者和生产者是繁重的负担，而且强加的环境标准加大了发展中国家成本分配和增长前景的挑战难度，因此鼓励创新和技术导向减少排放的方法也很重要。类似的研究强调对环境政策采取的整体方法进行研究，并关注制度能力、政治经济以及政策制定的成本效益（Damon and Sterner，2012）。

  绿色增长的基本内涵是在保证经济发展的情况下减少环境的负面影响（Newman and Dale，2008）。除此之外，其内涵还应该包括：减少因经济活动中非可再生资源的投入导致的温室气体排放，对传统经济技术的改造和创新，包括资源利用效率的提升和相关技术的研发（Jänicke，2012），以及发展绿色产业、增加就业机会（Ellis and Baker et al.，2009）。"绿色增长"是继"经济增长型发展""弹性增长发展""扶贫式社会发展"之后提出的又一种发展模式（Glemarec and de Oliveira，2012）。与传统发展模式相比，"绿色增长"是在可持续发展理念的指导下提出的一种以资源的可持续利用和环境的有效改善为核心的新型发展模式，从发展经济学的视角将环境质量作为整个社会发展的内生变量，强调环境、经济和社会的协调发展。同时，它也兼顾到提高人类福祉，如减缓气候变化、恢复生态系统服务功能以及减少贫困、增加就业等（彭红斌，2002；孙耀武，2007）。由此可见，对绿色增长内涵的理解可以从增长质量、经济规模和社会包容三个方面展开。

一是提高经济增长质量。经济增长效率是社会发展中关注的核心问题，而绿色增长同样也面临着评价和衡量经济增长的绿色化问题，即如何在保证经济增长速度不减缓的同时提高资源使用效率和减少环境污染。阿莱加特等（Hallegatte et al.，2012）就提高经济增长质量提出了注重教育和人力资本素质的提升，以技术创新和市场机制来调控绿色增长。

二是控制经济规模扩张。为了将自然资源的消耗和环境品质的降低所带来的负面效应纳入考虑范围，更全面地反映人类社会经济和福利发展的真实水平，联合国统计署（UNSD）于20世纪70年代提出了"绿色GDP"的概念，从整个社会经济环境系统的视角出发，以"规模"作为测算经济增长的重要维度。实践证明，经济规模的扩张并没有实现提升"社会福利"这一绿色增长目标。因此，若一个国家或区域要想实现绿色增长，其首要任务是控制经济增长的规模（Victor，2010；Leipert，2016）。

三是社会包容性。所谓的包容性，它强调了绿色增长的全球公平性，即无论是发达国家还是发展中国家，在生态环境所提供的有限资源和服务下，都享有发展经济、改善生活质量和提高社会福利的权利（Barter，2011）。为了解决发展过程中面临的贫富差距过大、资源环境恶化等社会问题，在新的政策制定上，要克服当前经济体制的缺陷，摆脱已形成的对社会发展固有思维模式和社会规范的制约，才能解决市场失灵和政策失效现象，实现包容性绿色增长（OECD，2012）。

（二）绿色增长的影响要素

关于绿色增长的影响要素，从经济学和数理模型视角进行研究的成果较为丰富，主要包括：

一是资源利用对绿色增长的影响。绿色新政首先得到广泛回应的是对可再生能源的大力推广，诺德奥斯（Nordhaus，1994，2008）的研究不仅肯定了利用可再生能源对经济增长的推动作用，认为减少化石能源开采、加大环境保护、科学开发可再生能源不仅可以带来健康效应（即身体健康的劳动者工作效率更高）和提高生态系统的生产效率（如弥补资源开发减少的损失），还可以带来旅游收入，借助 DICE 模型的分析发现，依托开发可再生能源避免气候变化，可以提高劳动生产率，维持经济的长期增长。托内尔和莱恩（Lane and Tornell，1999）指出推动非可再生资源开采招标过程透明化，可以有效减少其给经济增长带来的负面作用。因此，当国民经济的能源结构转变为主要依赖于可再生资源时，从长远的角度看，可以摆脱类似非可再生资源对经济增长的限制作用。通过科学控制开采、加强环境保护和减轻非可再生资源的供应压力，不仅可以增强生态系统服务功能，还可以间接提高国民经济的生产效率。这种效率的提高可以充分弥补资源开发减少的损失，并进一步刺激投资，推动经济增长。

二是环境政策的推出对绿色增长的影响。为了减少非可再生资源带来的负外部性，政府通过使用环境规制提高非可再生能源的使用成本，是一种可行的解决办法。而环境政策的推出是否会促进经济的增长，学者们还存在争议。斯穆尔德斯和德诺伊（Smulders and Nooij，2003）认为，环境政策的实施会抑制经济的增长，主要表现在物质资本边际产出的降低和投资的减少，但鉴于国民经济增长与否取决于物质资本投入相对于资源投入的重要性及边际资本产出的下降程度，环境政策的正面效果得到更多的认可。米歇尔和罗蒂永（Michel and Rotillon，1995）通过研究发现，对于居民而言消费和愉悦的心情存在互补关系，更加清洁的环境会促使家庭储蓄增加，从而将当前的消费推至未来，而这会在短期内抑制经济增长。此外，污染税的推出会改善环境并促进经济增长，但会降低社会福利水平，这是因为污染税抬高了消费品价格，迫使劳动者不得不增加工作时间、减少休闲时间（Hettich，1998）。哈特（Hart，2004）认为，若市场中有企业生产出更环保的产品，那么污染税的推出可以刺激技术落后的企业投资研发更环保的产品，从而加速旧产品的淘汰。可见，一项有效环境政策的实施可以通过替代机制抵消其负面影响，从而促进经济增长（Ricci，2007）。

　　三是技术创新对绿色增长过程的影响。经济增长主要通过资本积累来实现，而随着资本的边际收益率的下降，经济将不能维持持续增长的状态。即使政府追加投资试图稳定增长，但由于缺乏技术创新这一关键要素，导致经济增长不可持续（Jones，2002）。从长期来看，技术创新可以提高劳动生产率，增加资本的边际收益，是维持经济可持续增长的最重要因素（Caselli，2010）。有些技术创新除了提高生产效率外，还可能具有环保效用。因此，从技术创新的角度研究长期的可持续发展问题首先要区分技术创新的类型。斯穆尔德斯和迪马里亚（Smulders and Maria，2011）将技术创新分成依赖于污染投入的传统技术及减少污染物和资源消耗的绿色技术。绿色技术创新是实现可持续发展的根本与支撑（James and Jansen，1978；李丁，2011），而绿色增长除了对技术创新的研发方向有指导作用外，还能对其发展起到约束效应（张江雪、朱磊，2012），因此要全面考虑经济、环境和社会的协调发展。内涅等（Negny et al.，2012）、普洛格和华根（Ploeg and Withagen，2013）提出的计算机辅助生态创新体系素材，为高能耗产业的工程设计提供支持等，都是绿色技术创新在实践中的应用和体现。绿色技术创新在实现绿色增长中的重要性，已经被众多学者的研究所证实（Cairneross，2000；任淑林，2006）。

（三）绿色增长的分析框架

国际研究机构和学者在各自提出绿色增长概念的基础上，为了评价绿色增长的程度，以便于各国实践的开展，构建了绿色增长分析框架。

经济合作与发展组织（OECD，2011）在提出绿色增长概念内涵的基础上，构建了集经济、环境、社会、技术和发展于一体的全面综合分析框架，具体包括消除绿色增长的环境外部性和市场失灵障碍、促进发展轨迹的转变、支持绿色转型和加强国际合作几个方面，以揭示不同国家实践绿色增长的水平。

联合国环境署（UNEP，2012）在注重可持续发展和消除贫困背景下，构建了包含经济转型、资源效率和社会福利的分析框架，以确保经济、社会和环境领域的聚合力和政策一体化。与OECD框架对比后发现，它们涉及的领域包含社会、经济与环境三个方面，都是以降低环境压力为目标，最终实现三个领域的协调发展。不同的是UNEP更注重环境保护与污染治理，强调环境方面的投资，而且更关注绿色政策对经济活动的影响。

世界银行组织（WB，2012）在发布的报告《包容性绿色增长：可持续发展之路》中提到，为了体现绿色增长包容、高效和可负担的内涵，在推行绿色增长政策时要注意提升人们的绿色环保意识。建立的包容性绿色增长分析框架主要从环境、经济和社会三个方面的政策规范和治理角度实现包容性绿色增长，是对联合国环境署在绿色增长政策方面的深入扩展。

绿色增长知识平台（GGKP，2013）特别强调经济与环境的关系，提出绿色增长概念框架，并对比当前几个国际研究机构绿色增长框架的特征、功能和优缺点。

瓦兹奎-布鲁斯特和萨尔基斯（Vazquez-Brust and Sarkis，2012）对绿色

增长的分析框架可以总结为 3 个驱动因素和 9 个维度间的交互作用。3 个驱动因素分别是全球化、创新和资源稀缺性，并针对绿色增长面临的问题提出增长质量、政策整合、多利益相关者管理、自由监管和动态政策组合、竞争力、系统间良性循环、社会凝聚力、信任和协作以及企业领导决策 9 个维度。研究中更强调绿色增长政策的重要性，侧重经济结构的转变，要求经济增长与环境可持续共存。

（四）研究述评

通过以上对绿色增长相关研究文献的系统梳理发现，研究机构和学者对绿色增长的定义还没有达成一致，就其内涵的理解应包括经济高效、规模有度、社会包容等要素；影响绿色增长的要素有非可再生资源、环境政策和技术创新，学者从数理模型的角度对单个要素或两两组合对绿色增长的影响进行研究，但整体考虑三者对绿色增长影响的研究还相对较少。鉴于绿色增长概念的分歧，国际组织和学者构建的分析框架也不尽相同。

二、导向性技术创新与绿色增长

现有导向性技术创新相关研究侧重关注技术创新方向的主导因素会影响技术创新者对研发方向的选择，且进一步影响整个社会的技术创新水平和经济增长（Hart and Rob，2008；Gerlagh，2010；Gans，2012）。而影响导向性技术创新方向的因素主要归纳为外部诱导和内部驱动两个方面。其中，外部诱导具体体现为环境政策和全球化对技术创新方向的引导；内部驱动主要包括技术创新的初始水平和投入要素间的可替代性对技术创新方向的影响。

（一）环境政策对导向性技术创新的影响

阿西莫格鲁等（Acemoglu et al.，2009）对"当环境政策还未执行或实施效果不佳时，一国经济的社会生产会集中于高污染模式"这一假说进行了验证。结果发现，当环境政策没有实施或实施不力时，棕色技术产品的市场空间和利润更大，从而逐步导致今后只有棕色技术厂商开展研发活动；绿色技术产品逐步淡出市场，其生产率也会因技术研发的不足而下降。在这种恶性循环下，国民经济产业结构会被锁定在污染密集型产业。这一研究证实了环境政策会对导向性技术创新的方向选择产生影响。

格里莫和鲁格（Grimaud and Rouge, 2008）的研究发现，在内生增长的一般均衡框架下，假定只考虑社会生产投入污染性的可耗竭性资源和清洁的劳动力两种要素时，市场引导型环境规制（污染税和技术补贴）会影响导向性技术创新方向的选择。在分散经济的假设下求解出均衡路径，并得到只有同时具备减少污染排放并降低能源消耗以及增加绿色技术研发投入两个作用的环境政策才能称得上是均衡路径上最优的环境政策。

贾菲等（Jaffe et al., 2005）认为，市场失灵和技术创新溢出效应是政府采取减排环境政策的理论基础，通过经济激励政策和市场监管手段能有效影响技术创新的速度和方向。为了提升技术创新水平，政府对技术创新实行补贴政策，但不能选择补贴的对象。哈特（Hart, 2004）通过构建经济增长模型后得到环境税收政策可以解决上述问题的结论。环境税的推出，不仅有利于减少污染排放，还可以鼓励劳动力向清洁生产方向转移、利于环境友好型研发活动的开展，而且还可能促使生产效率的提高。

（二）初始技术水平对导向性技术创新的影响

阿西莫格鲁等（Acemoglu et al., 2016）从供给角度假定清洁技术和污染技术在生产和创新过程中相互竞争，通过建立一个微观的内生增长模型发现，当初始污染技术领先于清洁技术，则从污染技术很难转换到清洁技术，而碳税和研发补贴政策可能会鼓励清洁技术的生产和创新。为描述这一缓慢转变过程的性质，他们利用美国能源部门1975~2004年企业的就业、产值、销售额和技术专利等数据,对模型的最优政策路径产生的福利进行模拟仿真分析。但研究中只关注了转换过程中一国政策对技术导向的影响,忽略了该国导向性技术创新的溢出效应可能会对其他国家的技术创新方向的选择也产生影响。

埃姆(Hémous,2012)将导向性技术创新理论引入到两部门(清洁和污染部门)模型中,并假定最初清洁技术落后于污染技术,通过南北方两个国家施行不同环境政策研究技术变化及对经济可持续增长的影响。当北方国家对碳排放进行征税并补贴清洁部门的技术研发,而南方国家放任污染物排放,会加大南方国家对污染技术的依赖,且拉大两国清洁技术水平的差距。当北方国家清洁技术水平高于污染技术时,即技术的初始状态发生逆转,会带动南方国家共同降低污染物的排放,最终提高环境质量。而当技术创新没有导向性时,单凭北方国家的环境政策是不能实现两国共同减排目标的。

(三)要素间的替代弹性对导向性技术创新的影响

阿西莫格鲁等(Acemoglu et al.,2009)在环境约束和资源限制条件下将导向性技术创新引入内生增长模型中,将动态税收政策作为衡量清洁和污染投入要素间的可替代程度,研究环境政策对清洁技术和污染技术的影响,结果发现:当两种技术可以充分被相互替代时,短期内对污染技术和生产征收环境税就可实现长期的可持续增长;而当两种技术或投入要素不可以被相互替代时,就需要制定长期有效的环境政策来保证环境质量了。因此,在经济增长可持续和社会福利最大化双重目标下,两种技术的替代弹性是政府环境政策干预程度和实施效果的重要影响因素。格雷克和赫格达尔(Greaker and Heggedal,2012)认为上述研究结论过度强调对清洁技术研发补贴的重要性。为了重新确定碳税引导技术创新的作用,在模型中引入长期有效的专利代表技术创新,得出结论:只有出现了跨期技术溢出效应,才能缓解技术创新研发的不足。

斯穆尔德斯和诺伊（Smulders and Nooij，2003）在模型中引入能源投入要素后发现，当社会生产投入的能源要素与物质资本可互补时，减少能源投入势必影响物质资本收益和污染性技术创新的发展，从而导致经济增长停滞；而此时的清洁技术投资收益会提高，投入到清洁技术的投资会提高其技术创新水平并带动整个导向性技术创新的发展。而当初始清洁技术水平高于污染技术水平时，清洁技术投资的高收益会抵消能源使用减少带来的经济损失。

（四）全球化对导向性技术创新的影响

环境污染问题是世界各国都面临的发展难题，随着全球化进程的加快，个别国家的环境政策是很难改善全球环境质量的。只有发达国家和发展中国家共同努力参与和合作，才能从根本上解决环境污染问题。阿西莫格鲁（Acemoglu，1998）将不同国家的技术专利保护制度引入导向性技术创新模型中，分析国际贸易和技术专利保护制度对导向性技术创新方向选择的影响。结果发现，国际贸易通过价格渠道影响发达国家技术方向的选择。全球化与导向性技术创新成为美国1980年以来工资差异增大的一种解释。摩尔和兰詹（Moore and Ranjan，2005）通过模型进一步研究二者对技术研发类人员失业率的影响。结果证实，全球化和技术创新方向变化都会增加工资的差异，并对失业产生负面影响。

张莉、李捷瑜和徐现祥（2012）以导向性技术创新的视角，通过构建要素份额的决定方程，证实了全球范围内导向性技术创新的重要性，并结合发展中国家的特点，利用1980～2007年的跨国经济数据，研究要素收入份额的影响因素和发展机制，结果表明偏向资本积累的导向性技术创新是发展中国家的技术创新方向。

（五）研究述评

通过梳理国内外导向性技术创新相关研究的进展，发现环境政策、初始技术水平、要素间替代弹性和全球化都对导向性技术创新方向的选择产生了影响。现有研究多以外生的形式将这些影响因素引入模型中，忽略了导向性技术创新方向的选择对这些因素的影响。

三、环境规制对经济增长的影响研究

最初，环境政策以行政控制手段为主，因此又被称为环境规制。环境规制对经济增长的影响在学术领域一直众说纷纭。根据环境资源的公共品属性和外部性理论，环境政策以政府干预经济增长的方式，影响着环境和经济发展。马歇尔（Marshall，1890）认为外部性是指一方（个人或者企业）无意识的行为对另一方造成的不需要补偿的损失或副作用，这也是继西季威克（Sidgwick，1887）发现"个人和社会物品属性不一致"之后第一次正式提出"外部性理论"。庇古（Pigou，1920）遵循这一研究轨迹，进一步提出了边际个体收益和边际公共收益、边际个人成本和边际公共成本等概念，由于不同边际收益之间存在差异，个人或企业在谋求自身利益最大化的过程中，将环境作为媒介，其行为会无意识地产生外部性。

同时，在市场环境下，环境资源作为公共物品，它的非竞争性和非排他性两种特殊属性使价格机制失灵。具体表现为"公地悲剧"，即在一个可以自由出入的公共地区，任意利用公共地产生的收益都归个人所有，而成本由社会大众共同负担，由此造成了公共地区这种公共资源被任意滥用，最终导致不良后果（Hardin，1968）。在这种情况下，政府应作为宏观调控的角色参与其中，纠正市场失灵现象。由政府提供的环境资源作为公共物品，在使用时要遵循著名的萨缪尔森使用准则（Samuelson，1954），即公共物品的社会价值要和所有使用这一物品的支付意愿总和相等。解决公共物品外部性成本内部化的具体方法有两种：一是庇古（Pigou，1920）提出的征收庇古税，污染者通过向政府缴纳税收来补偿环境污染造成的损失，税率是由个人成本和公共成本之间的差额决定的。二是科斯（Coase，1960）提出的进行产权鉴定，它是在"庇古税"思想的基础上，为解决税率难以确定以及实际执行过程中的困难而提出的，又被称为科斯定理。他认为若不存在交易成本，只要合理界定公共品的产权，污染者和受害者之间的环境问题可以通过协商来解决，或者由污染者出资补偿受害者，或者由污染者出资治理环境，并不需要政府出面干预。

上面以时间轴为主线，分析了环境规制理论依据的发展历程，但是否要实行环境规制、以何种形式体现环境规制，或者已有的环境规制工具有效性如何，依然存在很大的争议。早在1976年，马约内（Majone，1976）就对环境规制的调控范畴进行了界定，即为了阻止企业在经济生产中为保护个体利益牺牲公共利益，政府所采取的控制私人企业的价格、产出、产品质量等一系列措施，具体手段有价格管控、企业生产许可证、安全标准和环境健康等。随着政府干预经济发展的方式增多，弗朗西斯（Francis，1993）拓宽了环境规制的涵盖范围，将激励措施也囊括进来，即通过经济刺激，如税收减免、补贴、押金退还等手段激励企业从事环境保护活动。目前，大多数关于环境规制政策的研究都采用弗朗西斯的观点。国内学者赵玉民、朱方明和贺立龙（2009）将环境规制又细分为显性环境规制和隐性环境规制，如激励政策就可被认为是隐性环境规制。由此可以看出，环境规制的本质是赋予环境资源以合适的经济价值，并将其作为投入要素融入市场运作，以此达到环境成本内部化的目的。

目前，经济学家们在增长理论框架下讨论可持续发展和生态文明建设时，通常将环境质量或自然资本引入生产函数和效用函数中；环境规制通过控制非可再生资源效率的提高可以进一步刺激投资、推动经济增长。整体而言，相关研究经历了从新古典增长模型到内生增长模型的发展。下面按照这一顺序以技术创新和资本积累的视角分别进行文献综述。

（一）资本积累视角下不同类型环境规制对经济增长的影响研究

米歇尔和罗蒂永（Michel and Rotillon，1995）假定污染存量的增加会降低居民消费效用、增加储蓄投资，这种现象被定义为"延误效应"。通过构建内生增长模型发现，如果居民消费和愉悦的心情存在互补关系，那么当减排技术创新创造了更加清洁的环境时会促进家庭储蓄增加，从而将当前的消费推至未来，这会在短期抑制经济增长；而作为资金的需求方，通过调整储蓄投资率，使企业达到边际成本等于边际产出的均衡状态，从而促进经济长期增长。莫希亚迪（Mohtadi，1996）假定家庭消费与环境质量是互补的，在边际消费效用随环境质量改善而提高的前提下，为了达成改善环境质量和发展经济的目标，消费者主动放弃部分消费用于储蓄投资和物质资本积累过程。

玉井（Tamai，2009）在考虑了公共资本积累的前提下，对罗默的内生增长模型进行扩展。结果显示，最优消费增长路径与逻辑增长曲线相似，最终收敛于均衡增长率。这里，资本利得税是一种扭曲性税收，它调节公共资本积累的速度，且公共资本积累作为物质资本积累的一种方式是通过激励中间产品的需求提升市场占有率并促进经济发展的。古普塔和巴尔曼（Gupta and Barman，2010）特别关注公共基础建设投资和环境污染问题，利用内生增长模型，从资本积累的角度分析污染税收在社会福利、公共基础建设投资和污染减排这三者之间如何分配以改善环境，促进经济发展。研究发现，均衡状态可以在保证社会福利最大化的同时实现最快速的经济增长，但在过渡过程中却不存在这种状态。

罗塞塔-帕尔马等（Roseta-Palma et al.，2010）为了研究社会机构的改进和政策的完善以及环境外部性共同存在时对环境保护和经济增长的影响问题，将社会机构的改进和政策的完善等命名为社会资本，通过构建内生增长模型发现，在分散经济社会达到一般均衡状态时，不再将资本用于污染治理，而是利用教育学习增加社会资本的积累。

格罗思和斯考（Groth and Schou，2002）在 DHSS 模型的基础上考察了不同环境政策的影响，结果发现影响资源使用的环境政策对长期经济增长的作用比刺激资本积累政策更为有效，因为后者只能在短期内缓解资本回报的下降。

（二）技术创新视角下不同类型环境规制对经济增长的影响研究

博芬贝赫和斯穆尔德斯（Bovenberg and Smulders，1993）利用内生增长模型研究环境质量与经济可持续发展的关系，考察了技术变动对污染排放下最优增长路径的影响，并探讨了为确保实现自然资源的最佳利用，政府应如何制定环境治理政策来促进经济的可持续增长。孙刚（2004）对污染和可持续发展问题的斯托基·阿吉翁模型进行扩展，结果发现利用环境规制提升减排技术创新效率从而控制污染排放，是改善环境质量并维持经济可持续发展的有效措施，这也从技术创新的角度揭示了环境规制促进经济增长的内在机理。里科（Ricci，2007）通过多部门内生增长模型研究不同环境政策对经济增长的传导作用，发现改善环境质量能提高生产效率，但会抑制经济规模的扩张；而严格环境政策对生产的阻碍可以由技术创新的减排效用来部分或全部抵消。希尔和樽井纪（Heal and Tarui，2010）假定减排活动具有公共属性，当企业在技术创新研发投入和减排投资之间博弈时，技术溢出的程度和企业减排的边际成本是影响企业投资行为的关键因素，通过成本分析发现，纳什均衡状态的减排投资是最好的选择。

格里莫（1999）通过引入内生化的技术创新构建了两部门经济增长模型，识别环境税收和补贴政策促进经济增长的传导路径，寻找分散经济中环境质量和经济均衡发展的最优路径，并推导实现均衡发展的必要条件。

克塞帕帕德亚斯（Xepapadeas，1997）通过将经济产出和减排技术的溢出效应引入最优增长模型来研究环境与经济发展的关系，结果发现：减排技术具有阈值特征，即技术溢出效应只发生在减排技术水平达到一定临界值之后。

卢卡斯在多部门内生增长模型中假定生产部门将昂贵的自然资本替换成人力资本，这使得人力资本从研发部门向生产部门流动；而消费者因产出价格的提升，出现需求下降的产出效应，人力资本又从生产部门流回研发部门。利用研发部门和生产部门的人力资本和自然资本投入的替代效应和产出效应，政府通过对污染税和技术创新投资的调控，使人力资本和自然资本分配更多流向研发部门，达到创新驱动增长的发展结果（Bretschger，2009）。帕洛坎加斯（Palokangas，2008）研究探讨了联合国的最优污染排放政策，在假定人力资本被分配在生产部门和研发部门的前提下，通过实施污染排放税收的环境政策，更多的人力资本从事研发工作，技术创新的变化呈现泊松分布，生产部门的效率得以提升，经济也得到发展，整体实现了帕累托最优均衡。板谷淳一（Itaya，2008）将"干中学"模式的人力资本内生化，并引入污染排放，研究环境税收政策是如何影响长期均衡增长的，结果发现内生人力资本的不确定性会影响技术创新的均衡状态，且当均衡增长路径不确定时，环境税收政策会促进经济长期增长，反之，则会阻碍经济长期增长。

彭水军、包群和赖明勇（2005）将非可再生资源引入四部门内生增长模型中，研究基于产品种类扩张的最优增长路径，深入剖析了在保证自然资本可持续利用的前提下技术创新是如何在提升自身水平的同时促进经济长期发展的。布雷施格（Bretschger，2005）在研究自然资本利用与经济发展相容性的影响因素时，将内生化的技术创新引入 AK 模型中，证实了技术创新对弥补自然资本稀缺、物质资本回报率递减和投入要素替代性缺乏的重要作用，因此增加技术创新投资可维持长期可持续发展。然而，格拉布等（Grubb et al.，2002）认为，技术创新不会自发产生，政府环境政策的引导和激励是技术创新发展的重要影响因素。波普（Popp，2002）主要分析自然资本价格对技术创新的影响，利用美国24年专利数据，假定技术创新类型为中性技术，研究发现技术创新本身的实用价值会激励企业进行新技术研发的投入，而自然资本价格的提升也会激励企业的技术创新研发行为。这一研究表明，自然资本的价格是引发企业自主研发技术创新的重要因素，环境税和能源税等环境政策的实施改变了自然资本的市场价格，是激励新技术研发的有效手段。

（三）研究述评

总体而言，现有环境政策与经济发展关系的研究，主要分析储蓄率、公共基础设施建设投入、政府环境治理投入、资源价格变动和人力资本分配等因素对经济增长和改善环境的影响，而这些因素变动的原因是受到政府扶持型环境规制、命令控制型环境规制和市场引导型环境规制这三类环境政策的影响。上述这些研究很少同时考虑多种因素的影响，而每类环境规制是不能相互替代的，主要原因在于规制的受用对象、作用机理和政策效果是不同的。

四、研究现状述评

通过对已有的绿色增长、导向性技术创新和环境规制对经济增长的影响研究的梳理和总结可以看出，三者间有很多共同的研究对象和相似的科学问题，为本研究奠定了基础。但在研究过程中存在以下的局限性和不足。

（一）缺少能体现环境规制约束下绿色增长运行机理的理论模型

已有绿色增长研究尽管在某些领域还存在争论，但学者们达成了一些共识：绿色增长是在全球气候变化背景下提出的一种增长方式；对绿色增长可以理解成经济、环境资源和社会三方协同发展；技术创新是长期绿色增长的关键因素；由于市场失灵的存在，政府必须采取环境规制来推进绿色增长。这些研究和共识都是建立在绿色增长的理念推广和实践经验总结基础上的。虽然国际组织和研究机构根据绿色增长概念提出了分析框架，但基于对实践数据的统计分析结果只是用来衡量区域的绿色发展程度，没有深刻揭示出要素间的相互作用机理，不具有普适性。经济学家在增长理论框架指导下，将环境质量或自然资本引入效用函数和生产函数中，讨论生态文明建设和可持续发展问题，为绿色增长理论模型研究提供了很好的理论基础，但绿色增长理论模型的量化研究还相对较少。

（二）资本细分没有与导向性技术创新相联系，研究视角不全面

尽管相关研究重视资本积累对于经济增长的促进作用，以及技术创新在这个过程中对社会生产率的提升效果，但均忽视了技术创新投资对减排技术创新水平的影响，缺少对减排技术创新改善环境质量的考量。有学者将资本细分为自然资本、物质资本和社会资本，研究中只考虑了环境治理投资占用投入生产的物质资本造成的资本积累过程的负面影响，而忽视了自然资本作为一种资本积累形式，在减排技术创新的影响下会有更多的积累，为消费者效用带来很多直接影响。因此，资本细分作为一种对导向性技术创新理论的扩展，在研究资本积累过程的影响因素时不失为一种有效的方法，但以导向性技术创新的视角研究不同技术创新促进资本积累过程进而分析经济增长和环境质量改善的协调发展还有待加强。

（三）未能将导向性技术创新影响因素与环境规制相联系

上述环境规制的研究多是在市场失灵情况下纠正环境负外部性问题。从环境污染和资源耗竭的角度对经济增长的影响进行分析，尽管非可再生资源作为环境污染的来源具有资源稀缺的属性，但单从非可再生资源利用上体现

环境规制工具作用效果的假设不够全面。另外，研究中过多侧重环境税通过减排技术创新的投资对环境质量及经济增长的影响，忽略了环境的正外部性对生产技术创新及经济增长的作用。导向性技术创新中的生产技术创新和减排技术创新不是绝对的替代关系，在社会发展过程中，不能忽略这两种技术创新各自发挥的作用。非可再生资源利用、污染排放和环境治理之间本身是一种复杂的动态内生关系，再加上各类环境规制的引入，使问题变得更加复杂，有必要选择适合的模型对这种复杂关系进行深入剖析。

第三节 主要研究思路与方法

一、研究内容

本书从技术创新视角研究环境规制对绿色增长的影响机理，在此基础上假定存在导向性技术创新（其中包括生产技术创新和减排技术创新），而且不同技术分别作用于环境质量和经济发展，构建了包含环境质量、经济增长、导向性技术创新和环境规制的动态非线性最优控制模型，研究不同环境规制如何影响绿色增长，在此情形下推导维持经济可持续增长的条件，分析可实现性。

本书共包含八章，主要内容如下：

第一章绪论，介绍了选题背景、研究意义，并梳理分析国内外研究现状、采用的研究方法与结构安排等内容。

第二章相关范畴界定及理论基础，主要介绍支撑本研究的相关理论，涉及导向性技术创新理论、环境规制理论和绿色增长理论，以及本研究范围的界定，包括环境规制的分类、导向性技术创新的分类、绿色增长的定义及内涵和分析框架。

第三章基于经济增长理论和 DICE 构建导向性技术创新视角下的绿色增长理论模型，一个包含社会生产、环境质量、社会福利和导向性技术创新四大模块的分析框架，通过识别各模块中的投入要素，设计符合绿色增长均衡性、包容性和可持续性的均衡条件，研究各要素间的相互作用以及在环境规制的作用下导向性技术创新的方向对绿色增长的影响。

第四章政府扶持型环境规制对绿色增长的影响机理分析，根据政府扶持型规制工具中绿色技术投资和绿色资本积累的政府扶持政策的典型特点，基于新古典索洛—斯旺增长模型，通过引入政府对绿色资本积累的扶持力度作为关键参数，探讨这种环境规制作用下要素间的相互作用以及导向性技术创新的方向对绿色增长的影响。

第五章命令控制型环境规制对绿色增长的影响机理分析，根据命令控制型规制工具的作用对象，基于政府经济的拉姆齐模型，假定非可再生资源作为社会生产不可替代投入要素，并将体现命令控制型规制工具实施效果的环境治理强度作为变量引入模型中，探讨这种环境规制作用下要素间的相互作用以及导向性技术创新的方向对绿色增长的影响。

第六章市场引导型环境规制对绿色增长的影响机理分析，以环境税和补贴为市场引导型规制工具的代表，在罗默模型基础上，通过引入政府支出、污染税和技术补贴变量，并考虑产品生产过程受到环境质量正向外部性的影响，构建内生增长模型，探讨这种环境规制作用下要素间的相互作用以及导向性技术创新的方向对绿色增长的影响。

第七章公众参与型环境规制对绿色增长的影响机理分析，以绿色消费水平来体现公众参与型环境规制的实施效果，在索洛扩展模型的基础上，通过引入绿色消费变量，建立环境资源约束下以社会福利最大化为目标的绿色消费路径模型，运用最优控制理论求解均衡状态下的最优消费路径，并对不同影响因素变动下最优消费路径进行数值仿真分析。

第八章结论与展望，是对本研究整体分析讨论结果的总结和对未来研究的展望，并提出可能的创新要点。针对研究中存在的不足提出下一步研究方向。

二、研究方法

（一）最优控制方法

由于研究的绿色增长模型中各变量是随时间变化的、各系统是动态的，所以采用最优控制方法建立理论框架，以环境规制作为引导导向性技术创新方向的控制变量，分析经济活动、社会福利、导向性技术创新和环境规制四个模块及相互间的动态关系，从而得到不同类型环境规制对绿色增长全过程的影响机理。

（二）一般均衡分析

绿色增长既是实现经济、环境和社会协调发展的增长方式，也可以理解为是一种均衡性、可持续性和包容性的均衡增长状态。为分析经济、环境和社会系统中各要素同时达到绿色增长均衡状态的条件与变化，以反映生产技术状况的生产函数、反映消费状况的资本预算约束以及反映减排技术状况的环境质量变化微分方程为既定条件，运用一般均衡分析法对模型进行求解分析，得到求解的结果是在均衡状态下实现绿色增长的各要素间的量化关系，即每种要素需求增量变化将在某一状态下趋于相等，社会经济将达到全面均衡状态。

（三）动态优化分析

环境规制对绿色增长的影响机制首先是一个某一时期内通过环境规制影

响导向性技术创新的方向选择问题，另外，在这一时期内不同时点的选择之间存在相互影响，也就是说绿色增长是一个包含跨时点因素的经济与环境的协同发展问题。因此，利用动态分析法研究不同环境规制对绿色增长的影响机理，更能体现绿色增长的动态连续性和要素间的内生性。

（四）仿真分析

为验证环境规制是否会引起导向性技术创新的发展方向发生变化，利用仿真分析法来分析环境规制这种可变因素的数量变化对其他可变因素的变动产生多大影响，特别是对导向性技术创新方向变化的影响，以及由导向性技术创新方向变化引起的其他变量变化，以得到绿色增长各要素之间的相互关系和这种互动关系随环境规制类型变化而变化的影响机理。

三、技术路线

本书在对现有文献回顾总结的基础上，明确了研究方向。以导向性技术创新理论、环境规制理论和增长理论为基础，建立绿色增长分析框架。基于此分析框架，在第三章中以解决气候变化这一现实环境问题为切入点，建立绿色增长理论模型，阐述环境规制在整个过程中的重要作用。后续章节呈现并列式的研究结构，即不同环境规制对绿色增长的影响机理研究：在第四章中，首先建立政府扶持型环境规制对绿色增长的分析框架，基于新古典经济增长模型，建立绿色增长影响机理模型，并根据模型求解结果分析各要素对绿色增长的影响规律；第五章与第四章、第六章、第七章并列，分别研究命令控制型、市场引导型和公众参与型环境规制对绿色增长的影响机理。本研究的技术路线如图 1-1 所示。

图 1-1 技术路线

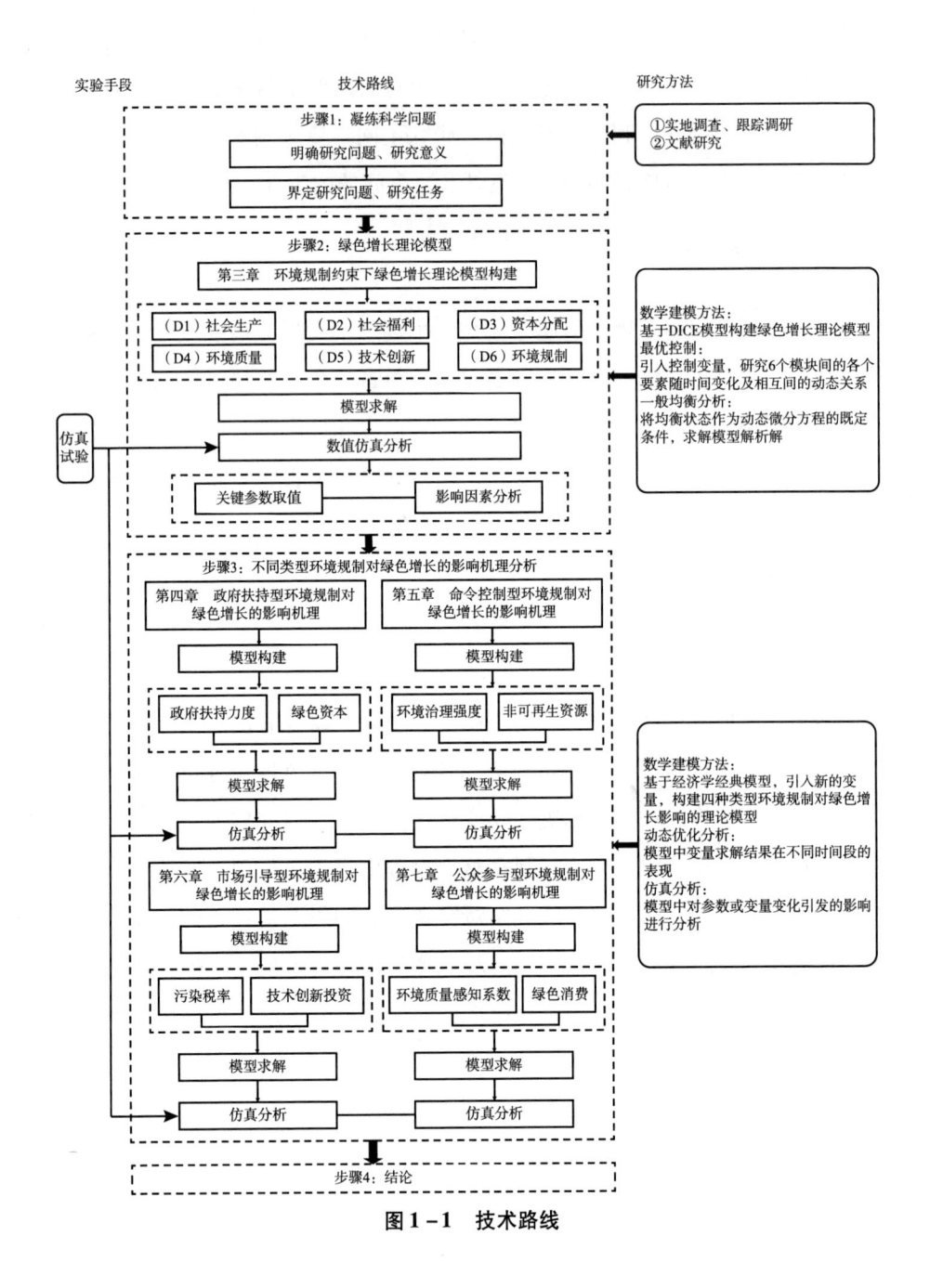

第四节 本章小结

本章概括性地介绍了本书的基本内容。

（1）阐述了研究问题的选题背景，以及从理论和现实角度说明了本书的研究意义。本书主要研究环境规制能否以及如何通过激励引导导向性技术创新的选择，促进经济绿色发展，实现环境与经济双赢。所得结论将为绿色增长提供理论与经验依据，进一步凸显本书的研究意义。

（2）通过对已有研究成果和结论进行总结和评述，明确本书研究方向和重点，并为后续研究提供依据。涉及的研究工作包括三个方面：绿色增长、导向性技术创新和环境规制对经济增长的影响。

（3）界定了本书研究的基本科学问题，介绍了研究思路、研究方法和总体研究框架。

| 第二章 |

相关范畴界定及理论基础

第一节 绿色增长

一、绿色增长定义及内涵

自 2001 年默盖（Murgai）明确提出绿色增长的概念后，其理念在全球迅速传播，但基本上仍停留在实践层面。尽管各国政府开始倡导绿色增长理念，但不同国家由于政策体制、经济发展水平、资源禀赋和环境特征上的差异，使得他们在对绿色增长概念的理解上存在很大分歧。同时，作为一个前沿性的理论课题，学术界对绿色增长定义也没达成一致，具有代表性的绿色增长概念是关于绿色程度强弱的表述，可以称 OECD 观点为"弱绿色增长"，UNEP 观点为"强绿色增长"。"弱"观点认为通常经济增长和环境资源之间存在某种联系，恰当的政策可以减弱这种联系，同时实现环境和经济双赢。这是在新古典主义环境经济中建立的短期绿色增长的观点，即在经济实现增长目标的同时，允许给环境带来适度负面影响。"强"观点则认为维持自然资本和经济增长的互补性应更多依靠环境政策。更严格的环境规制既可以提高生产力从而促进经济增长，也可以激发更多提高生产力的技术。这种绿色增长要求经济增长不能对环境造成不可持续的损害。结合上述"强""弱"观点，关于"绿色增长"概念的理解包括了环境、资源、经济、社会等要素。对绿色增长概念框架的理解主要在于：

（1）环境方面，绿色增长强调不能破坏自然生态系统，防止生物多样性丧失、生态环境和自然环境恶化；

（2）资源方面，绿色增长要实现经济增长与资源消耗脱钩，其实现途径重点在于从生产端提高物质资源生产率，降低化石能源的消耗，开发新能源；

（3）经济方面，绿色增长作为一种追求经济增速、经济规模的扩大和经济结构调整的增长方式，重点在于大力发展绿色产业；

（4）社会方面，增强社会包容性，在强调经济、环境、资源协调发展的同时，还注重通过改变消费和生产模式来完善社会福利、改善人类健康状况、增加就业并解决与此相关的资源分配问题。

对于绿色增长这一发展理念，学术界主要从经济学、环境学、生态学、社会学、系统科学等研究视角，对发达国家、发展中国家绿色增长的应用实践进行了有益探索。总体上看，目前有关绿色增长的研究基本还停留在对绿色增长理念的推广以及对其实践的观察上，缺乏系统性的理论探索。从经济学研究的视角看，绿色增长在以往经济增长基础上兼顾了资源环境的改善，是一种深度经济范式变革。关于绿色增长内涵的理解应包括均衡性、可持续性和社会包容性。

（1）均衡性：绿色增长强调经济增长与资源环境保护之间有效的应对规则，体现在资源环境利用率、生产率的提升以保证经济增长效率，主要通过教育、学习等人力资本积累的提升和生态技术创新、技术发展水平、市场导向政策的影响。

（2）可持续：绿色增长强调经济增长时更注重经济增长的经济质量而非经济规模，以追求经济规模为目的的经济增长不可持续，将受限于生态承载力等自然资本存量。因此，保证自然资本存量的充足是可持续的重要前提，追求目标可转向社会福利。

（3）社会包容性：绿色增长以中长期计划的形式解决分配不平等、环境恶化等问题；旨在培育健康的经济增长、生产组织、社会生活的发展模式，其包容性在于社会福利的提升、社会公平的改进、人类健康的改善、就业机会的增加等目标。

二、绿色增长特征及目标

绿色增长为体现可持续发展观的思想，具有如下四个方面特征。

（1）绿色增长强调经济系统、社会系统和自然系统的共生性和发展目标的多元化，就是三大系统在良性互动基础上实现经济增长、环境保护和社会福祉提升等多元化的发展目标。

（2）绿色增长是一个渐进的过程，是从传统高污染、高排放、低质量的传统型增长，向以绿色技术、绿色能源和绿色资本带动的低能耗、低排放、环境友好的绿色增长逐渐转变的过程。在这个过程中，绿色增长占整个国民经济增长的比重不断提高。

（3）强调全球化绿色转型。绿色增长是应对全球气候变化的有效工具。在遵循气候变化谈判"共同但有区别的责任"基本原则的基础上，绿色增长还要求发达国家要真正承担起为发展中国家提供资金、技术等方面的援助，同时发展中国家也应积极落实有效的政策工具践行适合于本国绿色增长的发展战略。

（4）强调政府政策的引导和激励作用。政府为企业提供资金支持、绿色技术激励等。政府的绿色增长政策可以改变发展趋势：从末端治理到清洁生产，从污染控制到生态保护，从以行政命令为主的环境规制到利用技术、法律、经济、教育等多种手段的环境管理，从强调国家的环境管理作用到政企民在环境保护过程中的综合作用。

从绿色增长定义及内涵中归纳出绿色增长要实现环境保护和资源节约下经济可持续发展和社会福利改善的目标，具体表述如下：

（1）环境保护。尊重自然规律，通过构建规模适度的经济体系、排放友好的生产体系、持续创新的技术体系、卓有成效的制度体系，最小化环境污染并促进环境承载力提升，实现人与自然关系的协调。

（2）资源节约。非可再生资源在经济中作为一个重要的投入要素，对经济增长的约束作用会在可再生资源投入生产后逐渐消失。如果科学控制开采，提高非可再生资源的使用效率，并减轻可再生资源的供应压力，就能提高社会生产效率，推动经济绿色增长。

（3）经济可持续发展。通过走生产发展、生活富裕和生态良好的发展道路，实现经济可持续发展，是促进经济、环境、社会全面协调的基本目标。

（4）社会福利改善。有助于消除贫困，增进社会包容，改善人类福祉，创造就业机会。

三、绿色增长要素识别

经济、环境和社会三系统论形成了经济活动、社会福利和自然环境的耦合关系。其中，经济活动以社会生产的增长为基础，社会福利以消费效用的提升为基础，自然环境以环境质量改善和资源效率提高为基础。社会福利是绿色增长的目标，以消费效用为基础，环境质量改善会对其产生积极影响。除了三个系统中经济活动、社会福利和自然环境这三个传统要素外，绿色增长政策和导向性技术创新也在实现绿色增长过程中起到决定性作用。

自20世纪60年代以来，为缓解日益严重的环境问题，世界各国依据自身国情发展了不同形式的绿色增长环境政策工具。为促进绿色增长，OECD总结各国制定实施环境政策工具的实践经验并提出了一个覆盖供需工具的政策组合。这一组合包括价格政策工具和非价格政策工具。价格政策工具包含多种经济手段，例如，环境相关税费、交易许可、绿色技术和公共基础设施投资、环境友好型补贴等。非价格政策工具包括命令控制型环境规制、支持绿色技术创新的扶持型环境规制（教育培训和绿色投资等）。

所谓的绿色增长政策，不仅要除去环境保护和经济增长之间的矛盾（即环境保护必然会降低或减缓经济增长的速度，或要实现环境保护就要以牺牲经济增速为代价），而且要积极创造它们之间的协同效应以达到环境经济可持续——绿色增长的状态。绿色增长政策的本质是赋予环境质量以经济价值或纠正被低估的环境投入要素的市场价格，进而将环境成本内部化。这种对政策的新要求，改变了对环境保护和经济增长之间关系的传统理解，从消极的"增长造成环境恶化"到积极的"环保和技术上的投资会促进经济增长"，这也意味着对传统政策观念的颠覆。

技术创新是绿色增长的关键驱动力。因为，技术创新能够改善现有生产活动的经济效率和环境效率，有利于实现集中型污染活动的资源替换，提升环境质量。例如，用于可再生能源生产、存储、利用的纳米技术就是环境友好型技术，能够解决潜在的环境安全问题。此外，促进绿色增长的政策实施中，还涉及加快清洁生产技术研发、普及、应用等方面的相关意见，需要为清洁生产技术交易、转让和新进入企业投入清洁生产技术创新破除障碍。同时，为应对有关不同组织间的国际合作、供资安排以及技术交易、转让等方面的问题，应加强更具包容性的多边科技合作建设。

值得注意的是，上述技术创新能够在维持经济增长的同时促进环境质量改善的技术创新，如清洁生产技术创新，可称之为"绿色技术创新"。但并非所有的技术创新都能维持经济增长，还有与非可再生资源投入、污染产生联系紧密的污染密集型技术创新，与绿色技术创新一起被称为"导向性技术创新"。一些环境政策的实施可能给不同技术创新活动的成本和收益带来影响，从而改变技术创新的方向。

四、绿色增长分析框架

OECD 发布的《绿色增长战略中期报告》中基于新古典增长理论的视角构建了绿色增长分析框架，将其分成了经济活动、经济和社会媒介以及自然资本和环境质量三大模块（如图 2-1 所示）。该框架确定了一系列可以评估政策工具的标准和原则。

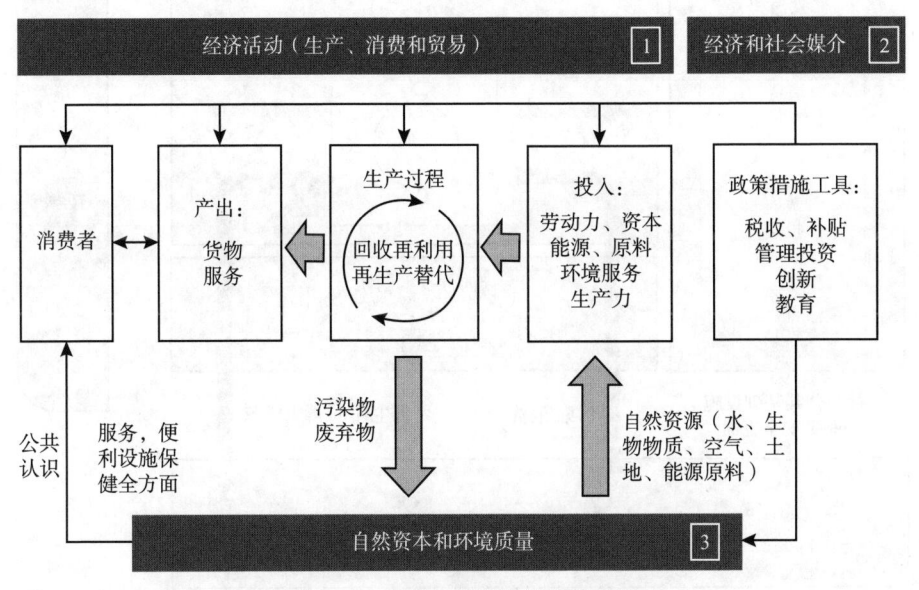

图 2-1 OECD 绿色增长分析框架

经济活动涵盖社会生产、消费和贸易活动，具体包括生产过程中的投入产出，以及产成品的消费全过程。伴随着经济活动的全过程，还有社会媒介和自然资本及环境质量两部分参与其中。政策措施作为政府对经济活动监管的重要工具，在生产消费过程中起到调节社会需求和环境质量的作用。通过对生产消费的管控、引导，来减缓自然资本消耗与环境污染。将自然资源作为必要的资本参与生产过程；同时，由生产带来的污染和废弃物又给环境带来负面影响，降低环境质量。

为凸显政府环境规制在绿色增长过程中的引导激励作用，结合本研究导向性技术创新的视角，考虑融入绿色增长的驱动要素——导向性技术创新和绿色增长的实现目标——社会福利两个新的模块，重构绿色增长分析框架如图2-2所示。

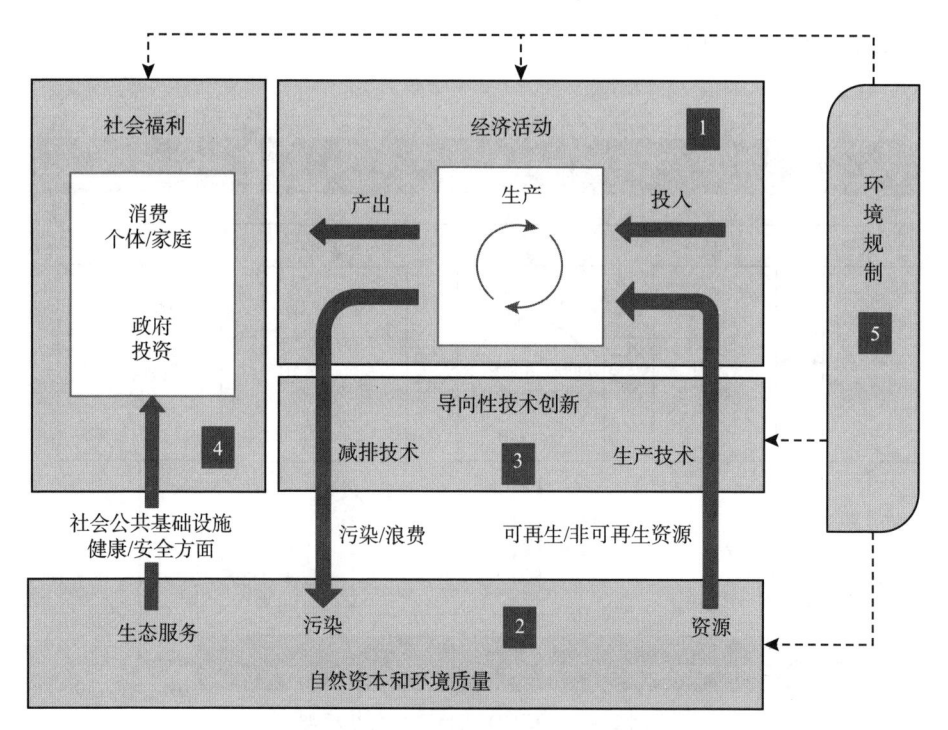

图2-2 本研究重构的绿色增长分析框架

衡量的核心是将经济产出和生产过程的投入要素联系起来，投入包括人力资本、物质资本和自然资源的传统投入，以及一般情况下不会考虑到的生产技术投入和环境服务投入，此外还有更广泛的生态系统服务。重点关注的环境问题包括气候变化、生态系统和环境媒介、环境资源以及污染排放。

（一）经济活动

绿色经济包括能源市场、自然资本的发展（也就是种植和管理森林以维持土壤和水的供应）、清洁和可持续生产、环保创新（也就是燃料电池、碳捕集电厂和储存、新材料），以及服务部门的进一步发展（Hamdouch and Depret, 2010）。然而，促进绿色增长的主要驱动不是生态而是经济。绿色增长是作为未来复兴状况不佳的全球经济的后金融补救措施而提出的，使之重新聚焦在环保产品和服务市场上的投资，和类似于森林、水体、生物多样性的"自然基础设施"的发展（Lane, 2010）。这些新的环保产业应该是低碳、社会包容性增长、应对气候改变行动、高技术密集就业——清洁能源技术的研发和低技术密集就业（例如森林种植和有机农业）的发起等的源头。

（二）自然资本和环境质量

在 OECD（2009）的绿色增长框架中，环境恶化来源于外部性和市场缺陷，会对市场力量自由的交互作用产生障碍。对外部性的纠正可以提升福利，因此环境外部性内生化能有效缓解经济增长和环境污染的矛盾。这也解释了为何不需要在提升福利和提高环境质量之间进行选择，只需要利用环境规制政策来监管干预，并适当对环境友好型企业进行补偿。产业标准、绿色消费者和志愿者努力虽然不足以转变传统经济增长模式，但可以为可持续发展的环境和经济政策提供辅助和支撑。将自然资本和环境质量作为社会生产的投入要素，是自然资本价值市场化的体现，也可实现环境外部性的内生化。

(三) 导向性技术创新

创新（技术和社会）、全球化（经济和文化和制度）和生态紧迫性作为绿色增长的三个核心驱动要素，它们之间相互制约影响。

全球化指的是一系列物品、服务、资本、知识和人员的跨区域流动的转变过程。技术是潜在经济全球化的一个主要过程，而且全球化和技术的扩散迅速，不受地域的限制（Held and McGrew, 2007）。根据康德拉季耶夫的经济长波周期理论（Kondratiev, 1935），经济增长是周期性波动的——平均每个经济增长周期持续40~60年的时间，每一个波动产生的根源都与不断提高的技术创新相关。从2008年开始的金融危机和经济衰退可能是由1980年信息通信技术引发的。因此，绿色技术可能会是第六次长期波动的关键驱动因素，加上生态紧迫性的社会意识，导向技术经济可能会替代现有的经济增长模式。目前，绿色技术水平正在不断提升。

(四) 社会福利

社会包容性是将整个社会黏合在一起的融合剂。假设社会资本积累和社会凝聚力是判断社会福利的标尺（Putnam, 1993），体现可持续发展思想的政策就要有增强社会凝聚力的效果（Lepineux, 2005）。否则，会有发生社会冲突并阻碍在共同愿景下合作的风险。也就是说平均主义和公平政策增强了社会凝聚力，反之，这个政策会影响社会团体之间权力的排列。社会凝聚力一直是韩国发展战略的一个明确的目标和维持韩国包容性增长模式的"胶"（Stiglitz, 2010）。绿色增长作为一个新的范式应该在增强可持续性和促进社会包容性的同时实现经济增长。

(五) 环境规制

为了促进绿色增长，需要一个覆盖全过程的环境规制——政策组合，这一组合中包含价格和非价格的规制工具。价格规制工具包含多种经济手段，例如，环境相关税、费用、交易许可，以及政府在绿色技术和自然基础设施上的支出、消除对环境有害的补贴。非价格政策工具包括命令和控制条例、支持绿色技术和创新的非价格政策（培训、网络形成和研究），以及基于政府和特定工业部门的最终协定以应对特定环境挑战的自愿途径。一个有效的政策组合必须包括这两套工具并根据情况给予工具更多的分量（同样也是对自由和动态监管的考虑）。在 OECD 和 UNEP 的视角中，价格政策工具和经济工具是绿色增长最重要的驱动，紧接着是支持绿色技术的命令和控制方法、非价格政策。然而，绿色增长战略中环境管理的作用比 OECD 所设想的更具有现实意义。因为这一视角提供的不仅是尝试的选择及测试工具和手段，而且是质量管理的创新模式。

第二节　导向性技术创新

一、导向性技术创新理论

传统增长理论认为技术创新对人均产出的持续增长具有不可替代的推动作用，是在技术创新是中性的假设下提出的。但很多经验数据已表明技术创新并非中性，而是在不同发展时期中侧重于某一生产要素的演化，因为技术创新的偏向性能够改变研发收益分配，因此有必要理解技术创新的偏向性。发展经济学中将这一类问题统称为偏向型技术创新理论，即在不考虑技术创新的决定性因素的前提下，重点关注外生的偏向型技术创新对社会生产生活产生的影响。

随着罗默、阿吉翁和豪伊特等对内生技术创新理论的发展，学者们不仅关注技术创新水平的提升，也关心技术创新的方向变化，这一类研究是内生技术创新理论一个新的分支，被称为导向性技术创新理论。阿西莫格鲁在迪克西特－斯蒂格利茨模型（D-S 模型）基础上，引入方向内生化的导向性技术创新，建立了导向性技术创新模型，证明导向性技术创新的方向会受到价格、市场规模等因素的影响。阿西莫格鲁的研究奠定了导向性技术创新的基本理论框架和研究方向，是对内生技术创新理论的发展和完善。

在导向性技术创新的模型中，通常考虑一个总量生产函数：

$$Y = F(K, A, H) \qquad (2-1)$$

其中，K 和 H 表示投入生产的两种要素，通常指代物质资本和人力资本，A 表示技术创新。这里的 A 可以是生产技术，通过对物质资本作用 $F(AK, H)$ 达到提高整个社会生产的效果，这种技术创新被称为中性技术创新。A 也可以是知识，作用于人力资本 $F(K, AH)$，也同样能产生提高社会生产的效果，如著名的"干中学"模型。

为体现投入要素间的替代效应，引入替代弹性 σ，生产函数具体形式变为：

$$Y(t) = \left\{ \gamma_K [A_K(t) K(t)]^{\frac{\sigma-1}{\sigma}} + \gamma_H [A_H(t) H(t)]^{\frac{\sigma-1}{\sigma}} \right\}^{\frac{\sigma}{\sigma-1}} \qquad (2-2)$$

其中，技术创新可具体分为 A_K 技术和 A_H 技术，用以区分技术创新作用的对象不同；γ_i 是投入 $i(i=K, H)$ 要素的权重系数（这里 γ_K 表示物质资本权重系数，γ_H 表示人力资本权重系数）。那么，通过计算可得到两种要素的相对边际产出：

$$\frac{MP_H}{MP_K} = \frac{\gamma_H}{\gamma_K} \left[\frac{A_H(t)}{A_K(t)}\right]^{\frac{\sigma-1}{\sigma}} \left[\frac{H(t)}{K(t)}\right]^{-\frac{1}{\sigma}} \qquad (2-3)$$

当投入要素间可相互替代时，即 $\sigma > 1$，对应着导向性技术创新偏向作用于人力资本；当投入要素间是互补关系时，即 $\sigma < 1$，对应着导向性技术创新偏向作用于物质资本；特别地，当 $\sigma = 1$ 时，技术创新是中性的，即导向性技术创新对物质和人力资本的提升速率是相同的。

二、技术创新的分类

毋庸置疑，技术创新在推进经济迅速增长的进程中起着最为基础和重要的推动作用。但是，在环境污染与资源耗竭的危机越来越严重时，人们意识到并非所有的技术创新都是破坏环境的罪魁祸首，也有解决环境问题的技术创新存在。换句话说，区分不同形式的技术创新模式是研究导向性技术创新的基础，也是先导内容之一。

基于传统发展观的技术创新一直以促进经济快速增长为目标，以追求利润最大化为目的，利用在自然界获取的资源，生产产品并供应市场消费，这种生产方式虽然有效实现了经济数量的增长，但也加速了对煤炭、石油等非可再生资源的开发利用速度和环境污染程度，引发了石油危机和气候变化等资源环境问题，使全球的生态环境的承载力接近极限，导致环境资源再生产难以为继，这与人类社会可持续发展背道而驰。从20世纪90年代起，经济和环境学家开始对采用经济手段减缓气候变化展开讨论。由于环境资源的公共属性和绿色技术创新的正外部性，各国应着重考虑激励引导绿色技术创新研发的有效手段。

技术创新是通过引进新的生产要素组合来实现经济福利提升，依据不同分类也不同。按照节约资源的种类，最早希克斯（Hicks，1932）将技术创新区分为劳动节约型、资本节约型和中性技术三种。其中，劳动节约型技术创新是指相对于劳动边际产出而言，增加了资本的边际产出，即能够使总成本中劳动力投入比重降低的技术创新。资本节约型技术创新是指增加了劳动力的边际产品，也就是降低总成本中劳动力比重的技术创新。中性技术创新是指能够同比例增加资本和劳动的边际产品，即无任何偏向性的技术创新类型。近年来，随着能源短缺和环境污染对经济增长的制约作用日益凸显，能源节约型和环境友好型技术创新成为学术界广泛关注的焦点。能源节约型技术创新,又可理解为能源偏向型技术创新,是指在保持固定产出条件下,使得能源相对其他生产要素有更大程度节约的技术创新,此类技术关注是否更多地减少能源消耗。环境友好型技术创新是指能够进一步减少生产生活中污染物排放的新技术,通常包括能效提高技术、污染物减排新技术等。与能源节约技术不同,此类技术更多关注污染物排放量的降低以及所带来环境问题的改善。然而,由于某些环境问题(如气候变化)与能源消耗,特别是化石类能源燃烧存在密不可分的联系,两类技术创新的具体类型有些许重合的部分,如化石能源效率提升技术。

绿色技术创新不仅需要治理生产和消费过程中产生的环境污染,还需要污染的事前预防技术,也可以称为减排技术创新。另外,可以提高要素利用效率、劳动者技能和企业组织管理水平等的技术创新,可以称为生产技术创新。在完全竞争的市场环境中,企业往往只关注生产技术创新带来的经济效益,却忽视了减排技术创新带来的经济和环境收益。然而在政府经济中,一些环境政策的实施可能改变导向性技术创新的研发方向,并给技术创新投资的成本和收益带来影响。目前,已有学者同时将生产技术创新和减排技术创新纳入经济增长的分析框架中,研究"导向性技术创新"的主导因素、影响效应等问题。

考虑一个总量生产函数:

$$Y = F(K, A, R) \quad (2-4)$$

其中,K 表示投入生产的资本存量要素,R 表示投入生产的非可再生资源,A 表示资本增进型技术创新,或称为生产技术创新,那么总量生产函数可以改写成:

$$Y = F(AK, R) \quad (2-5)$$

假定污染排放的函数表达式为 $P = (R/E)^{1/\Omega}$,P 表示排放到环境中的污染排放量,E 表示减排技术创新,那么 $R = P^\Omega E$。总量生产函数可以改写成:

$$Y = F(AK, EP^\Omega) \quad (2-6)$$

基于阿西莫格鲁的导向性技术创新理论，导向性技术创新的两个技术方向分别为能够提高要素生产效率的偏向生产的导向性技术创新和能够改善环境质量的偏向减排的导向性技术创新。

三、导向性技术创新的应用

导向性技术创新理论在劳动经济学、环境经济学和发展经济学领域得到了广泛应用，国内外学者尝试用这一理论解释"技能溢价之谜"和"卡尔多事实"现象，以及评价环境政策的实施效果。

（1）劳动经济学领域的"技能溢价之谜"是指受教育程度较高的大批高技能工人涌入劳动力市场时，技能工人的工资并没有遵循传统的供求理论有所下降，反倒有上升的趋势，这说明高等教育的投资回报率是逐渐提升的。美国和西欧的一些发达国家都出现了这一奇怪的现象。导向性技术创新理论对"技能溢价之谜"的解释是：偏向技能的导向性技术创新在增加技能工人供给时得到了快速发展，促使劳动力市场加大了对技能工人的需求量，由此出现技能溢价现象。

（2）发展经济学领域中传统的"卡尔多事实"是指劳动收入与资本收益在 GDP 中保持稳定的比例不变。而许多欧洲国家在经历了失业率上升和劳动收入占比下降的双重打击后，二者又向更坏的情形发展，这严重违背了"卡尔多事实"。学术界从导向性技术创新的视角对这一现象进行了解释：当导向性技术创新偏向资本积累时，资本收益在 GDP 中占比上升，劳动收入在 GDP 中占比下降，因此不可忽略导向性技术创新的方向对经济发展的影响。

（3）环境经济学领域中主要探讨资源和环境的经济价值，强调环境资源的可持续利用，因此十分关注偏向减排的导向性技术创新的发展。经济发展和生产技术创新带来的环境问题，需要政府制定和实施一系列环境政策，通过经济杠杆加以解决。这些环境政策正是政府激励和引导导向性技术创新方向的有效手段。利用导向性技术创新理论中对技术创新的分类，分析不同类型技术创新在研发和使用过程中的成本及收益，以此评估不同环境政策的实施效果，能为政府制定适合发展需求的环境政策提供可靠依据。

第三节 环境规制

一、环境规制的内涵及类别

环境规制是指为解决环境污染问题，政府通过制定和实施相应的政策制度，对企业的活动进行调节，以达到经济和环境协调发展的目标。国际环境管理体系标准 ISO14001 和法国的 NFX30-200 都是环境规制在现实中的应用，从中可以看出环境规制是一般政策的组成部分，它尊重和服从有关的环境立法与法规。

从不同角度按照不同分类标准，环境规制有多种分类方式。比如：按照环境规制的作用方式和性质可分为直接调控手段、间接调控手段和自我调控手段三大类；按照环境规制的实施途径与方式可分为利用市场、建立市场、利用环境法规和动员公众四大类；按照环境规制的演进历程，以工具的行为特征为标准可分为强制型工具、激励型工具和信息传递型工具。

结合环境规制的演进历程，从引导和激励导向性技术创新的视角，本书将环境规制分成政府扶持型、命令控制型、市场引导型和公众参与型环境规制四类。

（1）政府扶持型环境规制从提升公众环保意识和引导企业绿色投资两方面着手解决环境问题，采取多渠道、多层次的环保宣传教育培养绿色消费意识，也会主动拨款用于公共基础设施建设和绿色技术研发，促进绿色资本积累。这种类型的规制既促进了外部环境成本向企业内部成本的转化,也督促企业对环境责任的主动承担。

(2)命令控制型环境规制以"命令—服从"为重心,这导致环保目标悬置与制度异化、运动式环境执法以及执法者与污染者合谋形成法律规避等诸多弊病。与非固定污染源相比,固定污染源的监测相对容易、可获取信息较多,因此命令控制型环境规制对于固定污染源的污染控制比较有效,而对移动污染和产品处置的污染控制作用有限。而且,命令控制型环境规制在实践应用过程中运行成本较高,对企业技术创新的激励程度较低。

(3)市场引导型环境规制又被称为"看不见的手",以激励引导为核心,利用市场机制的价格信号来引导企业的污染排放与环境治理。企业按照规制规定,根据发展需要和自身污染处理能力选择最优的排污量。因此,这种类型的环境规制对环境改善效果总量不确定,但运行成本较低,对企业技术创新的激励程度较高。

(4)公众参与型环境规制以引导、监管为核心,利用公众环境意识和非政府组织,通过环境信访、环境影响评价等渠道参与到环境保护中。公众参与型环境规制是通过环境保护宣传活动,在社会层面起到保护环境的作用,属于最初级的阶段;随着个人素质和环境保护专业知识水平的提高,公众会主动从自身做起、身体力行地保护环境,这也意味着进入了公众参与的高级阶段。

二、环境规制的理论基础

(一)外部性理论

外部性是指未能计入单个生产者或消费者的正常价格的成本和收益,即由社会来承担本该由生产者承担的生产成本,或消费者无须付费就能得到的收益。如果个人或公司由于其他人或公司的活动而无偿获得收益,那么外部性便是正外部性；如果经济活动给其他人或公司带来了不利的影响，那么外部性便是负外部性。由于当事人不会因为提供正外部性而得到补偿，也不用为产生负外部性而作出补偿，因此，在其决定开展这项活动的时候，就不会考虑这些外部性所带来的成本或收益。对于负外部性而言，当事人行事时无所顾虑；对于正外部性而言，当事人则所作甚少。如果从事这项活动的当事人将得到合理的补偿或赔偿，那么就不再有外部性产生；只有当从事这项活动的当事人和整个社会的边际效益等于其边际成本时，外部性才不会产生。

外部性产生的根本原因是环境资源的产权界定不明确，从而使环境资源的公共品属性需要内部化处理。环境外部性的存在通常会导致直接寻找非市场的解决方法，使外部性内部化，通过将生产或者消费者产生的外部费用纳入他们的生产和消费决策中，由他们自己承担，以解决环境外部性问题。环境外部性内部化的环境规制可以分为三种手段，分别是命令控制型环境规制、市场引导型环境规制和政府扶持型环境规制。

（二）公共品理论

污染控制问题之所以需要政府的环境规制，是因为自然环境和资源是一种公共物品，具有非竞争性（即一个人的消费不会影响另外一个人的消费）和非排他性（即不可能或者要花费极大成本排除某个人的使用）两个基本特征。而公共物品的非排他性意味着所有消费者在某种意义上都是"搭便车者"（自然环境和资源正外部性的受益者），因此自然环境和资源的使用支出只能依靠税收。

三、环境规制的动因及目标

（一）环境规制的动因

按照经济社会运行的一般规律，解决由环境资源的公共品属性导致的污染负外部性问题，实现经济增长和环境保护双赢的目标，不仅要依靠市场机制"看不见的手"，还需由政府实行环境规制对经济进行必要的干预和规范。

（1）在现实生活中，环境资源是一种公共物品，按照公共品理论，由于环境资源的产权不明晰，导致在使用过程中会被过度开采利用，最终造成环境的污染以及资源的匮乏。解决这一问题的办法是制定一系列环境规制向使用者收取费用，包括开采资源、排放废弃物等都要进行成本核算。因此，需要借助政府的力量，对各种公共的环境资源实行有效的环境规制。

（2）在人类的社会生产中，必然伴随着一些环境污染物等非期望产出。环境污染是一种外部性问题已成为共识。庇古将外部性产生原因归于生产的私人边际成本与社会边际成本存在差异。由于市场机制的失灵，无法将环境污染外部性内部化，因此，只有政府通过对低于社会边际成本的生产者征税或对高于社会边际成本的生产者给予补贴，使经济中的私人成本和利益与社会成本和利益相等，这种方法也称为庇古税。科斯在研究中对庇古税理论提出了质疑，他认为解决环境污染外部性真正的问题在于外部性价值的分配，这也反映了外部性出现的根本原因是环境资源的产权不明确。因此，科斯理论主张政府在解决外部性问题中的关键作用是确定初始产权的分配，为市场交易创造条件。在环境规制实践中，污染税、补贴和排污费等价格规制是庇古税理论应用的体现，排放许可证、可交易许可证等数量规制是科斯产权理论实践的证明。

（二）环境规制的目标

从环境规制的两个动因分析，环境规制目标的选择应包含两个原则。一是环境资源的公共品属性和外部性的存在，导致市场在资源分配中失灵，无法做到产权的明晰；另外，代际公平性是在产权明晰情况下需要考虑的问题，即环境污染和生态破坏的代际效应，导致后代利益难以保证。因此，政府制定环境规制是以社会福利最大化和可持续发展作为重要目标。二是政府作为推动社会发展的负责人,本身也具有经济主体的特性,通过降低交易费用推动社会产出的最大化,从而增加财政税收收入,实现市场的合理控制是其环境规制的重要目标。关于环境规制的动因及目的如图2-3所示。

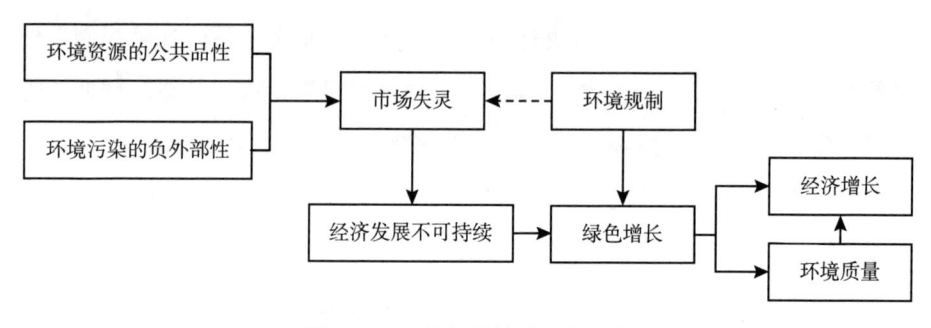

图2-3 环境规制的动因和目的

从环境规制制定原则看,政府环境规制的目标可以归结为两个,即社会福利最大化和财税目标最大化。社会福利最大化不仅体现政府视角下的政策目标,也能实现政治支持的最大化;财税目标最大化是指政府作为经济人,实现自身利益的最大化。因此,政府环境规制的目标选择在时机上是对经济增长与环境质量的权衡。

第四节 增长理论模型与绿色增长

增长理论对经济增长的衡量标准为GDP和人均收入水平,考察要实现经济长期增长所需的均衡条件,重点关注增长的来源(如资本、技术等投入要素在增长过程中的作用)和影响经济增长的政策机制。然而,在当前社会发展中,GDP和人均收入水平不再是衡量经济增长的唯一标准,生态环境的好坏也可体现社会进步和人们的生活水平。因此,为了实现社会可持续发展的目标,打破原有的"GDP 主导经济增长论",将资源利用和环境影响纳入主流经济增长理论中,所构建的绿色增长理论成为经济学研究的新视角。

经济增长理论以拉姆齐的经典论文为界限,将其分为两个阶段,1928 年之前的是古典增长理论,为经济增长理论的奠基阶段;1928 年之后是经济增长理论的成熟阶段,这一阶段又可以分成新古典增长理论和内生增长理论。下面详细介绍新古典增长理论和内生增长理论、最优控制理论等经典模型,并从新古典增长和内生增长的视角解释绿色增长的实现过程。

一、新古典增长理论

新古典增长模型预言,增长率的增加不可能永远地持续下去。在长期中,一个国家的增长率将由其技术创新率决定,而新古典理论却认为技术创新率是独立于经济力量的,即外生的。导致这一悲剧的长期结论的根本原因是边际生产率递减的原理,这一原理认为,在给定技术状态的条件下,如果只是简单地增加资本,则一个人能够据此生产出来的产出数量是有上限的。尽管如此,新古典模型仍然是有用的,因为这一模型关于资本积累如何影响国民收入、实际工资以及实际利率的分析,无论是在技术创新外生还是内生的条件下都是有效的。的确,新古典理论可以被看作增长理论发展过程的一种特殊形式,即其中努力创新的边际生产率下降为零的一种特殊的极限情形。

新古典模型的主要局限是没有解释技术创新,而将其看作是由某些未具体说明的能够带来科学发现和技术扩散的过程决定的。因此,尽管这一模型提供了一国经济增长路径的简明解释,而且说明了这一路径会如何由于节俭的力量影响而上升或下降,但是它却没有为增长的持久性跨国差异提供解释,更不用说解释为什么某些国家的技术创新会高于其他国家了。

(一)索洛 – 斯旺模型

新古典增长模型最具代表性的是索洛 – 斯旺模型。假设厂商的生产函数是：
$$Y = F(K, AL) \tag{2-7}$$

其中，Y 表示社会生产，A 表示技术进步，K 表示资本存量，L 表示劳动力。假设生产函数是规模报酬不变且边际递减的二阶连续可导函数，满足稻田条件，即：

$$F(\lambda K, \lambda L) = \lambda F(K, L), \ \forall \lambda > 0 \tag{2-8}$$

$$F_1 > 0, \ F_{11} < 0, \ F_2 > 0, \ F_{22} < 0 \tag{2-9}$$

$$F(0, L) = F(K, 0) = 0 \tag{2-10}$$

$$\lim_{x_i \to 0} F_i(x_1, x_2) = +\infty, \ \lim_{x_i \to +\infty} F_i(x_1, x_2) = 0, \ i = 1, 2 \tag{2-11}$$

根据式（2-8）至式（2-11），可以把生产函数改写成：

$$\hat{y} = Y/AL = F(K/(AL), 1) \equiv f(\hat{k})\omega_j \tag{2-12}$$

其中，$\hat{k} = K/(AL)$，表示单位资本存量；$\hat{y} = Y/AL$，表示单位社会生产产出量。根据生产函数的性质，满足以下条件：

$$f(0) = 0, \ f'(\hat{k}) > 0, \ f''(\hat{k}) < 0 \tag{2-13}$$

$$\lim_{k \to \infty} f'(\hat{k}) = 0, \ \lim_{k \to 0} f'(\hat{k}) = \infty \tag{2-14}$$

假设劳动力的增长率满足：

$$L(t) = L(0) \times e^{nt} \tag{2-15}$$

假设技术进步率为 g_A，即：

$$A(t) = A(0) \times e^{g_A t} \tag{2-16}$$

假定经济中有无数个厂商，每个厂商都是利润最大化的。因此，利润最大化条件使得每个厂商都按照劳动和资本的边际产出等于其要素价格来雇佣资本和劳动，即：

$$r = F_1(K^j, AL^j) - \delta, \ w = AF_2(K^j, AL^j) \tag{2-17}$$

其中，j 表示第 j 个厂商，r 表示利率水平，w 表示工资水平。另外，根据集约形式的生产函数有：

$$r = f'(\hat{k}^j) - \delta, \ w = A[f(\hat{k}^j) - f'(\hat{k}^j)k] \tag{2-18}$$

由于要素市场完全竞争，所以每个厂商所面临的利率和工资水平相同。因此，每个厂商的单位有效劳动的资本量也相同，即对任意厂商 j 都有 $\hat{k}^j = \hat{k}$。所以，可以得出加总的生产函数为：

$$Y = \sum Y^j = \sum AL^j \hat{y}^j = \sum AL^j f(\hat{k}) = Af(\hat{k}) \sum L^j = ALf(\hat{k})$$

(2-19)

由此可见，整个经济的生产情况同只有一个代表性厂商时的生产情况是一样的。所以，当劳动力市场和资本市场都达到均衡时，有：

$$r = F_1(K, AL) - \delta, \quad w = AF_2(K, AL) \tag{2-20}$$

假设个人每期都消费其收入的一个固定比例，即每个人的消费水平 C 是其可支配收入的一个固定部分 c。则整个消费水平也是整个社会中个人可支配收入的一个比例，即：

$$C_j = c(rK_j + wL_j) \tag{2-21}$$

其中，K_j 和 L_j 分别表示消费者所拥有的资本和劳动力。由此，整个经济中的消费也是其国民收入的固定部分，不妨假设这个消费比例为 $c = 1 - s$，其中 s 为储蓄率。还假设每个人都无弹性地提供一单位劳动（即 $L_j = 1$）。所以，整个社会的储蓄为：

$$S = Y^d - \sum C_j = (1-c)(r \sum K_j + W \sum L_j) = sY - s\delta K \tag{2-22}$$

其中，$Y^d = r\sum K_j + W \sum L_j$，表示个人可支配收入。上面推导用到了 $\sum K_j = K$、$\sum L_j = L$ 和一次齐次函数的欧拉公式。

对于一个两部门的经济而言，当商品市场处于均衡时，投资等于储蓄（即 $I = S$）。所以，整个经济的净投资为：

$$\dot{K} = I = S = s(rK + wL) = sY - s\delta K \tag{2-23}$$

由此，可得：

$$\dot{K}/K = s(Y - \delta K)/K = sf(\hat{k})/\hat{k} - s\delta \tag{2-24}$$

所以，人均有效劳动的资本量的动态方程为：

· 53 ·

$$\dot{\hat{k}}/\hat{k} = g_K - n - g_A = sf(\hat{k})/\hat{k} - s\delta - n - g_A \qquad (2-25)$$

经过整理，得：

$$\dot{\hat{k}} = s[f(\hat{k}) - \delta\hat{k}] - (n + g_A)\hat{k} \qquad (2-26)$$

在长期内经济移动收敛到一种均衡状态，在这种状态下，人均有效劳动的资本存量保持不变。因此，在均衡状态下，人均资本存量 $k = \hat{k}A$ 和技术进步速度相同。即：

$$\dot{k}/k = \dot{A}/A = g_A, \quad k(t) = k(0) \times e^{g_A t} \qquad (2-27)$$

由于社会生产的人均产出增长率为：

$$\dot{y}/y = \dot{A}/A + \dot{\hat{y}}/\hat{y} = \dot{A}/A + f'(\hat{k})\dot{\hat{k}}/\hat{y} = g_A \qquad (2-28)$$

可知，人均产出增长率也等于技术进步率。那么，资本存量增长率和社会生产增长率分别为：

$$\dot{K}/K = \dot{k}/k + \dot{L}/L = g_A + n \qquad (2-29)$$

$$\dot{Y}/Y = \dot{y}/y + \dot{L}/L = g_A + n \qquad (2-30)$$

这表明，在索洛模型中，人均产出水平的长期增长率由技术进步率决定，它同储蓄率、人口增长率、折旧率以及生产函数的形式等其他因素无关；总产出水平的增长率取决于技术进步率和人口增长率，它同储蓄率、资本折旧率以及生产函数的形式等其他因素无关。

（二）拉姆齐模型

拉姆齐把家庭纳入增长模型中，考察了索洛所忽略的经济增长的微观基础。这个模型考察了家庭和厂商两个部分。由家庭出发，得到消费的动态方程；由厂商出发，得到资产报酬率 $r(t)\omega_j$、工资率 $w(t)\omega_j$。厂商的设定与索洛模型所阐述的内容一致。由于引入了家庭，所以资本存量高于黄金率水平的平衡增长路径是不可能的，因此拉姆齐模型中的资本存量被称为"修正的黄金率资本存量"。由于拉姆齐模型的条件满足第一福利公理，因此，在该模型中的均衡是帕累托有效的。当拉姆齐模型收敛到均衡点时，模型的表现行为与索洛模型一致。

在一个中央计划经济中存在无数的个人和厂商，且每个人都具有无限的生命。厂商只生产一种产品，这种产品既可以用于消费，也可以用于投资。现在的经济决策问题是，政府如何选择人均消费路径和资本积累路径，以使得代表性家庭获得的幸福指数最大。

假设家庭当前决策者能够完全准确地预期到家庭的人口增长率，并假设人口增长率为 n。不失一般性，若假定 $L(0)=1$，那么任意时刻家庭的总人口为：

$$L(t) = e^{nt} \qquad (2-31)$$

家庭在 t 时刻的效用水平为 $L(t)u[c(t)]$，其中 $c(t) = C(t)/L(t)$ 表示 t 时刻家庭的人均消费水平，$u(\cdot)$ 表示个人瞬时（单期）效用函数，它是一个边际效用为正数且递减的凹函数，即它满足：

$$u(c) > 0, \ u'(c) > 0, \ u''(c) < 0, \ \forall c > 0 \qquad (2-32)$$

假设 $u(\cdot)$ 满足稻田条件，即：

$$\lim_{c \to 0} u'(c) = +\infty, \ \lim_{c \to \infty} u'(c) = 0 \qquad (2-33)$$

在 t_0 时刻的家庭效用函数为家庭所有成员当前和未来时刻效用水平贴现值的总和，可以表示为：

$$U(t_0) = \int_{t_0}^{+\infty} e^{-(\beta-n)(t-t_0)} u[c(t)] \times \mathrm{d}t \qquad (2-34)$$

其中，$1 > \beta > 0$ 为时间贴现率。

如果政府决定 t 时刻的总消费为 $C(t)$，总投资为 $I(t)$，那么，他面临的预算约束条件为：

$$\dot{K} = I - \delta K(t) = F[K(t), A(t)L(t)] - C(t) - \delta K(t) \qquad (2-35)$$

其中，变量上面加"·"表示该变量对时间的导数，δ 表示资本折旧率。把它转化为人均有效变量的形式为：

$$\dot{\hat{k}} = f[\hat{k}(t)] - \hat{c}(t) - (n+g+\delta)\hat{k} \quad (2-36)$$

其中，变量上面加"^"表示该变量除以总有效劳动量（即除以 $A(t)L(t)$），简称为人均有效形式的变量。

政府的目标是通过选择消费水平路径和资本积累路径来最大化家庭幸福指数。根据以上假设，政府的优化问题就是在预算约束条件和初始资产 $k(0)$ 下，最大化式中的 $U(0)$，同时还要求 $k(t) \geq 0$ 和 $c(t) \geq 0$。即：

$$\max_{c(t)} \int_0^{+\infty} e^{-(\beta-n)t} u[c(t)] \times \mathrm{d}t \quad (2-37)$$

$$\text{s.t.} \quad \dot{\hat{k}} = f[\hat{k}(t)] - \hat{c}(t) - (n+g+\delta)\hat{k} \quad (2-38)$$

$$c(t) \geq 0, \; k(t) \geq 0, \; 给定 \; k(0)$$

在以上优化问题中，由于 $u(\cdot)$ 满足稻田条件，当 c 趋向于 0 时，消费的边际效用水平趋向于无穷大，因此，$c(t)$ 永远不可能等于 0，故 $c(t) \geq 0$ 的约束条件永远不可能变为等号。这表明，在前面关于效用函数的假设下，求解优化问题时约束条件 $c(t) \geq 0$ 可以忽略。同理，$F(\cdot,\cdot)$ 满足稻田条件也使得最优解时 $k(t) > 0$ 一定会成立。此外，为了保证目标函数的收敛性，还要假设 $g/\theta + \beta - g - n \geq 0$。其中 θ 表示跨期替代弹性。

二、内生增长理论

在长期中，经济增长将由技术创新来驱动。如果没有技术创新，则经济可能会由于资本的积累而暂时增长一段时间，但这种增长终将会由于资本边际产品的递减而停滞。然而，如果有技术创新，增长就可以持续，并且经济将收敛到一个稳态，其中的经济增长率恰好等于技术创新率。

由于总量生产函数呈现出关于资本和劳动力的规模报酬不变，则由欧拉定理可知，经济所有的产出都将用于支付资本和劳动各自在生产最终产出过程中的边际产品，从而没有任何剩余可用于支付生产过程中用于改进技术的资源。因此，内生的技术理论不能再基于通常的完全竞争框架，完全竞争框架要求所有的要素都获得各自的边际产品作为支付。

（一）罗默模型

罗默将研发理论和不完全竞争理论引入考虑了个人优化行为的拉姆齐模型中，分析由研发所带来的技术进步的内生经济增长机制。模型中，经济增长率以及发明活动的潜在数量不会趋于帕累托最优，因为产品和生产工艺的创新会带来经济扭曲。在这种框架下，长期增长率取决于政府行为，包括税收、基础设施建设和其他经济领域的管制等。

生产函数可以表示为：

$$Y(t) = F[(1-a_K)K(t), A(t)(1-a_L)L(t)] \qquad (2-39)$$

其中，$1-a_K$ 和 $1-a_L$ 分别表示被用于物质生产部门的资本和劳动占整个资本和劳动的比率，假设它不随时间变化；A 表示技术水平，Y 表示总产出，K 和 L 分别表示总资本和总劳动量，t 表示时间；$F(\cdot,\cdot)$ 表示生产函数，不失一般性，假设它满足稻田条件。即：

$$F(\lambda K, \lambda L) = \lambda F(K, L), \quad \forall \lambda > 0 \qquad (2-40)$$

$$F_1 > 0, \ F_{11} < 0, \ F_2 > 0, \ F_{22} < 0 \qquad (2-41)$$

$$F(0, L) = F(K, 0) = 0 \qquad (2-42)$$

$$\lim_{x_i \to 0} F_i(x_1, x_2) = +\infty, \quad \lim_{x_i \to +\infty} F_i(x_1, x_2) = 0, \ i = 1, 2 \qquad (2-43)$$

技术生产函数可表示为：

$$\dot{A}(t) = A(t)^\theta G(a_K K(t), a_L L(t)), \ 1 > \theta > 0 \qquad (2-44)$$

由此 $\dot{A}$ 表示技术进步增长速度。$G(\cdot,\cdot)$ 表示生产函数，它满足：

$$G_1 > 0, \ G_{11} < 0, \ G_2 > 0, \ G_{22} < 0 \qquad (2-45)$$

$$G(0, L) = G(K, 0) = 0 \qquad (2-46)$$

$$\lim_{x_i \to 0} G_i(x_1, x_2) = +\infty, \quad \lim_{x_i \to +\infty} G_i(x_1, x_2) = 0, \ i = 1, 2 \qquad (2-47)$$

(二) DICE 模型

诺德豪斯的 DICE 模型是用与拉姆齐模型相似的假设条件研究气候政策的经济效益，通过避免环境气候变化来增加经济系统的生产效率。

社会福利函数为人口加权的人均消费效用的贴现值加和。$c(t)$ 表示人均消费，$L(t)$ 表示人口数量，$R(t)$ 表示贴现系数。社会福利函数最大化的数学表达式如下：

$$W = \sum_{t=1}^{T_{max}} U[c(t), L(t)]R(t) \qquad (2-48)$$

假定消费的价值或效用通过恒定的弹性效用函数表示，具体为：

$$U[c(t), L(t)] = L(t)[c(t)^{1-\alpha}/(1-\alpha)] \qquad (2-49)$$

其中，α 表示消费边际效用弹性。

贴现系数中 ρ 表示社会时间偏好率。即：

$$R(t) = (1+\rho)^{-t} \qquad (2-50)$$

人口增长和技术进步是外生的，而随着时间的推移，资本积累是由流量消耗决定的。人口和劳动力表达式为：

$$L(t) = L(t-1)[1+g_L(t)] \qquad (2-51)$$

$$g_L(t) = g_L(t-1)/(1+\delta_L) \qquad (2-52)$$

整个经济的技术进步和低碳节能技术的变化是技术的两种形式。即：

$$A(t) = A(t-1)[1+g_A(t)] \qquad (2-53)$$

$$g_A(t) = g_A(t-1)/(1+\delta_A) \qquad (2-54)$$

假定生产函数规模报酬不变，即：

$$Q(t) = [1-\Lambda(t)]A(t)K(t)^\gamma L(t)^{1-\gamma}/[1+\Omega(t)] \qquad (2-55)$$

其中，$Q(t)$ 表示产出，$A(t)$ 表示总要素生产率，$K(t)$ 表示资本存量；附加变量是 $\Omega(t)$ 和 $\Lambda(t)$，$\Omega(t)$ 表示环境损害，$\Lambda(t)$ 表示减排成本。

气候变化对经济的影响用环境损害函数来估计，即：

$$\Omega(t) = \varphi_1 T_{AT}(t) + \varphi_2 \left[T_{AT}(t) \right]^2 \qquad (2-56)$$

其中，$T_{AT}(t)$ 表示地表温度。

减排成本函数假定减排成本与产出和减少率成正比，即：

$$\Lambda(t) = \theta_1(t)\mu(t)^{\theta_2} \qquad (2-57)$$

其中，$\mu(t)$ 表示排放消减率。

预算约束方程满足：

$$Q(t) = C(t) + I(t) \qquad (2-58)$$

$$c(t) = C(t)/L(t) \qquad (2-59)$$

$$K(t) = I(t) - \delta_K K(t-1) \qquad (2-60)$$

三、最优控制理论

从数理模型上看，最优控制是在运动方程和允许控制范围的约束下，对以控制函数和运动状态为变量的泛函求取极值（极大值或极小值）。最优控制原理主要处理连续时间的动态优化问题，最早利用最优控制解决经济问题可以追溯到1928年拉姆齐的跨期家庭最优化模型。如今，由拉姆齐引入经济学的最优化条件得到了广泛应用，包括讨论消费理论、资产定价及经济周期理论等。

利用最优控制理论进行资源环境约束下的经济可持续发展问题的研究较多。根据模型特点，最优控制理论的优势在于：一是能够解决约束条件带有微分方程的动态规划问题；二是控制变量的引入，对动态分析的开展和过程控制提供了方便；三是对代际间的公平问题的考量。

经济学中常出现的优化问题形如：

$$\max_{u(t)}(\min_{u(t)}) \int_{t_0}^{t_1} e^{-\beta t} \times F[x(t), u(t)] \mathrm{d}t$$

$$\text{s.t. } \dot{x} = f[x(t), u(t)] \qquad (2-61)$$

这种形式的优化问题又称为无穷期限的最优控制优化问题。其中，$x(t)$ 称为状态变量，$u(t)$ 称为控制变量。一般情况下，$x(t)$ 是时间的连续函数。

对于上述优化问题，定义汉密尔顿函数为：

$$H(t, x, u, \lambda) = e^{-\beta t} \times F(x(t), u(t)) + \lambda(t) f(x(t), u(t)) \quad (2-62)$$

其中，$\lambda(t)$ 称为状态变量 $x(t)$ 的共态变量，也称为汉密尔顿乘子，是时间的函数。

设 $\lambda^*(t)$、$x^*(t)$ 和 $u^*(t)$ 是优化问题的最优解，则利用最大值原理得到的一阶必要条件为：

$$\frac{\partial H}{\partial u} = F_u^* + \lambda^*(t) \times f_u^* = 0 \quad (2-63)$$

或者：

$$u^*(t) = \arg\max_{u(t)} H(t, x, u, \lambda) = 0 \quad (2-64)$$

欧拉方程：

$$\frac{\partial H}{\partial x} = e^{-\beta t} F_x^* + \lambda^*(t) \times f_x^* = -\dot{\lambda}^*(t) \quad (2-65)$$

可行性条件：

$$\frac{\partial H}{\partial \lambda} = f(t, x^*, u^*) = \dot{x}^*(t) \quad (2-66)$$

$$x^*(t_0) = x_0 \quad (2-67)$$

横截面条件：

$$\lim_{x \to \infty} \lambda^*(t) x^*(t) = 0 \quad (2-68)$$

四、绿色增长理论

从上述的增长理论中得到的主要启示是环境政策影响着增长、投资和创新。一般情况下，环境政策能减缓资本积累和经济增长，但如果政策激励创新，经济增长条件会被放宽。理想情况是各种外部性的存在，但这会导致经济中真实的投入偏离期望的投入。因此，增长理论是连接外部性和政策、增长意义起源的桥梁。增长理论在绿色增长中的应用主要是：寻找新的增长引擎、解决环境退化和环境政策之间的矛盾以及增长与投入要素之间的关联。

绿色增长是通过环境资源、经济和社会三方面的战略整合政策来提高自然环境和资源的长期可持续性，并加快经济长期增长的一个新概念，其核心是经济的增长，重点关注维持和恢复环境质量和生态服务功能对经济增长的积极影响。

目前，经济学视角的绿色增长研究均是在拉姆齐模型框架基础上进行的扩展研究，模型中保留了物质资本和人力资本作为资本积累过程的投入要素，除此之外还加入自然资本和社会资本。作为一种资本积累的形式，自然资源可以给消费者效用带来很多直接影响。例如，高质量的绿化森林可以净化空气，让居民心情愉悦；二氧化硫、废水等污染的积累可能危害居民的健康。因此，将自然资源纳入效用函数作为社会发展的考核指标是非常合理的。对于生产过程而言，自然资源是必要的投入要素，例如，生产过程的顺利开展离不开洁净的水资源；铅、汞等污染物可能会降低劳动者的生产效率；石油等能源在工业生产过程中是必不可少的投入要素，而木材则可以成为家居生产的原材料。可见，在绿色增长的理论分析框架中，生产函数应包含自然资源，即形如 $Y=F(K,L,N,R)$，其中 N 为投入的自然资源，R 为开采率。效用函数则可改写成 $U(C,L,N)$，其中消费也包括对一些自然资源的消费，如鱼、植物等。

经济增长是资本积累的结果，当资本回报足够用来进行生产再投资时，经济才能持续增长。然而，随着资本积累的不断增加，资本的边际收益下降势必会使经济增长陷入停滞。即使此时政府为了稳定经济增长而增加投资，也会进一步降低私人部门投资和消费需求，导致经济增长无法维持太长时间。技术创新是解决这一问题的良策。技术创新可以提高劳动生产率，从而增加资本的边际收益。因此，技术创新是维持经济长期增长的最重要因素。在绿色增长领域考虑技术创新，会引出与传统经济增长领域不同的问题：当自然资源成为重要的生产投入要素时,技术创新如何促进经济增长?环境政策的实施是否会影响技术创新?不同的技术创新会对资源使用和经济增长产生怎样的影响?

内生增长理论提出了一种显而易见的分析方法,即分析环境规制工具中环境税收在财政收入中的一次性变化对长期均衡增长率的影响。本质上,环境规制工具是一个长期问题。通过政府支出或环境税收变动,使经济向潜在产出靠近。但无论如何,不能也不应该忽视这些政策工具的长期影响。在支出方面,财政政策会对经济增长产生长期影响。例如,罗默(Romer,1989)在模型中通过引入研发支出来研究政府支出对经济增长的影响。在收入方面,税收能够扭曲个人关于要素积累和供给的决策。例如,米莱西-费雷蒂和鲁比尼(Milesi-Ferretti and Roubini,1998)通过对扭曲性的税收干扰私人储蓄和投资决策这一问题的分析得出,税收和投资决策在改变资本积累的过程中,也改变了经济增长率。

新古典理论的索洛-斯旺模型关注的是资本积累,拉姆齐模型关注的是社会福利;而罗默和DICE模型关注的是全球化气候变化背景下的内生导向性技术创新。本研究利用增长理论从不同视角深入分析绿色增长到底在多大程度上归因于资本积累或是归因于技术创新,如图2-4所示。

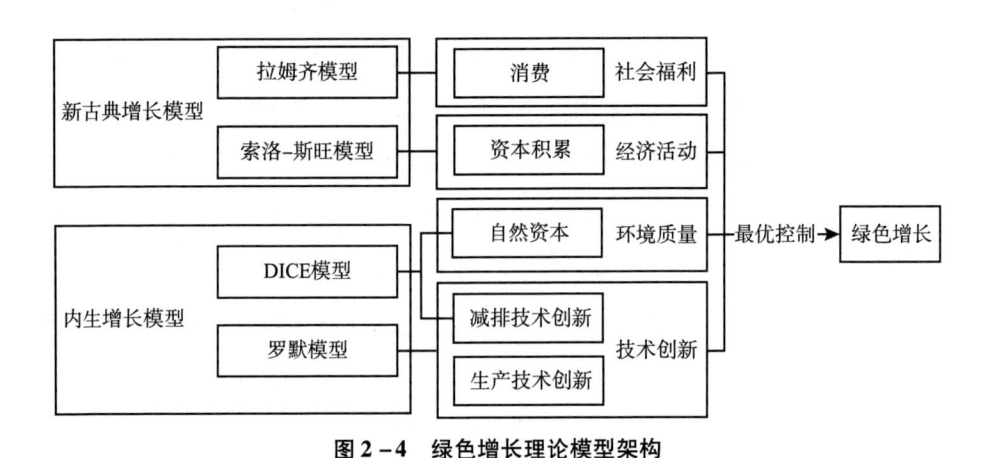

图2-4 绿色增长理论模型架构

第五节 本章小结

本章首先通过界定绿色增长、环境规制和导向性技术创新的相关概念，明确了本书的主要研究对象；其次，以绿色增长的分析框架为切入点分别介绍了导向性技术创新理论、环境规制理论及增长理论，为本研究提供理论支撑。特别在增长理论中介绍了4个经典经济增长模型，为本书后续对绿色增长的模型研究奠定了基础。

| 第三章 |
环境规制约束下绿色增长理论模型

本章是本书后续研究先导，只有明确了绿色增长内部影响机理，并构建出包含环境规制强度要素的绿色增长分析框架，才能进一步对不同类型环境规制如何影响绿色增长进行区别研究。因此，本章分为4个小节。首先，基于前面介绍的理论基础分析绿色增长必需的要素和模块，并基于此构建理论模型框架。其次，在绿色增长过程中，导向性技术创新是关键驱动因素，通过模型求解结果说明对经济增长和环境质量改善的影响进而驱动绿色增长的过程。最后，运用数值仿真过程分析各要素对绿色增长实现的影响过程。

第一节 问题提出

一、问题描述

当前,各国政府在推动经济社会发展的同时,正面临着气候变化带来的风险(陈彦,2015)。我国作为一个发展中国家,推行绿色增长改革是积极应对这一挑战的责任担当,更是建设美丽中国、实现绿色发展的内在要求。一直以来,我国在推动绿色增长改革的进程中面临的一个重要瓶颈在于,如何在减缓气候环境恶化的同时创造新的增长动力。目前,被政府、专家和利益相关者广泛认同的一个观点是,绿色技术创新是实现长期的绿色增长的根本动力(Smulders et al., 2014;于惊涛与王珊珊,2016)。然而,政府在设计和实施可行的绿色增长政策时,并不能如愿地促进绿色技术创新的展开,主要是因为不同的绿色增长政策可能对社会创新者进行绿色技术创新的成本和收益产生不同影响(Gerlagh,2010;张江雪与朱磊,2012),进而衍生了旨在提高社会生产效率的生产技术创新和试图减少温室气体排放的减排技术创新,即导向性技术创新。事实上,任何以绝对性为导向的绿色技术创新均会引发不同的增长风险。因此,政府如何正确引导导向性技术创新,对实现长期的绿色增长是一个重要的管理问题。

由温室气体排放导致的温室效应是一个复杂的、多领域交叉的气候变化问题。当前,最具代表性的气候变化综合评估模型是诺德豪斯(1992)开发的 DICE 模型,该模型集成了拉姆齐最优经济增长模型和简单的气候模块。模型结构可以分为三部分,分别是用于计算经济增长路径及经济活动导致碳排放的经济模块,用于计算温室气体对气候变化影响的气候模块,以及通过气候变化的经济损失计算和减排措施的成本效益计算来连接二者的耦合模块。一些学者根据研究问题的需要在 DICE 模型框架下进行探究。关于经济增长与气候变化之间互动关系的研究有：格里夫斯（Greaves，2015）考虑了气候变化可能带来生产力、资本和市场损失，基于 DICE 模型对利用可再生能源实现的经济增长和社会消费演变过程进行分析；察达赫（Zaddach，2016）考虑了经济增长中消费者主权因子的跨期递减效应，基于 DICE 模型对气候变化对经济反馈作用的评估和适应气候变化的政策制定进行探析。事实上，无论从何种角度来研究，均证实了损失函数引入的必要性，因为气候变化造成的经济损失是其根本属性。勒舍尔和施穆拉（Löschel and Schymura，2013）在经济增长与气候变化之间互动关系的总结中，提出已有研究对损失函数的考察明显不足。可见，气候模块与经济模块二者间的耦合模块是研究气候变化问题的关键所在。但以上研究的损失函数仅能反映静态的损失，难以刻画气候变化对经济增长持续的动态影响。

不同于原有 GDP 或社会福利主导的经济增长理论，绿色增长是由 UNESCAP（2013）、OECD（2010）等提出的一条可应对气候变化的经济增长路径，更强调经济、环境、社会的均衡性、包容性和可持续性。当前，主流的绿色增长研究均是在拉姆齐模型框架下进行拓展的。由此可见，绿色增长研究与 DICE 模型有共同的理论源流，加之二者具有全球性、长期性的共同属性和自顶向下的相同视角，为基于 DICE 模型来探究气候变化下绿色增长的最优路径问题提供了坚实的理论基础。关于导向性技术创新的研究主要关注于引导因素及其会对长期的经济增长带来的影响，提出在导向性技术创新分类（Smulders and Werf，2008）基础上，通过环境政策引导其发展方向可提高经济增长水平（Bondarev et al.，2014），但这种引导需考虑国家发展阶段（Acemoglu et al.，2015）和环境政策实施、执行的力度（Smulders and Maria，2011）等因素。关于未进行区分的技术创新与气候变化之间的关系研究集中于技术创新对气候反馈经济损失的影响，主要将减排成本（Buonanno et al.，

2003)、损失函数（Alho，2006）和技术创新（Kober et al.，2014）作为内生变量引入最优增长模型中，发现技术创新在减缓气候变化的同时能维持经济增长。关于绿色增长的研究主要是常识性地对其投入要素建立程式化的目标和可能性约束。于渤、黎永亮和迟春洁（2006），许士春、何正霞和魏晓平（2010），闫晓霞、张金锁和邹绍辉（2015），石莹等（2015），夸斯和斯马尔德斯（Quaas and Smulders，2013）在效用函数和柯布-道格拉斯生产函数中引入了自然资本。类似于以上研究，劳舍尔（Rauscher，2009）将最优增长模型中的资本用于棕色技术创新投资和绿色技术创新投资并进行量化。莫泽等（Moser et al.，2013）采用复合效用函数对绿色增长目标进行量化，但是，考虑环境规制工具在绿色增长过程中对其他要素的影响研究较少，或研究只针对某一具体环境规制工具（如技术创新投资）。

以上研究不足之处在于：其一，缺少以导向性技术创新为视角构建的不同动力要素与气候变化之间内生关系的绿色增长理论模型。其二，没有提出并量化绿色增长的约束条件，且没有考虑环境规制要素的约束影响。

二、理论框架

针对以上研究不足，若要建立环境规制约束下的绿色增长理论模型，需融合绿色增长目标、约束重构 DICE 模型。新建模型以政府自顶向下的研究视角，通过常弹性的柯布-道格拉斯生产函数确保长期的稳态存在，在不考虑劳动力跨期更替的前提下，充分考虑社会生产、资本分配、导向性技术创新和气候变化等模块不同要素之间的联系，设计符合绿色增长均衡性、包容性和可持续性的初始条件和均衡条件。不同于 DICE 模型中对数化社会消费表征的效用函数是相对风险回避系数等于 1 的特殊情况，本章绿色增长目标函数中相对风险回避系数大于 0 的效用函数更具一般性。绿色增长理论模型主要有四个模块，分析框架见图 3-1。

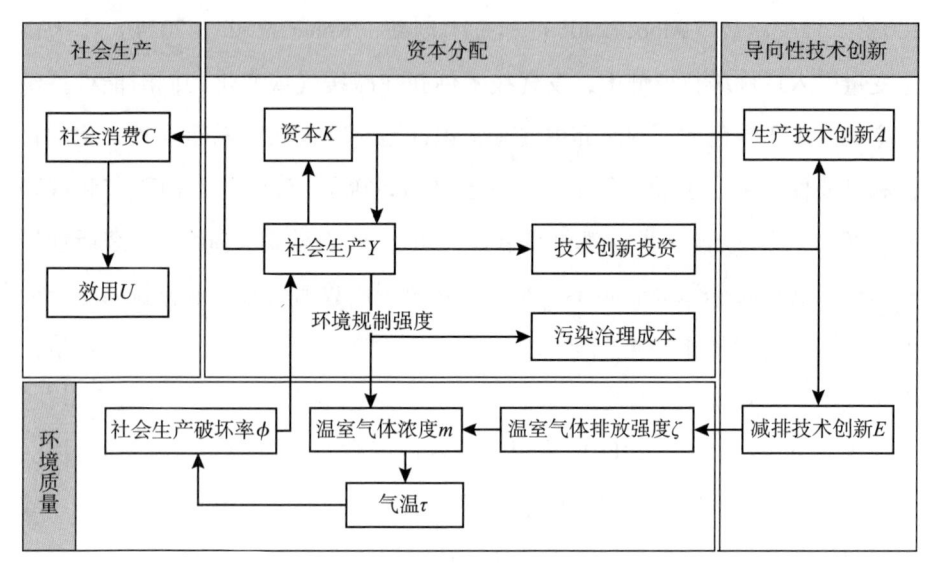

图 3-1 绿色增长机理分析框架

(1) 社会生产：社会生产以生产技术创新和资本积累存量为投入要素。生产技术创新在促进社会生产增长率完成社会生产的同时会引起温室气体排放，进而导致气温升高，由此造成的经济损失以损失函数的形式体现于社会生产中。

(2) 资本分配：社会棕色资本用于社会消费、资本再积累、温室气体治理和技术创新投资上，其中社会福利用社会消费表征的效用函数体现，温室气体治理成本与政府的环境规制强度有关，技术创新投资成本与政府的技术创新投资力度有关。

(3) 导向性技术创新：技术创新投资力度决定着技术创新水平，社会创新者进行生产技术创新或减排技术创新受到政府关于导向性技术创新的导向参数的直接影响。由于减排技术创新不参与社会生产，会间接占用社会棕色资本（高碳、高污染、高能耗的资产）空间。

(4) 环境质量：环境质量主要受到温室效应影响，可看作是温室气体排放引起温室气体浓度增加导致气温无法在自修复能力下维持，进而不断升高的过程，其中温室气体浓度除了自吸收能力作用以外，还受不同环境规制强度下社会棕色资本形成和减排技术创新作用下温室气体排放强度变化的影响。

基于上述分析框架，建立以社会福利最大化为目标函数，以社会生产、资本分配、导向性技术创新和气候变化四个模块为约束的非线性最优控制模型；本章第三节建立可体现绿色增长均衡性、包容性和可持续性的均衡条件，求解得到问题在无限时域上稳态的解析解；第四节是数值仿真分析；第五节是本章小结。

三、基本假设

气候变化过程是一个长期的过程，需要一个很长时间的分析框架，可能是一个世纪甚至更长。假定经济体是封闭的，个体既不能购买国外产品或资产也不能向国外销售自制产品或资产。在不存在公共支出的封闭经济体中，所有的产出都被用于消费、投资或减排。这里的消费是广义上的，它不仅包括食物和住所，也包括非市场化的环境设施和服务。投资用于提高导向性技术创新水平，且生产技术创新和减排技术创新都由社会计划者（政府）控制。社会计划者（政府）作为一个完美的有先见之明的人在最大程度上关注环境。社会中个体具有相同的特性，代表个体对总排放的影响可以忽略，所以可以忽略对温室气体排放的影响。

假定效用函数是关于消费的递增凹函数，即相对于时高时低的消费，消费者更喜欢相对均匀的消费模式。这种追求平滑消费的企图驱动着消费者的储蓄行为，因为在收入相对较低时，他们倾向于借钱，而在收入相对较高时倾向于存钱。消费的边际效用是恒定弹性的，而且这种表达也适用于未来几代人的经济福祉贴现。通过假定当代人在无穷时域内和预算约束下最大化效用，对这种代际之间的互动进行了模型化。也就是说，虽然个体的生命是有限的,但是本章考虑的是一个无限延续的个体。假设利他主义的父母将一切传承给他们的子孙后代,如此循环。

假设社会生产函数是经济效应递减的柯布-道格拉斯生产函数,考虑竞争性市场环境里所有企业用相同的技术生产同样的产品,即在单部门的生产技术创新下的产品是同质的。这里为简化模型,没有考虑企业间技术水平差异,以及企业间资本差异。环境变化对经济的威胁是通过环境的恶化导致生产率降低来体现。生产中投入的资本是同质的,且具有恒定的折旧率,即在每一个时间点上,资本存量的一定份额要被损耗掉,因此不能再被用于生产。在报废之前,资本的所有单位都被假设具有相同的生产效率,与它们最初被制造的时间无关。

第二节 模型构建

一、目标函数

社会福利:关于社会消费的效用函数 $U(C(t))$ 最大化,其中社会消费 $C(t)$ 为自变量。对任意变量 $y(t)$ 和 $\dot{y}(t) = \mathrm{d}y/\mathrm{d}t$,为便于表达省去时间 t,则有:

$$U = \frac{C^{1-\sigma}}{1-\sigma} \tag{3-1}$$

社会福利最大化的目标是实现社会消费 C 的瞬时效用贴现值总量最大化,有:

$$\max \int_0^\infty e^{-\rho t} \frac{C^{1-\sigma}}{1-\sigma} \mathrm{d}t \tag{3-2}$$

其中,ρ 为时间贴现率,表示当代人对后代人利益的关注程度;$\sigma > 0$ 为跨期替代弹性的倒数。

二、约束条件

（一）社会生产

参考雷佩托和伊斯顿（Repetto and Easton，2015）研究成果，引入气温 τ 变化表征的损失函数 $f(\tau)$；同时，在资本积累存量 K 规模经济效应递减的假设下，采用索洛中性技术进步的生产技术创新 A 与资本积累存量 K 之间具有有限的替代性。于是，生产技术创新 A、损失函数 $f(\tau)$ 共同作用于资本积累存量 K 的柯布 - 道格拉斯生产函数，有：

$$Y = A \times f(\tau) K^{\alpha} \tag{3-3}$$

其中，Y 为社会棕色资本；$f(\tau) = [\chi_1 (\tau - \tau_0)^2 + 1]^{-\psi}$ 为损失函数，其中 $\chi_1 > 0$ 为气温影响社会生产的线性系数，$\psi > 0$ 为气温影响社会生产的双曲衰退率；K 为资本积累存量；α 为资本积累生产弹性。

（二）资本分配

社会棕色资本 Y 用于社会消费 C、资本积累存量 K、温室气体治理成本 $c_1(b)Y$ 和技术创新投资成本 $c_1(I)Y$，关于资本积累存量 K 的动态方程有：

$$\dot{K} = Y - C - \delta K - c_1(b)Y - c_1(I)Y \tag{3-4}$$

其中，$\delta \in (0, 1)$ 为资本折旧率，资本积累存量 K 会因资本折旧率 δ 下降；b 为环境规制强度，b_0 为环境规制初始强度，有 $b_0 = b(0)$；I 为政府的技术创新投资力度，I_0 为技术创新投资力度初始值，有 $I_0 = I(0)$；温室气体治理成本 $c_1(b)Y$ 和技术创新投资成本 $c_1(I)Y$ 采用相同的成本函数 $c_1(\cdot)$。

（三）导向性技术创新

技术创新水平 x 的微分方程：

$$\dot{x} = \beta I - \delta_2 x \qquad (3-5)$$

其中，β 为技术创新投资利用率，δ_2 为技术衰退率。

将导向性技术创新区分为生产技术创新 A 和减排技术创新 E，其中生产技术创新 A 致力于社会生产产出的提高，减排技术创新 E 关注于温室气体排放强度 ζ 的下降。引入政府关于导向性技术创新的导向参数 $\varepsilon \in (0,1)$，生产技术创新 A 和减排技术创新 E 是关于技术创新水平 x 的方程组，有：

$$A = 1 + \varepsilon \omega x \qquad (3-6)$$

$$E = 1 + (1-\varepsilon)\omega x \qquad (3-7)$$

其中，ω 为技术转化率。

（四）环境质量

关于温室气体浓度 m，由环境规制强度 b 未作用下社会生产 Y 产生的温室气体排放与内生化减排技术创新 E 的温室气体排放强度 ζ 共同作用，有：

$$\zeta = \frac{\zeta_0}{E} \qquad (3-8)$$

$$\dot{m} = -vm + (1-b)Y\zeta \qquad (3-9)$$

其中，ζ_0 为温室气体排放强度初始值，有 $\zeta_0 = \zeta(0)$；v 为温室气体浓度自吸收率；m_0 为温室气体浓度初始值，有 $m_0 = m(0)$。

气温 τ 由于温室气体浓度 m 增加而升高、减少而降低，气温 τ 与损失函数 $f(\tau)$ 相联系，有：

$$\dot{\tau} = -\lambda\tau + \eta \ln \frac{m}{m_0} \qquad (3-10)$$

其中，λ 为气温自修复率；η 为气温对于温室气体浓度的敏感系数；τ_0 为气温初始值，有 $\tau_0 = \tau(0)$。

三、整体模型

采用的效用函数 $U(C)$ 是严格上凸函数，满足建立最优控制模型的条件。为表述简洁，所有已量化的要素都以符号替代。经简化，建立非线性最优控制模型有：

$$\max_{C,b,I} W = \max_{C,b,I} \int_0^\infty e^{-\rho t} \frac{C^{1-\sigma}}{1-\sigma} dt \qquad (3-11)$$

$$\text{s. t.} \quad \dot{K} = Y - C - \delta K - c_1(b)Y - c_1(I)Y \qquad (3-12)$$

$$\dot{\tau} = -\lambda \tau + \eta \ln \frac{m}{m_0} \qquad (3-13)$$

$$\dot{m} = -vm + (1-b)Y\zeta \qquad (3-14)$$

$$\dot{x} = \beta I - \delta_2 x \qquad (3-15)$$

$$Y = (1 + \varepsilon \omega x) f(\tau) K^\alpha \qquad (3-16)$$

$$A = 1 + \varepsilon \omega x \qquad (3-17)$$

$$E = 1 + (1-\varepsilon) \omega x \qquad (3-18)$$

$$\zeta = \frac{\zeta_0}{E} \qquad (3-19)$$

$$f(\tau) = (\chi_1 (\tau - \tau_0)^2 + 1)^{-\psi} \qquad (3-20)$$

其中，C、b 和 I 为控制变量，K、τ、m 和 x 为状态变量。将目标函数（3-11）采用人均形式的 c 与约束条件式（3-12）至式（3-20）的 Y、K 建立联系，Y、K 也建立在人均形式之上；而 τ、m、x、f 和 ζ 不存在人均形式，因为它们表示的是某一种状态。

对于 b 和 I，成本函数 $c_1(\cdot)$ 有：

$$c_1(b) = 0.01 \frac{b}{1-b} \qquad (3-21)$$

$$c_1(I) = 0.01 \frac{I}{1-I} \qquad (3-22)$$

第三节　模型求解

令 λ_K、λ_τ、λ_m 和 λ_x 分别为 K、τ、m 和 x 的共态变量（影子价格），建

立汉密尔顿函数有：

$$H = \frac{C^{1-\sigma}}{1-\sigma} + \lambda_K [Y - C - \delta K - c_1(I)Y - c_1(b)Y]$$

$$+ \lambda_\tau \left(-\lambda\tau + \eta \ln \frac{m}{m_0} \right) + \lambda_m [-vm + (1-b)Y\zeta]$$

$$+ \lambda_x (\beta I - \delta_2 x) \quad (3-23)$$

由极大值原理，最大化条件满足：

$$\frac{\partial H}{\partial C} = 0 \Rightarrow C^{-\sigma} - \lambda_K = 0 \quad (3-24)$$

$$\frac{\partial H}{\partial b} = 0 \Rightarrow -\frac{0.01}{\zeta(1-b)^2}\lambda_K - \lambda_m = 0 \quad (3-25)$$

$$\frac{\partial H}{\partial I} = 0 \Rightarrow -\frac{0.01}{\beta(1-I)^2}Y\lambda_K + \lambda_x = 0 \quad (3-26)$$

欧拉方程有：

$$\dot{\lambda}_K = -\frac{\partial H}{\partial K} + \rho\lambda_K \quad (3-27)$$

$$\dot{\lambda}_\tau = -\frac{\partial H}{\partial \tau} + \rho\lambda_\tau \quad (3-28)$$

$$\dot{\lambda}_m = -\frac{\partial H}{\partial m} + \rho\lambda_m \quad (3-29)$$

$$\dot{\lambda}_x = -\frac{\partial H}{\partial x} + \rho\lambda_x \quad (3-30)$$

横截条件有：

$$\lim_{t\to\infty} e^{-\rho t}\lambda_K K = 0 \quad (3-31)$$

$$\lim_{t\to\infty} e^{-\rho t}\lambda_\tau \tau = 0 \quad (3-32)$$

$$\lim_{t\to\infty} e^{-\rho t}\lambda_m m = 0 \quad (3-33)$$

$$\lim_{t\to\infty} e^{-\rho t}\lambda_x x = 0 \quad (3-34)$$

对任意变量 y 和 $\dot{y}$，$g_y = \dot{y}/y$ 为无限时域上稳态下 y 的变化率。由式（3-24）至式（3-30）可得关于 K、τ、m 的共态变量 λ_K、λ_τ、λ_m 和 Y 的

变化率：

$$g_{\lambda_K} = -\sigma g_C \tag{3-35}$$

$$g_{\lambda_\tau} = g_Y - \sigma g_C + 2g_I \frac{I}{1-I} \tag{3-36}$$

$$g_{\lambda_m} = -g_\zeta + \sigma g_C + 2g_b \frac{b}{1-b} \tag{3-37}$$

$$g_Y = g_A + \alpha g_K - 2\psi g_\tau \tag{3-38}$$

长期的稳态下，Y、K、C 三者变化率相同的均衡条件体现了绿色增长的均衡性。m 变化率为 0 的均衡条件体现了绿色增长的包容性，即允许"适度"的温室气体排放，但浓度的增加不可超过自身吸收能力的控制。因为布雷谢等（Bréchet et al.，2014）和邦达列夫等（Bondarev et al.，2014）的研究已表明应慎重考虑气候变化对经济的反馈作用，m 变化率为 0 的设置更趋近于气候变化的弱包容性。τ 变化率为 0 的均衡条件体现了绿色增长的可持续性，即长期气温是不允许升高的，因为气温的持续升高极有可能跨越人类生存的危机临界点而引发不可逆的负面效应。于是，均衡条件有：

$$g_Y = g_K = g_C \tag{3-39}$$

$$g_\tau = g_m = 0 \tag{3-40}$$

一、环境规制强度和技术创新投资力度

由式（3-17）和式（3-38）至式（3-40）推导可得：

$$g_A = -g_\zeta \tag{3-41}$$

$$g_b = -\frac{1}{2}g_I \tag{3-42}$$

$$g_Y = \frac{1}{1-\alpha}g_A \tag{3-43}$$

于是，可得关于 b 和 I 的动态方程组：

$$\dot{b} = \frac{1}{2}(1-b)(\sigma-\alpha+1)g_Y \qquad (3-44)$$

$$\dot{I} = -\frac{1}{2}(1-I)g_Y \qquad (3-45)$$

进一步求解 b 和 I 的解析解：

$$b^* = (b_0 - 1)e^{-\frac{g_Y t(\sigma+\alpha-1)}{2}} + 1 \qquad (3-46)$$

$$I^* = (I_0 - 1)e^{\frac{g_Y t}{2}} + 1 \qquad (3-47)$$

二、技术创新水平、生产技术创新和温室气体排放强度

由式（3-15）和式（3-17）推导可得 x 的解析解：

$$x^* = \frac{2\beta(I_0-1)}{g_Y + 2\delta_2}e^{\frac{g_Y t}{2}} - \frac{\beta}{\delta_2}\left[\frac{g_Y + 2\delta_2 I_0}{g_Y + 2\delta_2}e^{-\delta_2 t} - 1\right] \qquad (3-48)$$

将式（3-48）代入式（3-17）和式（3-18）可得内生化 A 和内生化 E 的 ζ 的解析解：

$$A^* = 1 + \varepsilon\omega x^* = 1 + \frac{2\varepsilon\omega\beta(I_0-1)}{g_Y + 2\delta_2}e^{\frac{g_Y t}{2}} - \frac{\beta\varepsilon\omega}{\delta_2}\left[\frac{g_Y + 2\delta_2 I_0}{g_Y + 2\delta_2}e^{-\delta_2 t} - 1\right]$$

$$(3-49)$$

$$\zeta^* = \frac{\zeta_0}{1 + (1-\varepsilon)\omega x^*}$$

$$= \frac{\zeta_0}{1 + \dfrac{2(1-\varepsilon)\omega\beta(I_0-1)}{g_Y + 2\delta_2}e^{\frac{g_Y t}{2}} - \dfrac{\beta(1-\varepsilon)\omega}{\delta_2}\left[\dfrac{g_Y + 2\delta_2 I_0}{g_Y + 2\delta_2}e^{-\delta_2 t} - 1\right]} \qquad (3-50)$$

三、社会棕色资本、资本积累存量和人均消费变化率

由式（3-13）、式（3-14）和式（3-40）可得：

$$m = \frac{1}{v}\zeta(1-b)Af(\tau_0)K^\alpha \qquad (3-51)$$

$$\frac{\lambda\tau_0}{\eta} = \ln\frac{m}{m_0} \qquad (3-52)$$

结合式（3-50）和式（3-51）求解，K 的解析解为：

$$K^* = \left[m_0 v e^{\frac{\lambda\tau_0}{\eta}} \frac{1+(1-\varepsilon)\omega x^*}{(1-b^*)\zeta_0(1+\varepsilon\omega x^*)}\right]^{\frac{1}{\alpha}} \qquad (3-53)$$

由式（3-16），Y 的解析解为：

$$Y^* = m_0 v e^{\frac{\lambda\tau_0}{\eta}} \frac{1+(1-\varepsilon)\omega x^*}{(1-b^*)\zeta_0} \qquad (3-54)$$

由式（3-23）和式（3-26）可得：

$$\dot{\lambda}_K = -\sigma\frac{\dot{C}}{C}C^{-\sigma} = [1-c_1(b)-c_1(I)]\frac{\partial Y}{\partial K}C^{-\sigma} + \frac{0.01}{1-b}\frac{\partial Y}{\partial K}C^{-\sigma} + (\rho+\delta)C^{-\sigma}$$
$$(3-55)$$

整理式（3-55），g_C 的解析解为：

$$g_C = \frac{\dot{C}}{C} = \frac{\alpha}{\sigma}\left(1.01 - \frac{0.02}{1-b^*} - \frac{0.01I^*}{1-I^*}\right)A^* K^{*(\alpha-1)} - \frac{\rho+\delta}{\sigma} \qquad (3-56)$$

第四节　数值仿真分析

一、参数设定

为了更直观地分析绿色增长内部影响机理，对长期的绿色增长中社会福利、社会生产、资本分配、导向性技术创新和气候变化进行数值仿真，分析关键要素的一次性变化对长期绿色增长的影响，探究政府应如何引导社会创新者进行导向性技术创新。参考已有研究中关键参数的经验值，时间维度上以 $t=1$ 年为单位，具体取值见表3-1。

表 3-1　　　　　　　　　　关键参数取值

参数	取值	定义	参考来源
ρ	0.05	时间贴现率	(Chu and Lai, 2014)
σ	2.5	相对风险回避系数	(Chu and Lai, 2014)
α	0.3	资本积累生产弹性	(Roseta-Palma et al., 2010)
χ_1	0.03	气温影响社会生产的系数	(Maurer et al., 2013)
ψ	0.2	气温影响社会生产的双曲衰退率	(Maurer et al., 2013)
b_0	0.5	环境规制强度初始值	(Bréchet et al., 2014)
I_0	0.5	技术创新投资力度初始值	(Bondarev et al., 2014)
δ	0.075	资本积累折旧	(Bréchet et al., 2014)
β	0.7	技术创新投资利用率	(Bondarev et al., 2014)
δ_2	0.1	技术衰退率	(Bondarev et al., 2014)
ω	0.05, 0.1, 0.2	技术转化率	(Maurer et al., 2013)
ε	0.1, 0.5, 0.9	技术导向参数	(Bondarev et al., 2014)
ζ_0	0.043	温室气体排放强度初始值	(Bréchet et al., 2014)
v	0.005	温室气体浓度自吸收率	(Bréchet et al., 2014)
m_0	1	温室气体浓度初始值	(Maurer et al., 2013)
λ	0.11	气温自修复率	(Bondarev et al., 2014)
η	0.591	气温对于温室气体浓度的敏感系数	(Bréchet et al., 2014)
τ_0	292	气温初始值	(Maurer et al., 2013)

二、不同温差下的社会棕色资本变化率

不同的气温变化 $\Delta\tau \in [0, 8]$℃下 g_Y 的变化趋势见图 3-2。社会棕色资本变化率 g_Y 随温差 $\Delta\tau$ 的升高呈不断下降的态势。对比本研究与布雷谢等、邦达列夫等的仿真结果，由表 3-2 可知，布雷谢等外生化技术创新下 $\Delta\tau$ 对 g_Y 的影响是线性的，即 $\Delta\tau$ 每升高 2℃时 g_Y 下降 2.23%；但 $\Delta\tau$ 对 g_Y 的影响不一定遵循着平稳、可预见的轨迹，本研究仿真结果显示了不同 $\Delta\tau$ 下 g_Y 的变化趋势是非线性的，表明由于温度升高 g_Y 可急转直下。对于温度升高对 g_Y

产生的负面影响，布雷谢等的拟合结果过于乐观。通过校准 $\Delta\tau$ 对 g_Y 的初始影响，仿真结果显示 $\Delta\tau$ 等于8℃时 g_Y 将下降19.22%，远高于布雷谢等下降8.92%的拟合结果，但仍低于邦达列夫等 -26.73% 的拟合结果，因为邦达列夫等还考虑了温度升高时气候灾难发生的大概率倾向和海平面上升的额外经济损失等。总之，相对悲观估量气候对经济的反馈作用能体现绿色增长应对气候变化的必要性。

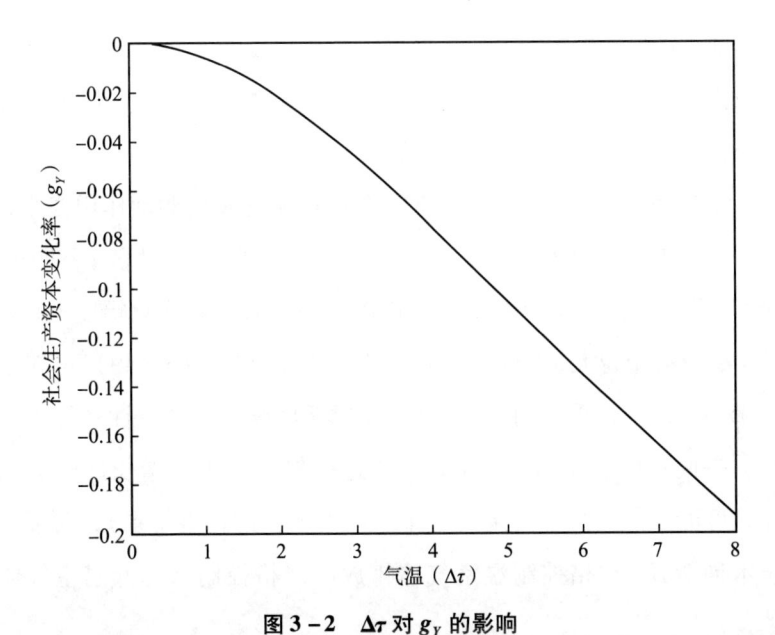

图 3-2 $\Delta\tau$ 对 g_Y 的影响

表 3-2　　　　　　　　　　$\Delta\tau$ 对 g_Y 的影响　　　　　　　　　单位：%

$\Delta\tau$	g_Y		
	本研究	布雷谢等	邦达列夫等
+2℃	-2.23	-2.23	-2.23
+4℃	-7.50	-4.46	-8.36
+6℃	-13.57	-6.69	-17.02
+8℃	-19.22	-8.92	-26.73

三、不同技术转化率下的导向性技术创新与资本分配

观察长期稳态下不同技术转化率 ω 的绿色增长相关指标可进一步明晰导向性技术创新内生化的驱动机制。对 $g_Y = 0.005$、导向参数 $\varepsilon = 0.5$ 和其他参数不变时技术转化率 $\omega = \{0.2, 0.1, 0.05\}$ 三种情况下导向性技术创新与资本分配的相关指标进行仿真。

由图 3-3 和图 3-4 可知，不同技术转化率 ω 下生产技术创新 A 和温室气体排放强度 ζ 随时间 t 的变化趋势是相互对应的，二者模拟至 30 年左右时出现了极值点，之后 70 年的反向趋势相对平缓。不难推测，柯布-道格拉斯生产函数中棕色资本弹性 $\alpha = 0.3$ 下资本积累存量 K 的驱动作用变小，使得社会生产 Y 的增长主要依赖于生产技术创新 A，前期 30 年 A 随 t 不断上升、ζ 随 t 不断下降。不同 $\omega = \{0.2, 0.1, 0.05\}$ 下 A 和 ζ 在变化幅度上显示出一定差异，ω 越高 A 越大、ζ 越小，由式（3-48）和式（3-49）可知 $A^* \propto \omega$ 和 $\zeta^* \propto 1/\omega$。这里，采用的技术创新导向参数 $\varepsilon = 0.5$ 是中性的绿色技术创新导向，一同考量了 A 和 E，在解决 A 这一努力促进 Y 增长同时会引发气温 τ 升高可能带来的严重后果（见本章第四节二的仿真结果），可通过提升减排技术创新 E、严格控制温室气体排放的严格控制来降低温室气体排放强度 ζ。

由图 3-5 可知，不同 $\omega = \{0.2, 0.1, 0.05\}$ 下资本积累存量 K 之间不存在差异，这说明技术创新导向参数 $\varepsilon = 0.5$ 时 K 不受技术转化率 ω 影响，由式（3-53）可知 $\varepsilon = 0.5$ 时 K^* 的解析解中不含 ω。不同 ω 下相同的 K 这一结果说明 A 和 E 之间竞争互补的关系在 $\varepsilon = 0.5$ 时达到了一种平衡状态。另外，高技术转化率 ω 下更高水平生产技术创新 A 促进更大规模的社会生产 Y 并未得到更多的资本积累存量 K，这应是政府追求人均消费 C 而非资本积累存量 K 这一目标的结果，Y 在资本分配中除了必要的温室气体治理成本 $c_1(b)Y$

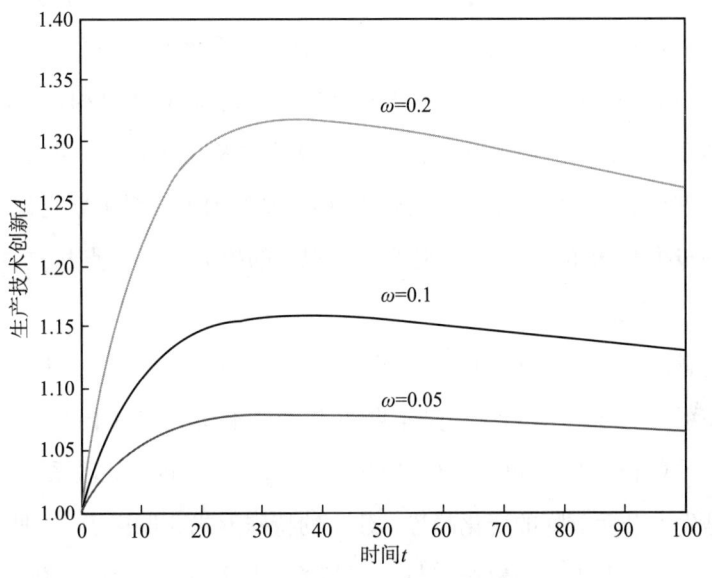

图 3-3 不同 ω 下 A 的变化趋势

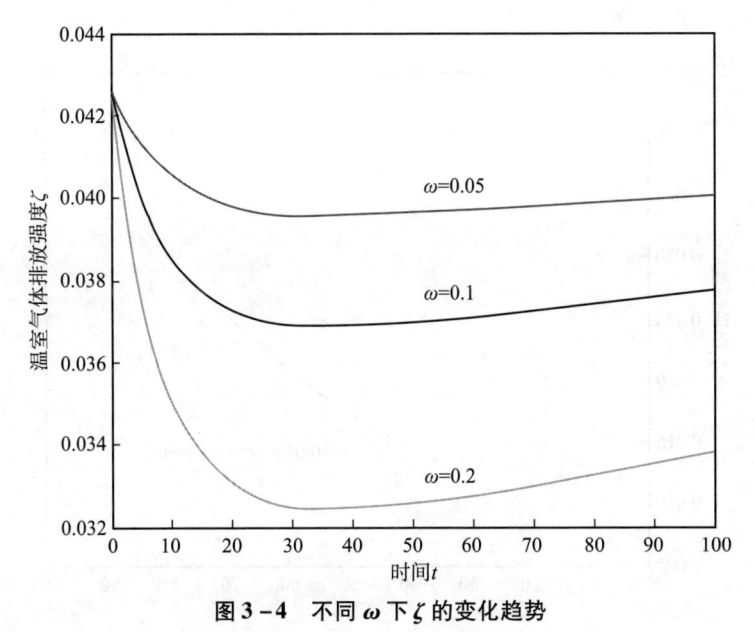

图 3-4 不同 ω 下 ζ 的变化趋势

和技术创新投资成本 $c_1(I)Y$ 之外，留予更多的资本空间用于消费 C；这也从侧面证明了政府对 K 的淡然态度来自 A 的驱动作用比 K 更强劲这一事实。对比图 3-3 和图 3-4 中之后 70 年 A 和 ζ 相逆于之前 30 年且相对平缓的变化趋势和图 3-6 可知，前期 30 年积累一定规模的 K 在 $\alpha = 0.18$ 下足以应对未来 $g_Y = 0.005$ 较低的增长需求，之后 70 年主要的动力要素重新定位于 K；除非有进一步提升 g_Y 的要求，否则不会重视 I 的提升，这一点从式（3-47）中 $I^* \propto g_Y$ 可得到证实。

需注意的是，DICE 模型对 A 的设置是固定的外生化形式，未考虑 A 与 I 之间的关系，对 A 的拟合结果是不断上升的；本研究将 A 内生化，通过式（3-12）、式（3-15）和式（3-16）将 A、I、Y 之间建立联系，对 A 的仿真结果是先上升后下降的变化趋势，建立的特殊形式 A 取决于 x，见图 3-7。由式（3-48）可知 x^* 的解析解与 ω 不相关、与 I_0 关系复杂。因此，政府需做的是能游刃有余地控制 x 的水平和方向，即迅猛进步之后平稳下降。

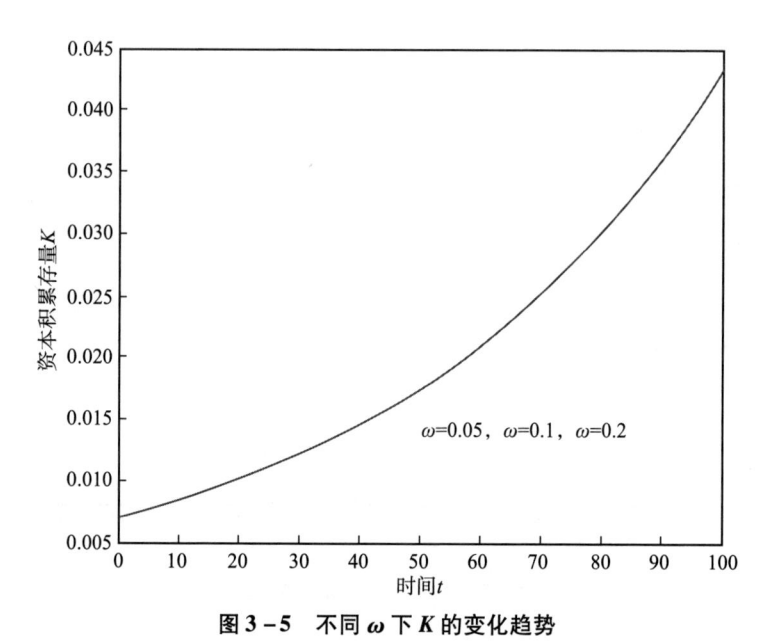

图 3-5　不同 ω 下 K 的变化趋势

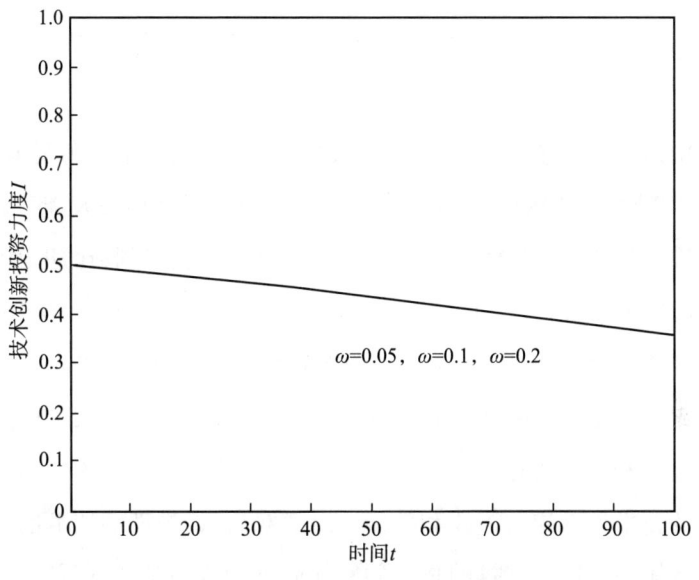

图3-6 不同 ω 下 I 的变化趋势

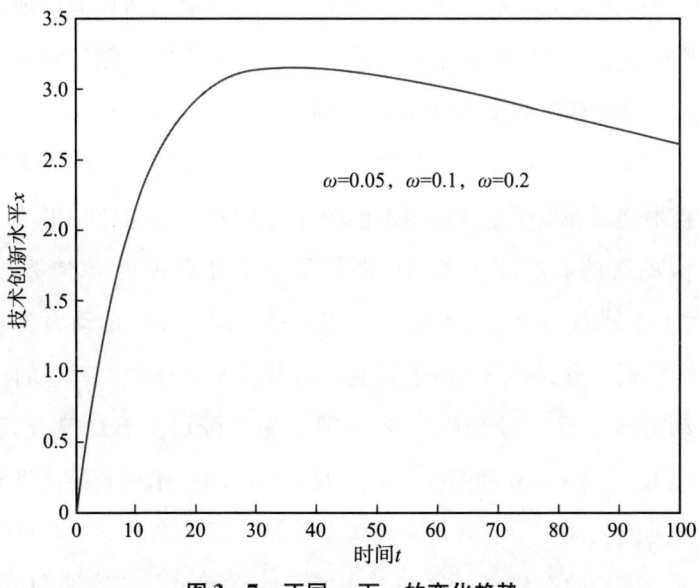

图3-7 不同 ω 下 x 的变化趋势

四、不同技术导向下的导向性技术创新、社会生产与资本分配

现实中柯布-道格拉斯社会生产函数 $Y = A \times f(\tau)K^{\alpha}$ 的棕色资本弹性 $\alpha < 1$ 是规模经济效应递减的，前期的绿色增长中资本积累存量 K 能否达到理想的规模取决于生产技术创新 A。因此，政府对导向性技术创新的正确引导至关重要。在长期的稳态下 $g_Y = 0.005$、$\omega = 0.1$ 和其他参数不变时 $\varepsilon = \{0.1, 0.5, 0.9\}$ 对导向性技术创新、社会生产与资本分配的相关指标的影响进行仿真。

与图 3-3 和图 3-4 中 A 和 ζ 随时间 t 的变化趋势相似，不同技术创新导向参数 ε 下 A 和 ζ 之间的差异主要体现于变化幅度上，见图 3-8 和图 3-9。偏于生产的技术创新导向下 A 和 ζ 显示出"双高"，中性的技术创新 $\varepsilon = 0.5$ 导向下二者居中，偏于减排的技术创新导向下二者则是"双低"，可谓是条条路径均可通往长期的绿色增长，普遍的特征是模拟至 30 年后不同 ε 下 A 和 ζ 均呈平稳变化的态势。不难看出，偏于生产的技术创新导向形成的 A 和 ζ "双高"局面存在气候环境恶化的风险，偏于减排的技术创新导向形成的 A 和 ζ "双低"局面存在增长动力匮乏的风险。

由图 3-10 可知，偏于减排的技术创新导向下的资本积累存量 K 远远大于中性的技术创新和偏于生产的技术创新导向下的 K，而其间的差距随时间 t 呈加速扩大的态势。这证实了，长期的稳态下社会棕色资本变化率 $g_Y = 0.005$ 的增长需求使得偏于减排的绿技术创新导向下主要的动力要素已完全寄托于资本积累存量 K，需几倍于其他导向下的 K 才能达到理想的规模，短时性增长动力匮乏导致社会生产 Y 出现了先下降后上升的变化趋势（见图 3-11）。反观图 3-10 和图 3-11 中偏于生产的技术创新导向下致力于 A 的提升，强劲的驱动作用下更大 A 仅需少量的 K 即可实现 $g_Y = 0.005$ 的增长需求，其平稳增长的态势显示这一进程中应始终满足弱包容性和可持续性，否则严重的气候反馈经济损失会导致社会生产 Y 下降。

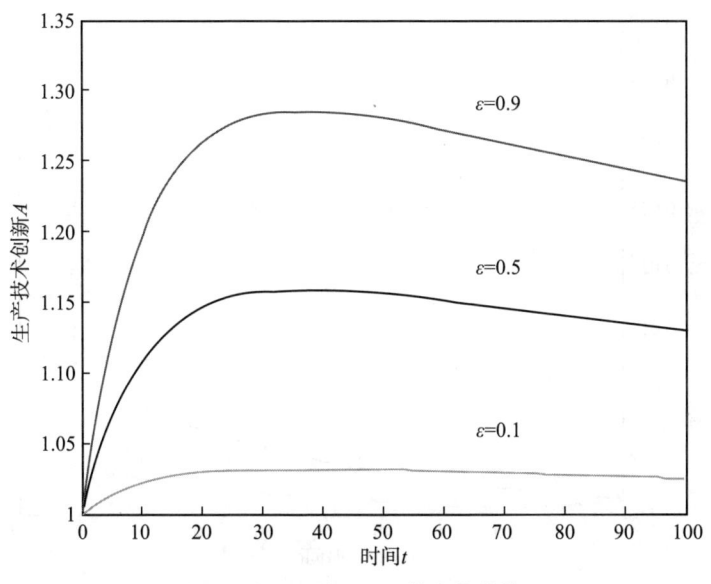

图 3-8　不同 ε 下 A 的变化趋势

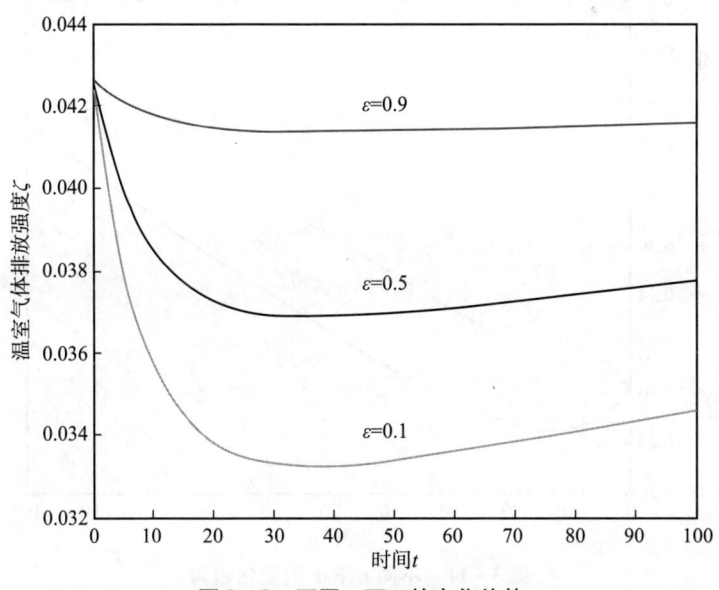

图 3-9　不同 ε 下 ζ 的变化趋势

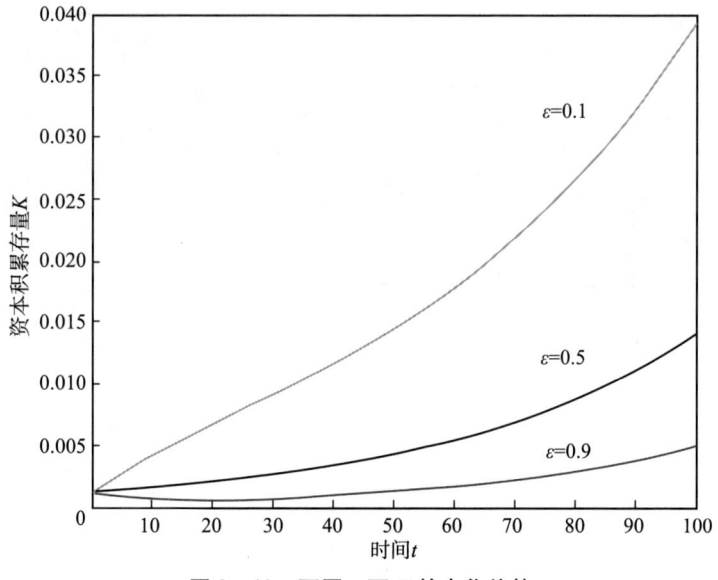

图 3-10　不同 ε 下 K 的变化趋势

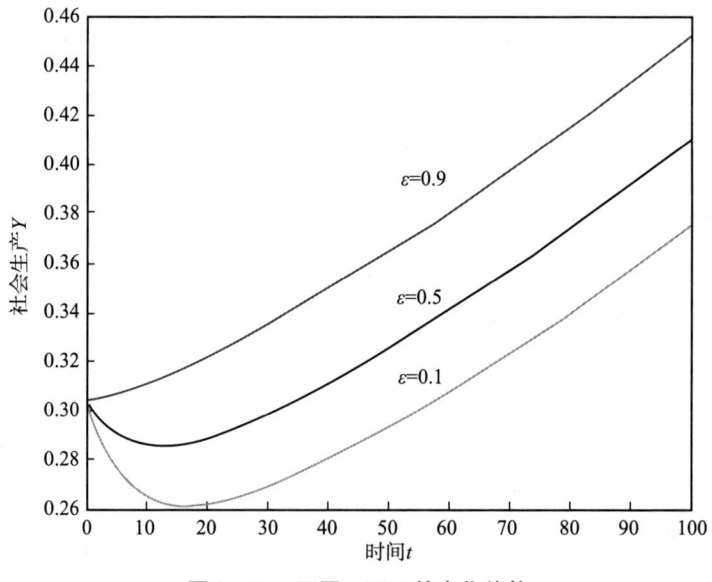

图 3-11　不同 ε 下 Y 的变化趋势

因此，偏于生产的技术创新导向下政府应关注的是如何在高 ζ 下保证 Y 的高增长不出现气候反馈造成的经济损失；偏于减排的技术创新导向下政府应关注的是如何保证 K 快速积累至理想的规模抑或是快速提升 A。需注意的还有，对于技术创新导向参数 $\varepsilon = \{0.1, 0.5, 0.9\}$ 的三种不同导向，长期的绿色增长中不必对环境规制强度 b 和技术创新投资力度 I 实施针对性的调控，这一点从式（3-36）和式（3-37）b^* 和 I^* 的解析解中不含 ε 可得，政府只需采用 b 逐步提升和 I 逐步下降的方式来调节其水平即可（见图3-12和图3-13）。但是，在已确定的导向性技术创新下政府可将注意力放于初始值 b_0 和 I_0。

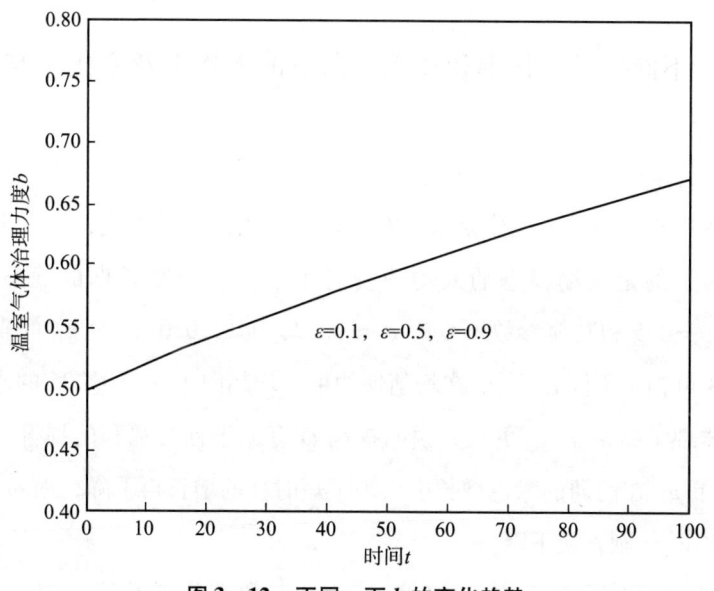

图3-12 不同 ε 下 b 的变化趋势

图 3-13　不同 ε 下 I 的变化趋势

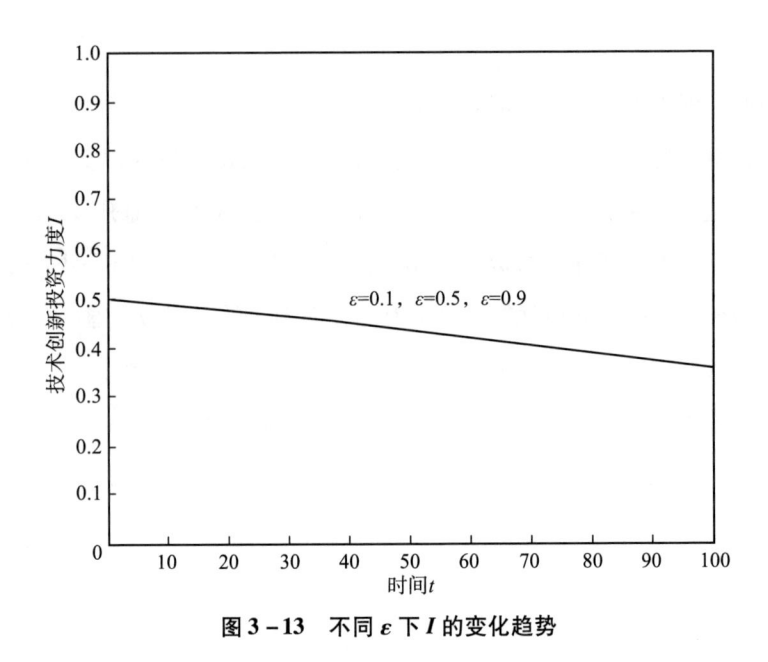

五、不同技术转化率和技术导向下的人均消费变化率与导向性技术创新

绿色增长目标是实现社会福利关于 C 的效用函数最大化，实际上绿色增长目标考量的是长期稳态的人均消费变化率 g_C。观察长期的稳态下 $g_Y = 0.005$、$\varepsilon = 0.5$ 和其他参数不变时 $\omega = \{0.2, 0.1, 0.05\}$ 对 g_C 的影响。由图 3-14 可知，不同 ω 下 g_C 在均衡性约束下均趋向于 $g_Y = 0.005$ 的水平，差异主要体现于高 ω 下 g_C 更大，说明提高 ω 有助于社会福利的提升，特别是 $\omega = 0.2$ 下 g_C 在前期的绿色增长中出现了短时性的增长再下降，而 $\omega = 0.1$ 和 $\omega = 0.05$ 下 g_C 则直接下降。

将图 3-14 添置于 $g_Y = 0.005$、$\omega = 0.1$ 和其他参数不变时 $\varepsilon = \{0.1, 0.5, 0.9\}$ 对人均消费变化率 g_C 的影响中（见图 3-15），不同技术创新导向参数 ε 下人均消费变化率 g_C 变化趋势之间的差异与不同技术转化率 ω 下的

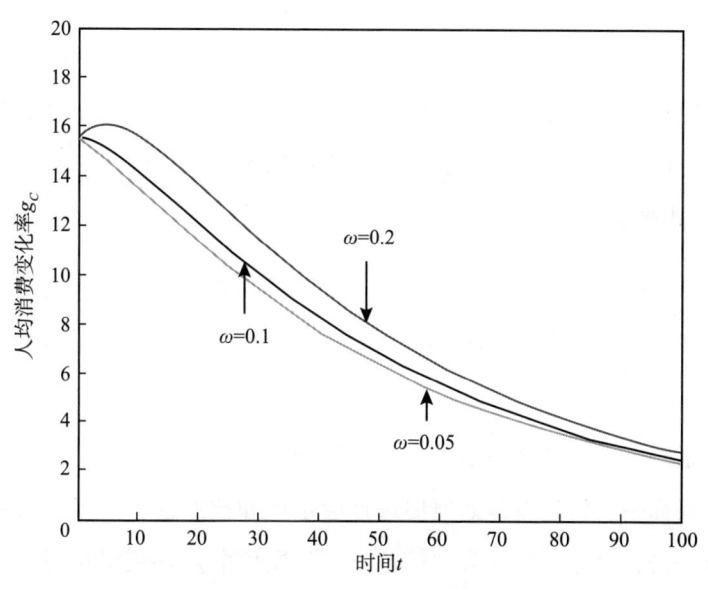

图 3-14 不同 ω 下 g_C 的变化趋势

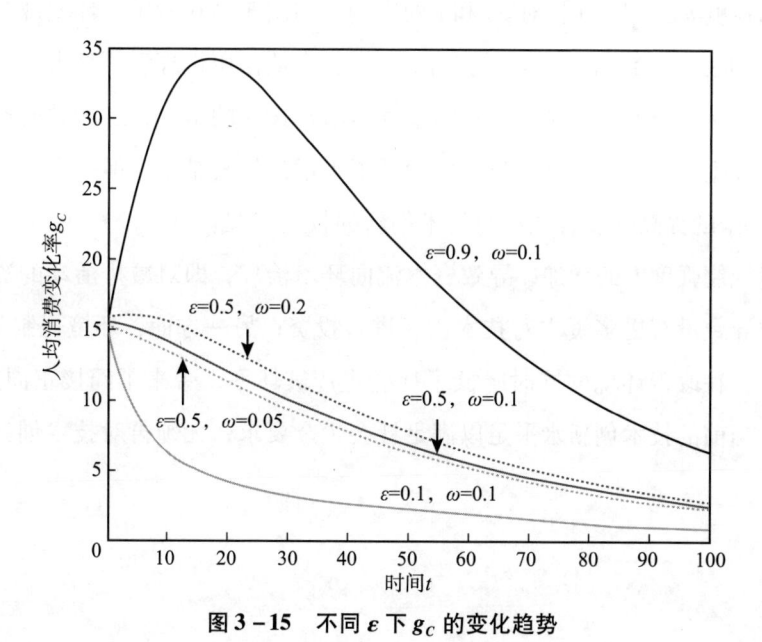

图 3-15 不同 ε 下 g_C 的变化趋势

情况相似，但变化幅度更显著。容易得到，技术创新导向参数 ε 是决定 g_C 水平和方向的重要因素。不同 ε 下 g_C 在未来也均趋向于 $g_Y = 0.005$ 的水平，但偏于生产的技术创新导向下可实现更长时间、更高水平的 g_C，而偏于减排的技术创新导向下为促进资本积累存量 K 快速积累，只能以牺牲人均消费变化率 g_C 的方式来实现。

六、不同环境规制强度下的技术创新投资和经济增长率

绿色增长中环境规制是推动生产和消费行为转变的动力，而环境规制作为政策工具面临的挑战就是如何促进社会生产和技术进步。实际上绿色增长目标的核心是长期稳态的社会"棕色资产"变化率 g_Y。观察长期的稳态下资本生产弹性 $\alpha = 0.3$、技术创新投资力度初始值 $I_0 = 0.5$ 和其他参数不变时环境规制强度 $b \in [0, 1]$ 对 g_Y 和 I 的影响。如图 3-16 所示，环境规制强度 b 增加会促进社会棕色资本变化率 g_Y 的增长，从作用机理看，是由于环境规制强度抑制了温室气体排放，且温室气体治理投入的增加，二者共同作用降低了社会生产破坏率，这也从侧面验证了本章的仿真结果。但社会棕色资本变化率 g_Y 的提高并没有拉动对技术创新的投资（见图 3-17），一方面，由于环境规制强度 b 的增加，导致资本流向环境治理，即对减排活动的资本投入，这导致没有更多资本对技术创新进行投资；另一方面，环境规制强度 b 的加大，在改善环境的同时降低了社会生产破坏率，带来了间接正向效应，因此，当前的技术创新水平足以满足社会生产要求，无须再对技术创新追加投资。

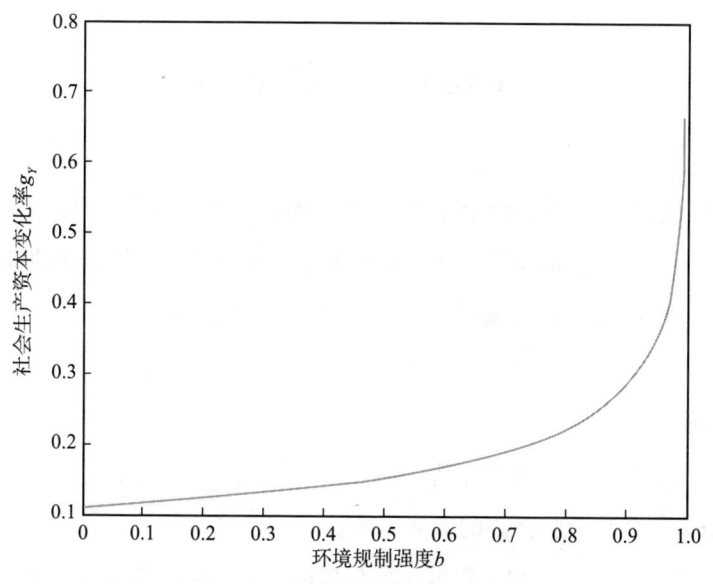

图 3-16 不同 b 下 g_Y 的变化趋势

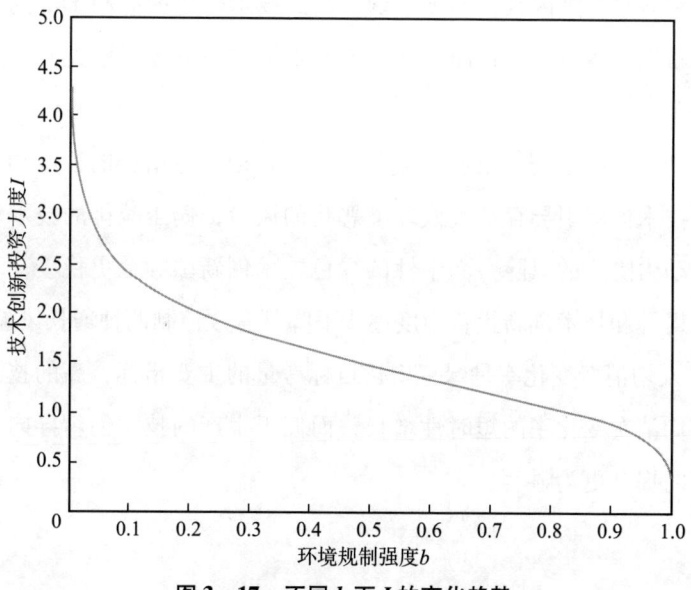

图 3-17 不同 b 下 I 的变化趋势

第五节 本章小结

本章通过考察和量化社会生产、资本分配、导向性技术创新和环境质量四个模块上参数、变量及其之间的确切关系，突破了一些限制性的基本假设，建立了可体现绿色增长均衡性、包容性和可持续性的非线性最优控制模型，在保持与研究问题不直接相关的参数和变量不变的情况下进行了数值仿真，得到的结论主要有：

（1）气候反馈经济损失不容小觑，气候环境恶化引起的气温升高容易导致长期的绿色增长面临极高的破坏风险。

（2）生产技术创新相比资本积累存量可对社会生产起到更强劲的驱动作用，减排技术创新可防止社会棕色资本因其与气候变化之间的冲突而下降；技术转化率虽是客观因素，但须承认，高的技术转化率有利于不同导向的绿色技术创新发挥各自作用；而对技术创新水平这一可控因素先升后降的态势应予以把握。

（3）再度证实了导向性技术创新是实现长期绿色增长的根本动力，但偏于生产的技术创新引导存在气候环境恶化的风险，偏于减排的技术创新引导存在增长动力匮乏的风险，而中性的绿色技术创新引导会更稳妥；环境规制强度逐步提升和技术创新投资力度逐步下降可有效控制两种增长风险。

（4）人均消费变化率是绿色增长目标考量的主要指标，高的技术转化率有利于人均消费变化率的短时性增长，而偏于生产的技术创新导向下人均消费变化率的提升更为显著。

|第四章|

政府扶持型环境规制对绿色增长的影响机理

第一节 问题提出

一、问题描述

目前，高污染产业、能源和交通结构带来了巨大的环境成本，导致我国面临十分严峻的环境形势。要改善这一状况，必须培育新的低碳绿色增长点。从企业来看，通过政府扶持型环境规制，调整资金配置，促使更多的资金从污染性行业转投绿色环保行业，建立起绿色资本积累系统。从市场角度，要培养绿色消费理念，使绿色生活方式深入人心。为了践行绿色发展理念、体现高质量发展的重要性，我国在"十三五"规划实施期间陆续出台了一系列扶持型环境规制，如体现绿色消费生活理念的《关于促进绿色消费的指导意见》、促进清洁能源利用的《能源技术革命创新行动计划》和《中国制造2025—能源装备实施方案》，以及加快清洁能源技术创新的《"十三五"国家科技创新专项规划》等。

政府扶持型环境规制是指包括信息和教育方面的政府扶持政策，比如环境税收补贴、绿色基础设施投资或绿色创新与研发的专项预算拨款、教育等绿色技能培训以及绿色消费意识的培养等。政府扶持型环境规制主要从两个方面解决环境问题：一方面提升公众的环境保护意识，采取多渠道、多层次和多种方法对公民进行环保宣传和教育。环境意识的提高会带动环境治理投入的增加，而环境治理投入的资本来源及投入力度又会对经济增长产生影响。洛佩斯（López，1994）、博芬贝格和吉尔德（Bovenberg and Goulder，1996）、斯托基（Stokey，1998）等将污染物排放对长期经济增长的反馈机制以及非可再生资源引入经济增长模型中，指出提高环保意识会增加对环境治理的投入，这对棕色资本积累具有阻碍作用，尽管短期内会抑制经济增长，但从长期看有利于绿色增长的实现。高建刚（2016）将污染引入随机内生经济增长模型发现，政府环境治理投入并不能对经济增长起到促进作用，只有扶持企业提高环境意识、加大环境治理投入才是实现经济增长和环境保护双赢目标的有效手段。胡远波等（2005）在随机经济增长模型中加入环境因素，进一步验证了政府环境治理投入的增加并不能带动经济增长，且企业对环境治理投入过多也不利于经济增长速度的提高。金卓和胡适耕（2006）将环境污染纳入消费效用函数中，也得到了企业环保投入过多将阻碍经济增长的结论。

另一方面，通过引导企业在日常经营决策中充分考虑与环境相关的潜在回报、风险和成本，促使社会资源进入绿色资本积累过程，促进经济绿色增长。所谓的绿色资本主要是将环境评估纳入流程、注重绿色产业发展的同时构建绿色资本积累框架，调整投资结构并考虑识别环境风险和机会。绿色技术创新作为绿色增长的根本动力，是政府扶持型环境规制解决绿色资本可持续增长的关键要素。绿色技术创新作为技术创新的一种，对实现环境保护的目标起着非常重要的作用（Magat，1978）。新的环境技术工艺可以推动污染的控制和减少，而绿色资本扶持政策的实施与应用也会带动技术创新发展和变动，因为这类政策往往鼓励对实用型绿色技术大量投资而限制破坏环境的棕色技术投资。马树才和李国柱（2006）通过引入环境因素构建环境约束下的索洛增长模型发现，在不存在绿色技术创新的前提下，由于污染排放率持续上升，该模型的平衡增长路径是不可持续的。王春晖和李平（2012）认为适度的政府扶持政策能够积极引导和调控绿色技术创新，在一定程度上提升社会的绿色技术创新水平并达到更高水平。布鲁姆（Bloom，2010）的实证研究表明，政府财税优惠扶持政策能够促进企业的绿色技术创新投资力度。戈尔格和斯特罗布尔（Görg and Strobl，2007）的研究则发现，适度的扶持政策对绿色技术创新投资有明显的正面促进作用，而过度的扶持反而会使绿色技术创新投资产生挤出效应。郭炬、叶阿忠、陈泓（2015）从理论和实证两个维度再次验证了政府扶持政策对企业技术创新投资的挤出效应。同样地，积累过程中没有造成环境污染的绿色资本也具有挤出效应。洛佩斯（López，1994）在不考虑绿色技术创新对绿色资本投入的替代作用情况下得出绿色资本具有静态挤出效应。张晖和朱军（2009）为研究绿色资本投入具有生产性的一面，将绿色技术创新水平因素引入内生经济增长模型，从绿色资本投入的生产和挤出两重性来研究经济增长与环境质量之间的关系，得出了以下结论：在动态均衡条件下，先进绿色技术创新的应用，不仅有利于提高绿色基础设施建设投资、减少污染排放，还能提高经济均衡增长率，因此可以在改善环境质量的同时维持经济的长期增长。

相关研究主要从政府扶持型环境规制中选取了环境意识和绿色技术创新的影响因素引入模型中，提出了关于绿色技术创新投资或环境治理投入等要素的定量模型，但存在以下不足：一是忽视了对环境质量有负面影响的生产技术创新对经济增长的促进作用，绿色技术创新只是导向性技术创新的一种。二是导向性技术创新是绿色增长的驱动因素而不是最终目的，扶持型环境规制除了对导向性技术创新的绿色引导外，还具有指导和约束的双重效应。三是消费效用函数中跨期替代弹性的倒数取值不具有一般性。

二、理论框架

针对以上研究不足，本研究将导向性技术创新纳入资本积累的分析框架中，假设在规模经济效应不变和完全竞争市场的条件下，结合不同政府扶持力度和环境治理成本，构建以社会福利最大化的绿色增长目标为目标函数、以保证均衡增长率的持续增长和环境质量的持续改善为约束条件的非线性最优控制模型。建立的政府扶持型环境规制对绿色增长的影响机理分析框架见图4-1。

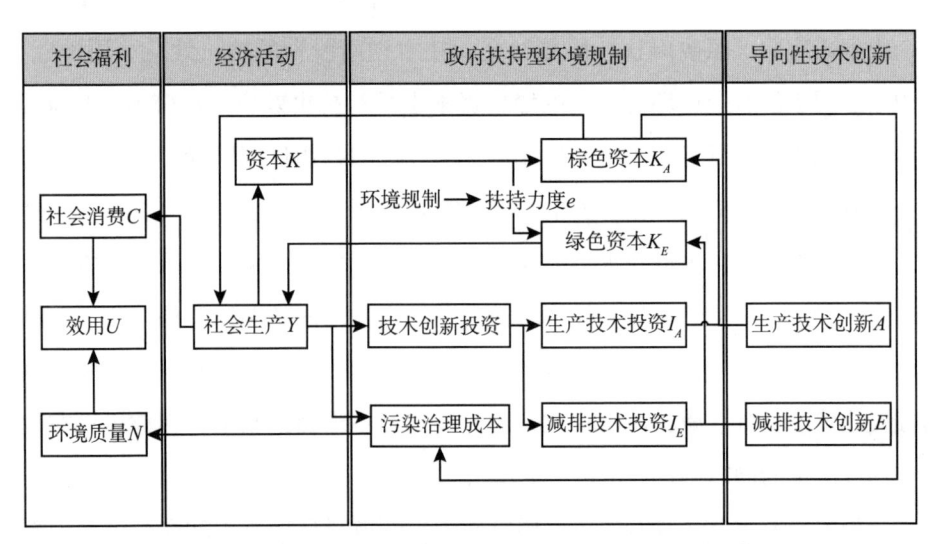

图4-1 政府扶持型环境规制对绿色增长的影响机理分析框架

就整个动态过程而言：

（1）资本分配过程：社会生产的产品用于社会消费、环境治理和技术创新投资上，环境治理成本与当前的环境质量有关，技术创新投资成本与其外生机会成本有关。

（2）资本积累过程：社会生产是资本积累的过程，以棕色资本积累和绿色资本积累两个过程为主。其中棕色资本除了棕色资本折旧外，由于其积累过程对环境质量造成破坏，需要再分配出用以改善环境质量的环境治理成本，生产技术创新和棕色资本作为投入要素进行棕色资本的积累；考虑绿色资本折旧的同时，减排技术创新和绿色资本作为投入要素参与绿色资本积累过程。

（3）导向性技术创新：技术创新投资用于提高技术创新水平，针对棕色资本和绿色资本积累过程，分别对生产技术创新和减排技术创新进行投资，并提高二者的创新水平，增加棕色资本和绿色资本的资本存量。

（4）社会福利：棕色资本分配的用于改善环境质量的环境治理成本将直接影响环境质量和人均消费的消费效用，从而影响绿色增长的关键目标——社会福利。

三、基本假设

假定将环境质量作为一种资本积累的形式引入效用函数，即自然资源可以给消费者效用带来很多直接影响。例如，高质量的绿化森林可以净化空气，使居民心情愉悦；二氧化硫、废水等污染的积累可能给居民健康带来危害。因此，在分析环境规制对绿色增长的影响机理时，将环境质量纳入效用函数中是非常合理的。

假设采用规模报酬不变的生产函数，生产的单一产品要么被消费掉，要么被储蓄起来并转化为投资。这一假设是合理的，主要是从更广义的角度来看待资本积累，即考虑囊括了物质资本和人力资本在内的广义资本概念。资本积累过程中存在两种资本：首先是传统资本，也被称为有污染性的棕色资本；其次是非污染性的绿色资本。资本循环过程中，除了恒定的资本折旧率外，还有对技术创新研发的投资参与到资本积累过程中。而且，这两种技术投资正好满足所需要技术创新水平的要求或规定。为了突出资本积累的作用，假设技术水平是一个外生给定的常数，这一假设在本书后续章节放宽条件。

假设政府设定的环境规制要求企业都必须遵守，因此企业不得不在污染治理上投入更大的成本，而污染治理力度和治理成本取决于环境规制的强度。

第二节 模型构建

一、目标函数

关于绿色增长目标的效用函数 $U(C(t), N)$，采用柯布-道格拉斯函数形式，将人均消费 $C(t)$ 和环境质量 N 作为效用函数的自变量。对任意变量 $x(t)$ 和 $\dot{x}(t) = dx/dt$，为便于表达省去时间变量 t，则有：

$$U(C, N) = \begin{cases} \dfrac{(CN^\phi)^{1-\sigma}}{1-\sigma}, & \sigma \neq 1, \ 0 \leq \phi < 1 \\ \ln C + \phi \ln N, & \sigma = 1, \ 0 \leq \phi < 1 \end{cases} \quad (4-1)$$

社会福利最大化目标是关于消费者的瞬时效用贴现值总量最大化，有 $\max \int_0^\infty U(C,N) e^{-\rho t} dt$，其中 ρ 为时间贴现率，$\sigma > 0$ 为跨期替代弹性的倒数，权重参数 $\phi > 0$ 为公众环境质量感知系数。

二、约束条件

（1）社会生产：假设规模经济效应不变，所有生产均用同一技术生产相似产品。在既定的生产技术水平下，将棕色资本和绿色资本作为投入生产的要素进行产品生产，生产函数采用柯布－道格拉斯函数形式，可表示为：

$$Y = A \times K_A^{\alpha} K_E^{1-\alpha} \qquad (4-2)$$

其中，A 为生产函数的技术水平参数；K_A 为棕色资本存量，K_E 为绿色资本存量，$\alpha \in (0, 1)$ 为棕色资本在社会生产过程中的弹性（即棕色资本弹性）。

（2）技术投资：假设规模经济效应不变，资本积累采用柯布－道格拉斯函数形式，生产要素主要有资本存量和不同技术创新投资的投入，则棕色资本和绿色资本的积累过程有：

$$\dot{K}_A = dK_A^{\alpha_A} I_A^{1-\alpha_A} - \delta K_A \qquad (4-3)$$

$$\dot{K}_E = eK_E^{\alpha_E} I_E^{1-\alpha_E} - \theta K_E \qquad (4-4)$$

其中，I_A 为生产技术创新投资，I_E 为减排技术创新投资；d 为棕色资本积累的规模参数，e 为政府扶持绿色资本积累的扶持力度；$\alpha_A \in (0, 1)$、$\alpha_E \in (0, 1)$ 分别为棕色资本和绿色资本在资本积累中的生产弹性；δ 为棕色资本折旧率；θ 为绿色资本折旧率。假定资本存量的投入对资本积累正向的影响程度小于技术创新投资的投入，那么资本存量在资本积累中的生产弹性应小于技术创新投资，即 $\delta \in (0, 0.5)$，$\theta \in (0, 0.5)$。此外，相比绿色资本，棕色资本更容易积累资本，那么绿色资本在资本积累中的生产弹性应不大于棕色资本，即 $\theta \leq \delta$。

（3）资本分配：假设在完全竞争市场的条件下，生产的产品可用于消费、生产技术创新、减排技术创新和环境治理，预算约束形式可表示为：

$$Y(K_A, K_E) - C - w(I_A + I_E) - a(N) \times K_A = 0 \qquad (4-5)$$

其中，w 为技术创新投资的外生机会成本；从环境治理资本投入的角度，$a(N)K_A$ 为环境治理资本，其中 $a(N)$ 为环境治理强度，与环境质量 N 之间存在正相关性，假定 $a(N)$ 是关于 N 的单调增函数，可表示为 $a(N) = lN^\Lambda$，其中 $l > 0$ 为环境治理资本的固定比例系数，$\Lambda > 1$ 为环境治理资本的指数。

三、整体模型

综上所述，采用对数形式的效用函数 $U(C, N)$ 是严格上凸函数，满足建立最优控制模型条件。考虑棕色资本存量 K_A、绿色资本存量 K_E、生产技术创新投资 I_A、减排技术创新投资 I_E 和环境治理资本 $a(N)K_A$ 的变动情况，建立的非线性最优控制模型有：

$$\max_{C,N} W = \max_{C,N} \int_0^\infty U(C,N) e^{-\rho t} dt \qquad (4-6)$$

$$\text{s. t.} \quad \dot{K}_A = dK_A^{\alpha_A} I_A^{1-\alpha_A} - \delta K_A \qquad (4-7)$$

$$\dot{K}_E = eK_E^{\alpha_E} I_E^{1-\alpha_E} - \theta K_E \qquad (4-8)$$

$$U(C, N) = \begin{cases} \dfrac{(CN^\phi)^{1-\sigma}}{1-\sigma}, & \sigma \neq 1, \ 0 \leq \phi < 1 \\ \ln C + \phi \ln N, & \sigma = 1, \ 0 \leq \phi < 1 \end{cases} \qquad (4-9)$$

$$Y = A \times K_A^\alpha K_E^{1-\alpha} \qquad (4-10)$$

$$A \times K_A^\alpha K_E^{1-\alpha} - C - w(I_A + I_E) - a(N) \times K_A = 0 \qquad (4-11)$$

$$K_A(0) = K_{A0} > 0, \ K_E(0) = K_{E0} > 0 \qquad (4-12)$$

其中，I_A、I_E 为控制变量，K_A、K_E、C 为状态变量。

第三节 模型求解

令 λ_{KA}、λ_{KE} 为棕色资本存量 K_A 和绿色资本存量 K_E 的共态变量（即不同资本存量的影子价格），建立汉密尔顿函数：

$$H = \frac{(CN^\phi)^{1-\sigma}}{1-\sigma} + \lambda_{KA}(dK_A^{\alpha_A} I_A^{1-\alpha_A} - \delta K_A) + \lambda_{KE}[eK_E^{\alpha_E} I_E^{1-\alpha_E} - \theta K_E] \qquad (4-13)$$

由极大值原理，最大化条件满足：

$$\frac{\partial H}{\partial I_K} = 0 \qquad (4-14)$$

$$\frac{\partial H}{\partial I_E} = 0 \qquad (4-15)$$

欧拉方程为：

$$\dot{\lambda}_{KA} = -\frac{\partial H}{\partial K_A} + \rho \lambda_{KA} \qquad (4-16)$$

$$\dot{\lambda}_{KE} = -\frac{\partial H}{\partial K_E} + \rho \lambda_{KE} \qquad (4-17)$$

横截条件为：

$$\lim_{t \to \infty} e^{-\rho t} \lambda_{KA} K_A = 0 \qquad (4-18)$$

$$\lim_{t \to \infty} e^{-\rho t} \lambda_{KE} K_E = 0 \qquad (4-19)$$

由式（4-14）、式（4-15）可得：

$$\lambda_{KA} = \frac{wC^{-\sigma} N^{\phi(1-\sigma)}}{d(1-\alpha_A) K_A^{\alpha_A} I_A^{-\alpha_A}} > 0 \qquad (4-20)$$

$$\lambda_{KE} = \frac{wC^{-\sigma} N^{\phi(1-\sigma)}}{e(1-\alpha_E) K_E^{\alpha_E} I_E^{-\alpha_E}} > 0 \qquad (4-21)$$

棕色资本存量 K_A 和绿色资本存量 K_E 的共态变量 λ_{KA}、λ_{KE} 均为正数。

由此，汉密尔顿函数的海森矩阵是负定的，即现值汉密尔顿函数是严格的上凸函数，存在极大值。

$$H = \begin{pmatrix} \dfrac{\partial^2 H}{\partial I_A^2} & \dfrac{\partial^2 H}{\partial I_A \partial I_E} \\[2mm] \dfrac{\partial^2 H}{\partial I_A \partial I_E} & \dfrac{\partial^2 H}{\partial I_E^2} \end{pmatrix}$$

$$= \begin{pmatrix} -w^2 \sigma C^{-\sigma-1} N^{\phi(1-\sigma)} & -w^2 \sigma C^{-\sigma-1} N^{\phi(1-\sigma)} \\ -\lambda_{KA} d\alpha_A (1-\alpha_A) K_A^{\alpha_A} I_A^{-\alpha_A-1} & \\ -w^2 \sigma C^{-\sigma-1} N^{\phi(1-\sigma)} & -w^2 \sigma C^{-\sigma-1} N^{\phi(1-\sigma)} \\ & -\lambda_{KE} e\alpha_E (1-\alpha_E) K_E^{\alpha_E} I_E^{-\alpha_E-1} \end{pmatrix}$$

一、技术创新投资收益率

由式（4-11）可得消费 C 是关于变量 K_A、K_E、I_A、I_E 的函数：

$$C(K_A, K_E, I_A, I_E) = AK_A^\alpha K_E^{1-\alpha} - w(I_A + I_E) - lN^A \times K_A \quad (4-22)$$

模型（4-6）至模型（4-12）可简化为只含有 K_A、K_E、I_A、I_E 四个变量的问题，其中模型（4-13）为目标函数，模型（4-7）、模型（4-8）、模型（4-14）至模型（4-19）为约束条件，I_A、I_E 为控制变量，K_A、K_E 为状态变量。

由模型（4-14）可得：

$$\frac{\dot{\lambda}_{KA}}{\lambda_{KA}} = -\sigma \frac{\dot{C}}{C} - \alpha_A \frac{\dot{K}_A}{K_A} + \alpha_A \frac{\dot{I}_A}{I_A} \quad (4-23)$$

由模型（4-16）可得：

$$\frac{\dot{\lambda}_{KA}}{\lambda_{KA}} = \rho + \delta - d\alpha_A \left(\frac{I_A}{K_A}\right)^{1-\alpha_A} - \frac{d(1-\alpha_A)}{w}\left(\frac{I_A}{K_A}\right)^{-\alpha_A}\left[\alpha A \left(\frac{K_E}{K_A}\right)^{1-\alpha} - lN^A\right]$$

$$(4-24)$$

由模型（4-6）可得：

$$\frac{\dot{K}_A}{K_A} = d\left(\frac{I_A}{K_A}\right)^{1-\alpha_A} - \delta \quad (4-25)$$

令 $g_C = \frac{\dot{C}}{C}$，$g_{KA} = \frac{\dot{K}_A}{K_A}$，由模型（4-23）至模型（4-25）可得棕色技术创新投资收益率：

$$\frac{\dot{I}_A}{I_A} = \frac{\rho + \delta + \sigma g_C}{\alpha_A} - \delta - \frac{d(1-\alpha_A)}{w\alpha_A}\left(\frac{g_{KA}+\delta}{d}\right)^{\alpha_A/(\alpha_A-1)}\left[\alpha A\left(\frac{K_E}{K_A}\right)^{1-\alpha} - lN^A\right]$$

$$(4-26)$$

同理，由式（4-15）可得：

$$\frac{\dot{\lambda}_{KE}}{\lambda_{KE}} = -\sigma \frac{\dot{C}}{C} - \alpha_E \frac{\dot{K}_E}{K_E} + \alpha_E \frac{\dot{I}_E}{I_E} \qquad (4-27)$$

由模型（4-17）可得：

$$\frac{\dot{\lambda}_{KE}}{\lambda_{KE}} = \rho + \theta - e\alpha_E \left(\frac{I_E}{K_E}\right)^{1-\alpha_E} - \frac{e(1-\alpha_E)}{w}\left(\frac{I_E}{K_E}\right)^{-\alpha_A}(1-\alpha)A\left(\frac{K_E}{K_A}\right)^{-\alpha}$$

$$(4-28)$$

由模型（4-8）可得：

$$\frac{\dot{K}_E}{K_E} = e\left(\frac{I_E}{K_E}\right)^{1-\alpha_E} - \theta \qquad (4-29)$$

令 $g_{KE} = \dfrac{\dot{K}_E}{K_E}$，由模型（4-27）至模型（4-29）可得绿色技术创新投资收益率：

$$\frac{\dot{I}_E}{I_E} = \frac{\rho + \theta + \sigma g_C}{\alpha_E} - \theta - \frac{e(1-\alpha_E)}{w\alpha_E}\left(\frac{g_{KE}+\theta}{e}\right)^{\alpha_E/(\alpha_E-1)}(1-\alpha)A\left(\frac{K_E}{K_A}\right)^{-\alpha}$$

$$(4-30)$$

二、资本分配比例

为实现绿色增长目标，设定 I_A、I_E 为常数和变量 K_A、K_E、C 均以固定的速率增长，即 $\dot{I}_A = \dot{I}_E = 0$，$g_C = g_{KA} = g_{KE} = g$（$g$ 为最优均衡增长率）。由模型（4-26）和模型（4-30）可得资本分配：

$$\frac{K_E}{K_A} = \frac{e(1-\alpha)(1-\alpha_E)}{\alpha d(1-\alpha_A)}\left(\frac{g+\theta}{e}\right)^{\alpha_E/(\alpha_E-1)}\left(\frac{d}{g+\delta}\right)^{\alpha_A/(\alpha_A-1)}$$

$$\times \frac{\rho + \delta + \sigma g - \alpha_A \delta + \dfrac{ld(1-\alpha_A)}{w}\left(\dfrac{g+\delta}{d}\right)^{\alpha_A/(\alpha_A-1)}N^\Lambda}{\rho + \theta + \sigma g - \alpha_E \theta} \qquad (4-31)$$

第四节 数值仿真分析

一、参数设定

参考已有研究中关于模型中不同参数的经验值（见表4-1），对政府扶持力度 e、资本分配 K_E/K_A、不同技术创新投资收益率 $\dot{I}/I$ 之间的关系进行数值仿真。

表4-1　　　　　　　　　　关键参数取值

参数	取值	定义	参考来源
l	1	环境治理资本比例	（Moser et al.，2013）
α	0.3~0.7	资本积累生产弹性	（Roseta-Palma et al.，2010）
A	1	生产技术创新	（Chu and Lai，2014）
d	1	生产资本积累的规模参数	（Bilancini and D'Alessandro，2012）
e	[1，2]	政府对绿色资本积累的扶持力度	（Bilancini and D'Alessandro，2012）
ρ	0.05	时间贴现率	（Chu and Lai，2014）
σ	2.5	跨期替代弹性的倒数	（Chu and Lai，2014）
w	0.05~0.3	技术创新投资的外生机会成本	（Chu and Lai，2014）
Λ	2	环境治理资本指数	（Chu and Lai，2014）
ϕ	0.4	公众环境质量感知系数	（Chu and Lai，2014）
α_A	0.3~0.7	棕色资本的生产弹性	（Feenstra et al.，2001）
α_E	0.3	绿色资本的生产弹性	（Moser et al.，2013）
δ	0.01	资本积累折旧率	（Bilancini and D'Alessandro，2012）
θ	0.01	绿色资本积累折旧率	（Bovenberg and Smulders，1996）

二、不同政府扶持力度下的资本分配及投资收益

观察政府对绿色资本的扶持力度 e 在区间 [1, 2] 变动、其他参数不变的情况下 K_E/K_A 和 $\dot{I}/I$ 的变化情况。从图 4-2 和图 4-3 可以看出,政府扶持力度 e 与资本分配比例 K_E/K_A 的正相关关系显著,而对 $\dot{I}/I$ 产生负向影响,这是由于技术创新投资受到资本分配时政府对绿色资本扶持影响而有所减少。从图 4-3 中可以看出,为响应政府对绿色资本的扶持,生产技术创新投资在减少,减排技术创新投资尽管略有减少,但和生产技术投资相比,减少速度要小很多。技术创新投资作为资本积累的投入要素,在受到 e 影响而减少的同时也会对 K_E/K_A 的增加作出贡献。

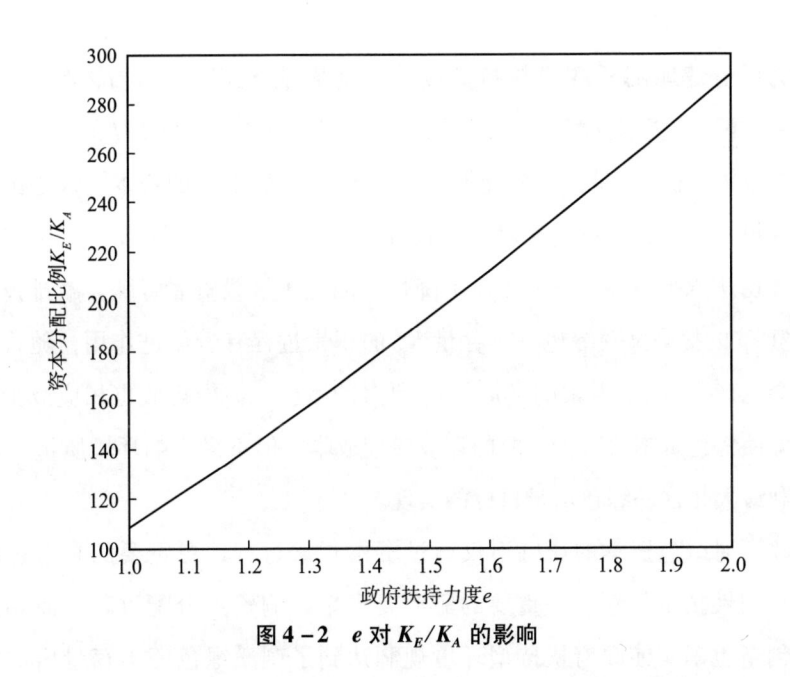

图 4-2　e 对 K_E/K_A 的影响

图 4-3　e 对 $\dot{I}/I$ 的影响

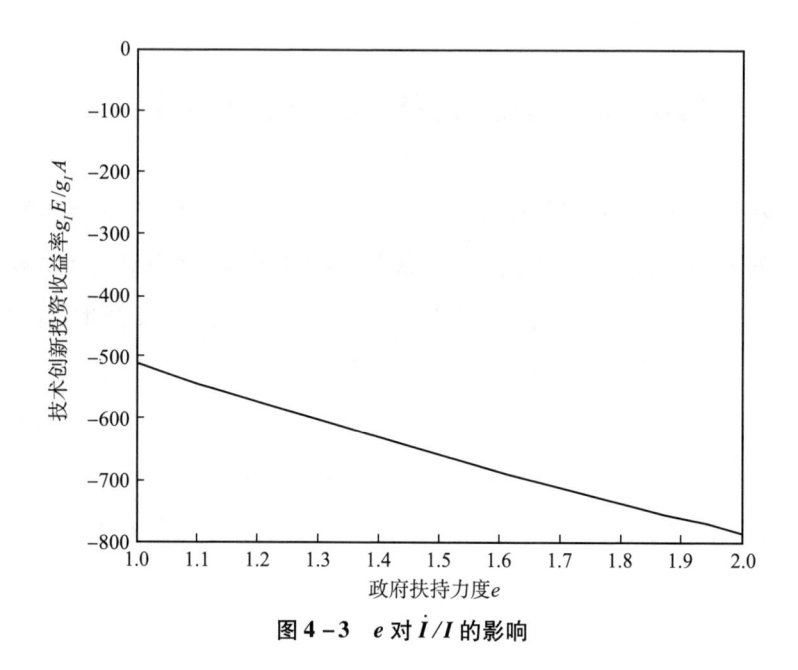

为更清楚地剖析政府扶持力度 e 如何影响 K_E/K_A 和 $\dot{I}/I$，图 4-4 和图 4-5 展示了资本分配 K_E/K_A 变化对技术创新投资收益率 $\dot{I}/I$ 的影响。绿色资本存量 K_E 的增加是占用分配给生产技术创新投资 I_A 的资本，这是由于技术创新投资者势必会投给相对投资收益较大的减排技术创新 E，而生产技术创新 A 由于水平不高且投资收益下降快，因此不被投资者青睐。减排技术创新投资 I_E 的提高又对绿色资本存量 K_E 的积累过程有着促进作用，随着投入到社会生产 Y 中 K_E 要素的增加、K_A 要素的减少，污染排放也相应减少，因此，即使棕色资本会减少分配的环境治理成本，但不会影响环境质量 N 对社会福利最大化这一绿色增长目标的实现。

政府对绿色资本的扶持不仅通过资本积累过程，更重要的是通过间接刺激导向性技术创新这一重要的驱动要素来影响资本分配过程，而导向性技术创新也确实使政府扶持型环境规制达到了刺激绿色资本存量增加的预期效果。

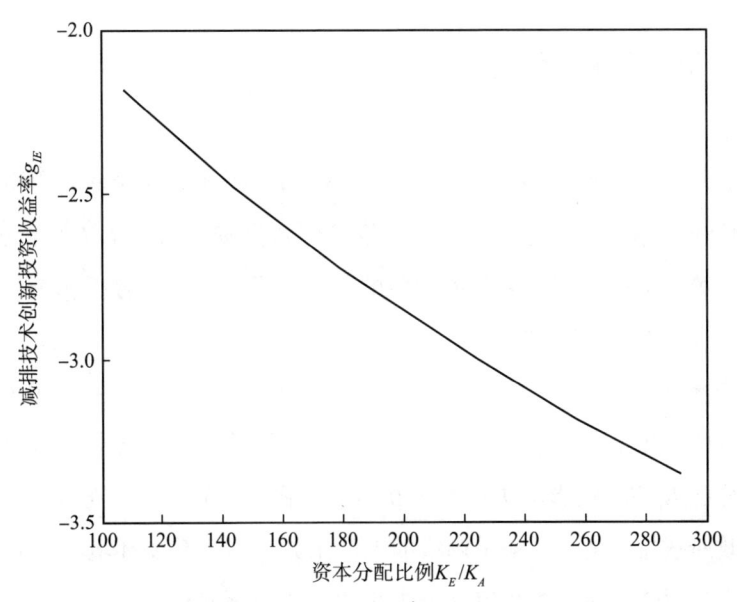

图 4-4　K_E/K_A 对 $\dot{I}_E/I_E$ 的影响

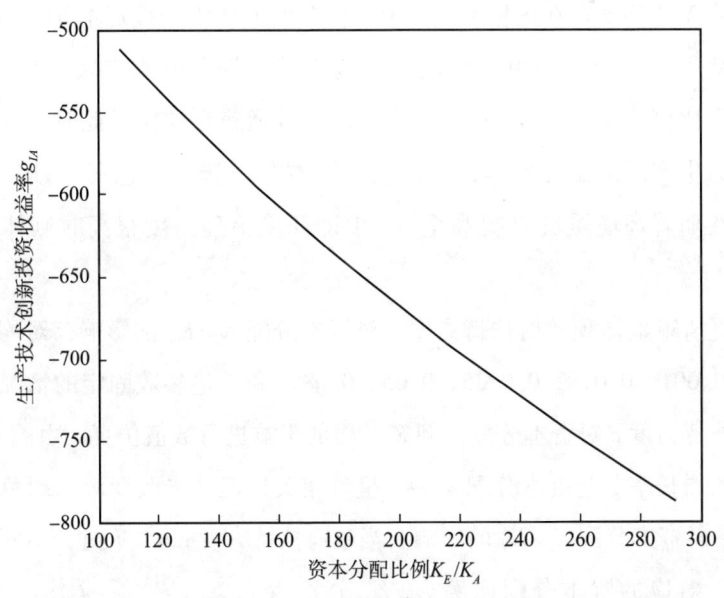

图 4-5　K_E/K_A 对 $\dot{I}_A/I_A$ 的影响

三、资本分配比例的影响因素分析

政府扶持力度 e 对资本分配比例 K_E/K_A 的影响在其他要素的作用下可能产生加倍或反作用，这也将带动 e 对技术创新投资收益率 $\dot{I}/I$ 的影响效果。基于本章第三节的求解结果和第四节的分析结果，进一步分析 g、ρ、α 和 w 四个关键参数对 K_E/K_A 的影响。

对均衡增长率 $g=0.0235$、贴现率 $\rho=0.05$、棕色资本弹性 $\alpha=0.6$、技术创新投资的外生机会成本 $w=0.1$ 和其他参数固定的情况下不同的环境质量 N 对资本分配 K_E/K_A 的影响进行数值仿真。由图 4-6 可知，资本分配 K_E/K_A 是关于政府扶持力度 e 严格单调增的上凹函数。当不需要环境治理时，由于棕色资本相对于绿色资本更容易资本积累，从而驱使棕色资本在生产中被尽可能多地利用，但利用棕色资本会增加环境污染，而环境治理力度 $a(N)$ 与环境质量 N 之间又存在正相关性，于是将会增加环境治理资本 $a(N)K_A$ 的支出。环境质量 N 改善是由于利用绿色资本替代棕色资本来减少环境污染，绿色资本比例 $K_E/(K_A+K_E)$ 将呈增长趋势且增速在加快。此时，棕色资本不再作为生产的决定性资本，从而实现资本分配转向绿色资本领域，而这一趋势在随着环境质量 N 提高至 $N=1$ 即环境治理力度很高时则体现得更明显。

为更清晰地体现政府扶持力度 e 对资本分配 K_E/K_A 的影响，对均衡增长率 $g=\{0.001,0.015,0.0235,0.05,0.08\}$ 和其他参数固定的情况下不同的政府扶持力度 e 对资本分配比例 K_E/K_A 的影响进行数值仿真。由图 4-6 可知，均衡增长率 g 与资本分配 K_E/K_A 呈负相关，但并未改变政府绿色资本扶持力度 e 对资本分配 K_E/K_A 的影响。当政府扶持力度 $e=1.7$ 时，不同的均衡增长率 g 对应的资本分配比例 K_E/K_A 分别为 $P_{0.001}$、$P_{0.015}$、$P_{0.0235}$、$P_{0.05}$ 和 $P_{0.08}$，有 $P_{0.001}>P_{0.015}>P_{0.0235}>P_{0.05}>P_{0.08}$，即同一政府扶持力度 e 下均衡增

长率 g 越大时绿色资本比例 $K_E/(K_A+K_E)$ 越小，体现了棕色资本在资本积累中的生产弹性上的优越性。这意味着为缓解资本积累的下降，棕色资本将被尽可能多的利用。

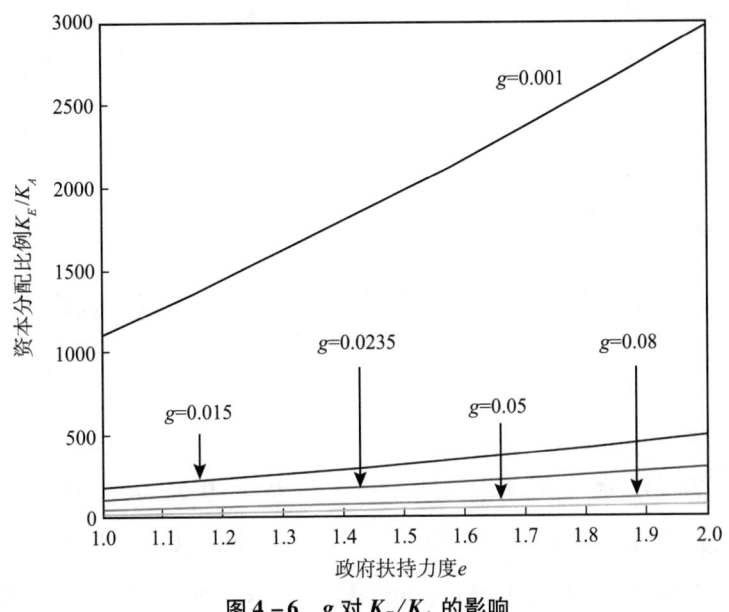

图 4-6 g 对 K_E/K_A 的影响

在时间贴现率 $\rho=\{0.001,0.002,0.005,0.008,0.01\}$ 和其他参数固定的情况下不同的政府扶持力度 e 对资本分配比例 K_E/K_A 的影响进行数值仿真。由图 4-7 可知，ρ 与 g 对资本分配比例的影响类似，都是反向相关。ρ 越小，对 N 的重视程度越高，越有利于 K_E 的积累；而相反地，若 ρ 越大，说明当下人们并不关注代际公平，在社会发展需要经济快速增长的情况下，环境质量 N 被忽略，更有利于棕色资本 K_A 的积累。同时，鉴于政府对绿色资本积累的扶持，资本分配比例 K_E/K_A 会有所上升。

图 4-7 ρ 对 K_E/K_A 的影响

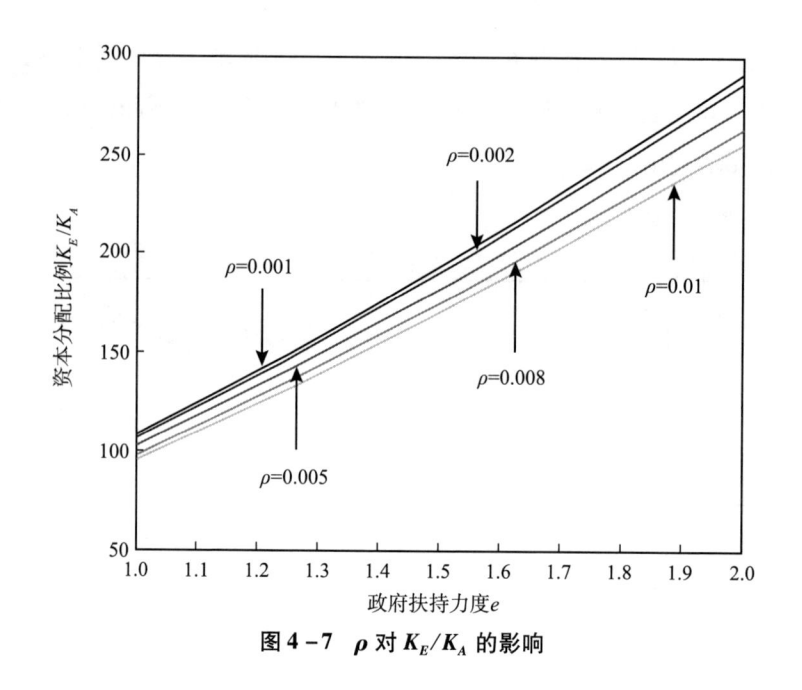

进一步，分别对棕色资本弹性 $\alpha=\{0.7,0.6,0.5,0.4,0.3\}$、技术创新投资的外生机会成本 $w=\{0.05,0.1,0.15,0.2,0.3\}$ 和其他参数固定的情况下不同的政府扶持力度 e 对资本分配 K_E/K_A 的影响进行数值仿真。由图 4-8 可知，同一政府扶持力度 e 下，棕色资本弹性 α 下降时绿色资本比例 $K_E/(K_A+K_E)$ 均呈增长趋势。这意味着，当棕色资本在生产、消费和环境治理存在负面影响时，棕色资本的利用将会减少，因其会导致全社会经济增长的停滞；在此情况下，只有加大绿色资本利用力度才可能恢复经济增长，这证实了绿色资本是维持全社会经济增长的重要支撑。由图 4-9 可知，技术创新投资的外生机会成本 w 与绿色资本比例 $K_E/(K_A+K_E)$ 也呈负相关。设想当环境质量 N 不变时，技术创新投资的外生机会成本 w 增加，即对棕色技术创新和绿色技术创新均给予相同的补贴，这意味着只要符合环境质量的要求，棕色资本将被优先利用，因其在资本积累中的生产弹性更高。

图4-8 α 对 K_E/K_A 的影响

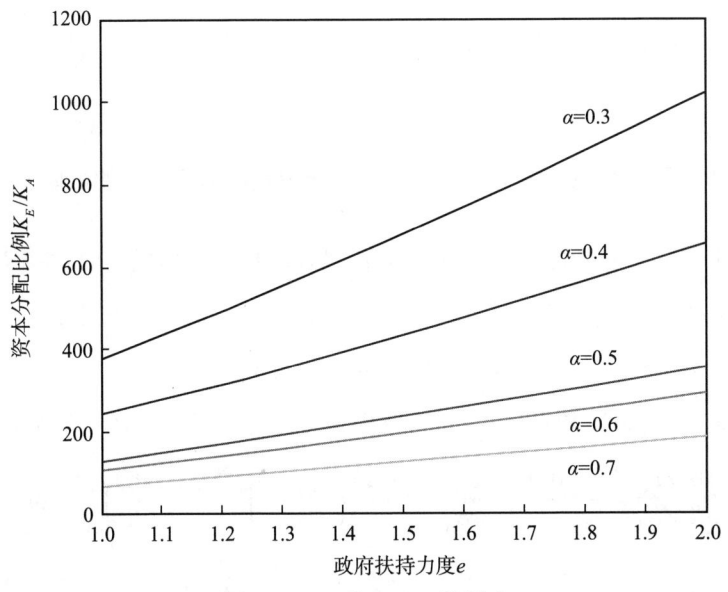

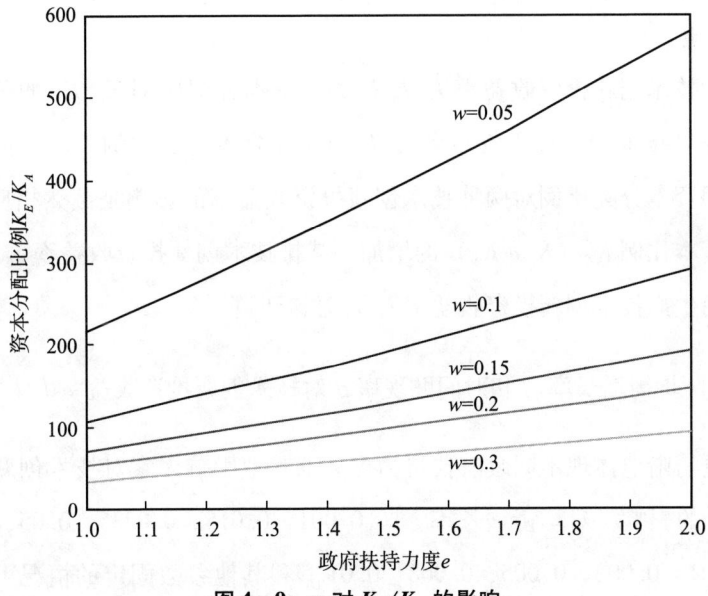

图4-9 w 对 K_E/K_A 的影响

四、技术创新投资收益率的影响因素分析

(一) 资本分配比例 K_E/K_A 对技术创新投资收益率 $\dot{I}/I$ 的影响

由式 (4-26) 和式 (4-30) 可直观看出技术创新投资收益率 $\dot{I}/I$ 的影响因素包括：资本分配比例 K_E/K_A、均衡增长率 g、时间贴现率 ρ、技术创新投资的外生机会成本 w 和资本积累的生产弹性 α 等。

对式 (4-26) 和式 (4-30) 求资本分配比例 K_E/K_A 的偏导数：

$$\frac{\partial \dot{I}_A/I_A}{\partial K_E/K_A} = -\frac{\alpha d A(1-\alpha_A)(1-\alpha)}{w\alpha_A}\left(\frac{g_{KA}+\delta}{d}\right)^{\alpha_A/(\alpha_A-1)}\left(\frac{K_E}{K_A}\right)^{-\alpha} < 0\omega_j$$

(4-32)

$$\frac{\partial \dot{I}_E/I_E}{\partial K_E/K_A} = \frac{\alpha e A(1-\alpha)(1-\alpha_E)}{w\alpha_E}\left(\frac{g_{KE}+\theta}{e}\right)^{\alpha_E/(\alpha_E-1)} \times \left(\frac{K_E}{K_A}\right)^{-1-\alpha} > 0\omega_j$$

(4-33)

可得生产技术创新投资收益率 $\dot{I}_A/I_A$ 是关于资本分配比例 K_E/K_A 的单调减函数，而减排技术创新投资收益率 $\dot{I}_E/I_E$ 是关于资本分配比例 K_E/K_A 的单调增函数。即资本分配比例对两种技术创新投资收益率的影响是截然相反的，随着绿色资本比例 $K_E/(K_A+K_E)$ 的增加，减排技术创新投资收益率 $\dot{I}_E/I_E$ 逐渐升高，而生产技术创新投资收益率 $\dot{I}_A/I_A$ 逐渐下降。

(二) 均衡增长率 g 和时间贴现率 ρ 对技术创新投资收益率 $\dot{I}/I$ 的影响

为更清晰地体现不同政府扶持力度 e 下其他影响因素对技术创新投资收益率 $\dot{I}/I$ 的影响，对均衡增长率 $g=\{0.001, 0.015, 0.0235, 0.05, 0.08\}$、$\rho=\{0.001, 0.002, 0.005, 0.008, 0.01\}$ 和其他参数固定的情况下不同政府扶持力度 e 对生产技术创新投资收益率 $\dot{I}_A/I_A$ 和减排技术创新投资收益率

$\dot{I}_E/I_E$ 的影响进行数值仿真。

同一政府扶持力度 e 下，随着均衡增长率 g 的提高，生产技术创新投资收益率 $\dot{I}_A/I_A$ 在增加，而减排技术创新投资收益率 $\dot{I}_E/I_E$ 却在减少，但 $\dot{I}_E/I_E$ 的下降速度远小于 $\dot{I}_A/I_A$（见图 4-10 和图 4-11）。随着政府对绿色资本积累的扶持力度加大，棕色资本逐渐成为经济增长速度的主导者，生产技术创新替代减排技术创新成为经济增长的主要驱动力。这种情况的出现主要是由于扶持力度的加强，使得 $\dot{I}/I$ 由开始的 $g=0.001$ 时 $\dot{I}_E/I_E > \dot{I}_A/I_A$ 变化为 $g=0.08$ 时的 $\dot{I}_E/I_E < \dot{I}_A/I_A$。

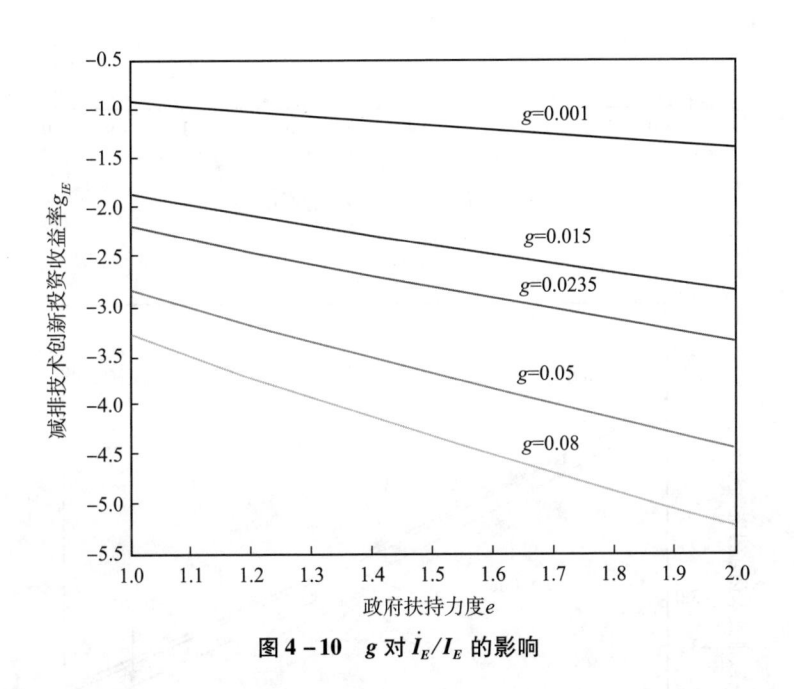

图 4-10　g 对 $\dot{I}_E/I_E$ 的影响

相似的情况也出现在时间贴现率 ρ 对技术创新投资收益率 $\dot{I}/I$ 的影响上（见图 4-12 和图 4-13）。同一政府扶持力度 e 下，ρ 越小说明对未来环境质量 N 的关注越多，$\dot{I}_E/I_E$ 越大，减排技术创新 E 发展越快；同时 $\dot{I}_A/I_A$ 越小，生产技术创新 A 发展越缓慢。随着政府扶持力度 e 的增加，绿色资本积累的

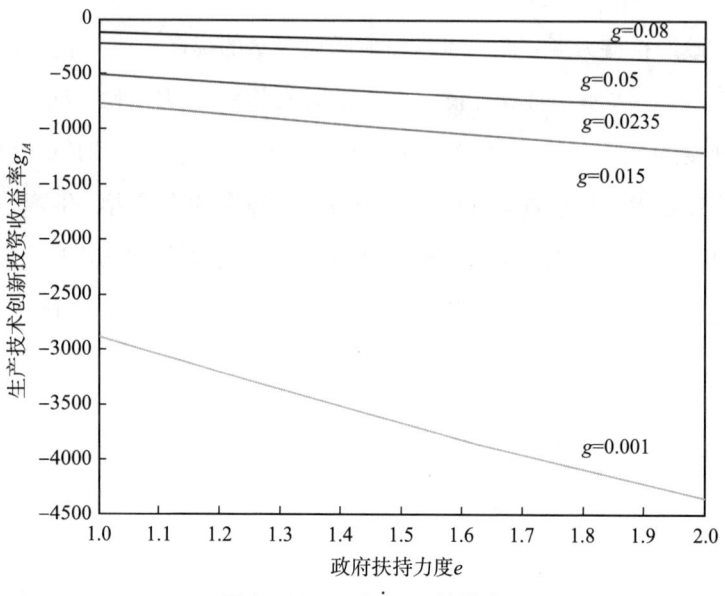

图 4-11 g 对 $\dot{I}_A/I_A$ 的影响

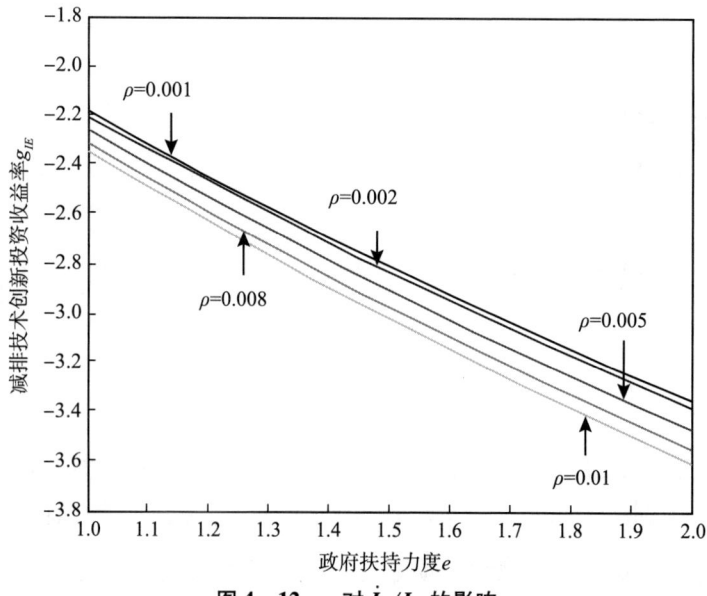

图 4-12 ρ 对 $\dot{I}_E/I_E$ 的影响

增加主要是通过减慢减排技术创新投资收益率 $\dot{I}_E/I_E$ 来实现，而生产技术创新投资收益率 $\dot{I}_A/I_A$ 因没有得到扶持而呈现快速下降的趋势，且 $\rho \in [0.001,0.01]$ 在区间变化过程中，始终保持 $\dot{I}_E/I_E > \dot{I}_A/I_A$。

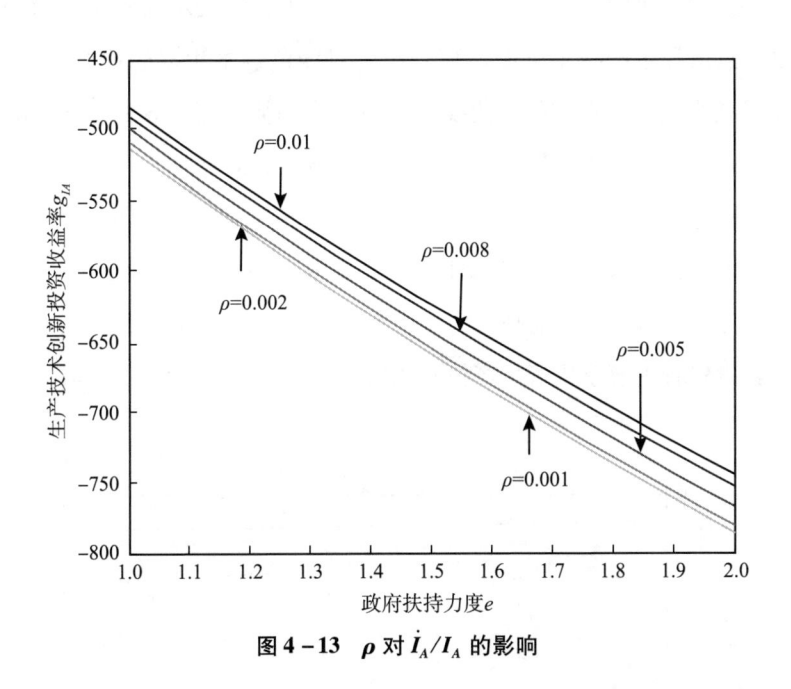

图 4-13 ρ 对 $\dot{I}_A/I_A$ 的影响

因此，加大政府对绿色资本积累的扶持力度并不会持续刺激减排技术创新投资，反而会导致经济增长过度依赖生产技术创新，一国经济会面临锁定在污染密集型生产模式的威胁。

（三）资本积累生产弹性 α 和技术创新投资的外生机会成本 w 对技术创新投资收益率 $\dot{I}/I$ 的影响

对资本积累生产弹性 $\alpha = \{0.7, 0.6, 0.5, 0.4, 0.3\}$、技术创新投资的外生机会成本 $w = \{0.05, 0.1, 0.15, 0.2, 0.3\}$ 和其他参数固定的情况下不同政府扶持力度 e 对生产技术创新投资收益率 $\dot{I}_A/I_A$ 和减排技术创新投资收

益率 $\dot{I}_E/I_E$ 的影响进行数值仿真。

由图 4-14、图 4-15 可知，同一政府扶持力度 e 下随着资本积累生产弹性 α 的提高，生产技术创新投资收益率 $\dot{I}_A/I_A$ 和减排技术创新投资收益率 $\dot{I}_E/I_E$ 都在增加，但 $\dot{I}_E/I_E$ 的提升速度远小于 $\dot{I}_A/I_A$，这表示高 α 下技术创新投资者更愿意选择生产技术创新。随着政府对绿色资本积累的扶持力度加大，不同 α 的技术创新投资收益率曲线均呈现下降趋势，而高 α 的 $\dot{I}/I$ 下降速度缓慢。这意味着，资本积累生产弹性提高会引导导向性技术创新偏向生产技术；政府扶持力度的增加会减小两种技术创新投资收益率的差距。由图 4-16、图 4-17 可知，技术创新投资的外生机会成本 w 对技术创新投资收益率 $\dot{I}/I$ 也呈现类似的影响。当政府扶持力度不变时，若给予技术创新投资相同补贴，技术创新投资者更愿意投资生产技术创新。

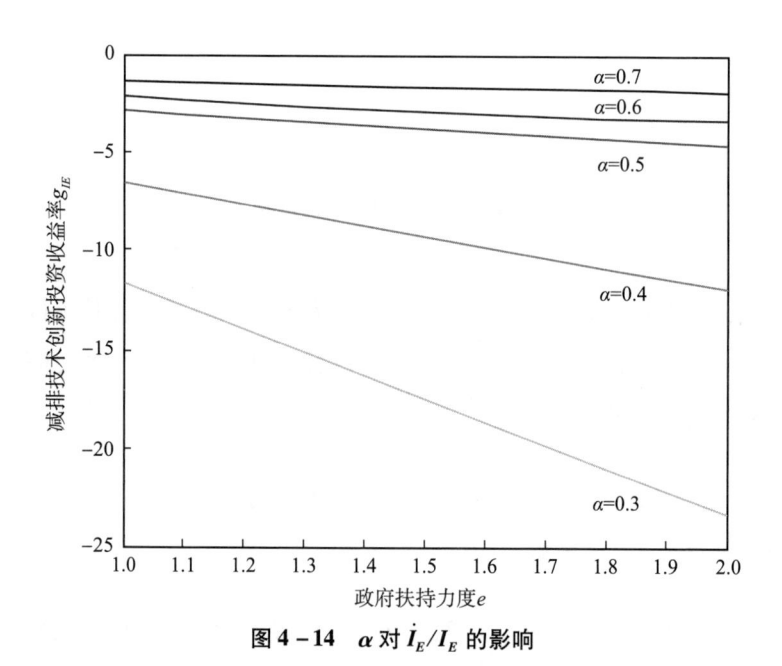

图 4-14 α 对 $\dot{I}_E/I_E$ 的影响

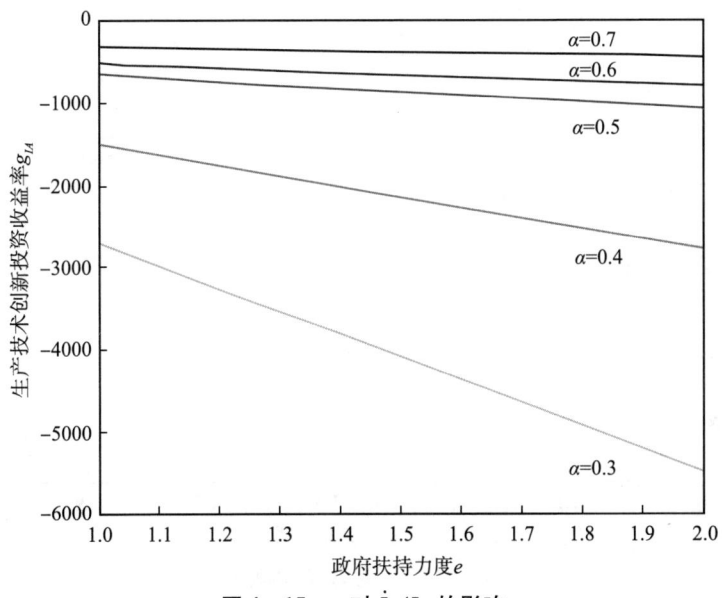

图 4-15 α 对 $\dot{I}_A/I_A$ 的影响

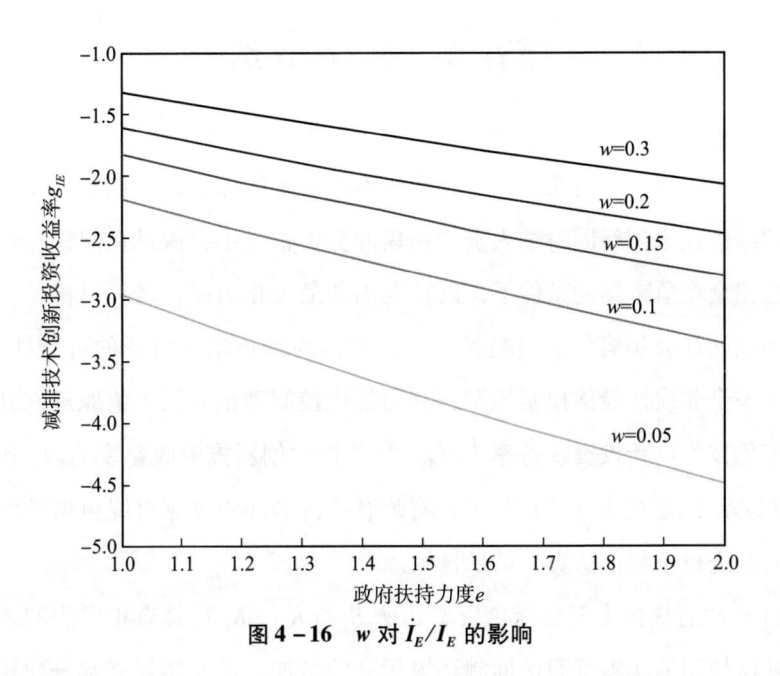

图 4-16 w 对 $\dot{I}_E/I_E$ 的影响

图 4-17　w 对 $\dot{I}_A/I_A$ 的影响

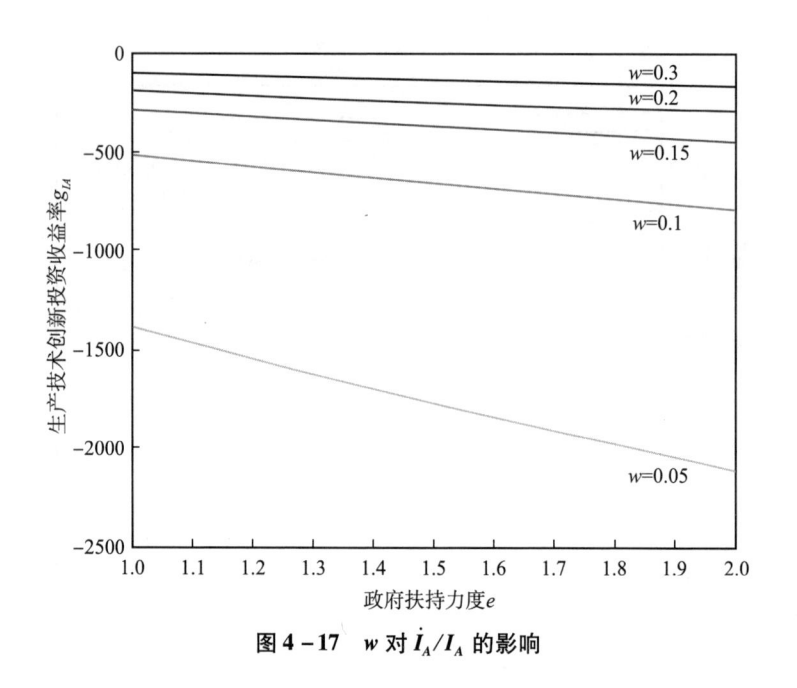

第五节　本章小结

本章将考虑了政府扶持力度和环境治理资本的棕色技术创新与具有环保效用的绿色技术创新同时纳入资本积累的分析框架中，假设在规模经济效应不变且完全竞争市场的条件下，以社会福利最大化为绿色增长目标及关于经济、环境和社会包容性、可持续性、均衡性为绿色增长特征的可能性约束，构建了一个非线性最优控制模型；利用最优控制理论和极大值原理，分别得到了棕色技术创新投资收益率 $\dot{I}_A/I_A$、绿色技术创新投资收益率 $\dot{I}_E/I_E$ 和资本分配 K_E/K_A 的定量表达式；然后，对政府扶持型环境规制对绿色增长的影响机理问题进行了数值仿真，结果显示：

（1）政府扶持力度对绿色资本比例 $K_E/(K_A+K_E)$ 具有正向影响，即扶持型环境规制的实施可间接抑制环境污染的增加，进而实现资本分配转向绿色技术创新领域；但政府扶持力度过大不仅不能提高减排技术创新水平，反而会导致经济增长过度依赖生产技术创新。

（2）均衡增长率 g、贴现率 ρ、棕色资本生产弹性 α 和技术创新投资的外生机会成本 w 对绿色资本比例 $K_E/(K_A+K_E)$ 具有负向影响，验证了棕色资本在资本积累中生产弹性上的优越性，即利用棕色资本可缓解资本积累的下降，同时也证实了绿色资本对全社会经济增长的必要性。

（3）绿色资本比例 $K_E/(K_A+K_E)$ 对棕色技术创新投资收益率 $\dot{I}_A/I_A$ 具有负向影响，对绿色技术创新投资收益率 $\dot{I}_E/I_E$ 具有正向影响；然而，绿色技术创新相对于棕色技术创新可创造更大的经济增长价值。

（4）均衡增长率 g、贴现率 ρ、"棕色资产"生产弹性 α 和技术创新投资的外生机会成本 w 从不同角度再度验证了实施政府扶持型环境规制有利于减排技术创新的投资以及绿色资本的积累过程；但均衡增长率过快，可能改变导向性技术创新向生产技术创新方向发展。

| 第五章 |

命令控制型环境规制对绿色增长的影响机理

第一节 问题提出

一、问题描述

环境外部性问题的出现,是由自然资源的公共物品属性和人们在生产经营活动中对环境形成的外部影响导致的。命令控制型环境规制目前仍是国际上常用的环境问题解决工具之一。我国为了解决环境问题,强调污染防治、建设资源节约型、环境友好型社会,已经建立了一套比较全面的命令控制型环境规制法规体系。在全球化环境保护的压力下，我国采取以命令控制型环境规制为主的环保措施，其中大多属于环境绩效标准。"十二五"规划、"十三五"期间，国家相继出台了大气污染防治行动计划（"大气十条"）、水污染防治行动计划（"水十条"）、土壤污染防治行动计划（"土十条"）等。

所谓命令控制型环境规制，是指通过政府立法以及制定行政部门的规章、制度、条例来确定环境规制的具体目标、标准，并以行政命令方式强制被规制企业遵守执行，对违反相应标准未实现规制目标的企业予以经济等处罚（赵玉民、朱方明和贺立龙，2009；刘丹鹤和汪晓辰，2017）。根据标准设置的依据不同，命令控制型环境规制主要包括与环境有关的技术标准和绩效标准（郭庆，2009）。其中，绩效标准是指社会计划者对单位时间内单位产出所排放的某种污染物数量进行规定，以明确单位产出下该污染物的排放强度。技术标准是指为实现环境污染控制目标，依据当前技术发展水平以及环境治理成本要求企业执行的具体技术细则。这些规制的主要思想都是将环境治理成本纳入社会生产成本中以纠正市场失灵的现象。

非可再生资源作为典型的公共物品具有非排他性、非竞争性和无偿性，在"经济人"的驱使下，人们为了追求自身利益最大化，可能掠夺有限资源、破坏生态平衡，进而形成"公地悲剧"。20世纪70年代爆发的第一次石油危机导致西方国家的经济陷入停滞，如何在非可再生资源利用下实现持续的经济增长，摆脱经济增长对不可再生资源的依赖，逐步成为学界和政界的关注焦点。这一类研究通常是在拉姆齐模型的基础上加入非可再生资源，假定全球生产过程中需开采非可再生资源作为生产要素投入且不存在可再生资源来替代。DHSS模型（Solow，1956；Dasgupta and Heal，1974；Stiglitz，1974）验证了两个假设：假设一是经济增长在消耗非可再生资源下实现稳定的社会福利的充分必要条件是，资本积累的生产弹性系数要大于非可再生资源且资本积累不存在折旧；假设二是经济增长在消耗非可再生资源下实现社会福利最大化的前提是不存在外部性的市场经济，但现实中非可再生资源的垄断性会带来严重的市场失灵而迫使其难以实现。克劳克拉默（Krautkraemer，1985）对DHSS模型进行了扩展，考虑了非可再生资源的污染排放，对完全消耗完非可再生资源是否为最优选择进行了分析，认为尽管非可再生资源存在污染，但最优状态的经济增长还是趋向于保存一部分非可再生资源，因为下一代会从非可再生资源利用中受益，他充分肯定了非可再生资源对于经济、环境、社会可持续发展的必要性。类似研究还有，因非可再生资源利用的负外部性而采用将环境污染、环境质量等引入内生增长模型来研究非可再生资源引起的经济增长影响、非可再生资源与可再生资源的配置等问题，比如博芬贝格和斯穆尔德斯（Bovenberg and Smulders，1993）、塞尔登和宋（Selden and Song，1995）、卡尔库尔等（Kalkuhl et al.，2011）、勒和范（Le and Van，2014）、考特等（Court et al.，2015）和多甘（Dogan，2016）等。上述研究大多是在稳态经济增长的前提下，基于DHSS模型的假设一和假设二而进行的有益探索。

随着技术创新提供了内生增长潜在的动力来源（Lucas，1988；Romer，1989），内生化技术创新的非可再生资源的经济增长成为新的研究框架。在这一研究框架下，经济增长只有在通用技术创新的作用下才能抵消非可再生资源可获得性减少的负面影响。格罗斯和斯考（Groth and Schou，2007）在DHSS模型的基础上考察了不同环境政策的影响，发现针对非可再生资源的环境政策对经济增长的推动作用比直接刺激资本积累的经济政策更为有效，因为后者只能在短期内缓解资本回报的下降。彭水军和包群（2006）、许士春、何正霞和魏晓平（2010）、何正霞和许士春（2011）将非可再生资源作为生产要素融于内生化技术创新的生产函数中，证实了利用技术创新提高非可再生资源的利用效率对经济增长的促进作用也比直接的经济政策更有效。类似研究还有，博南诺等（Buonanno et al.，2003）通过内生化技术创新发现非可再生资源利用使减排成本大幅下降，而相应的技术创新投资也在不断增加；科伯等（Kober et al.，2014）推导出非可再生资源利用下既定的减排目标在内生化技术创新于内生增长模型之后会提前实现；阿尔霍（Alho，2006）建立了一个内生化技术创新的最优增长模型研究影响非可再生资源利用的环境政策实施对经济增长的影响，认为技术创新可在明显抑制污染排放的同时维持长期的经济增长。不同于上述研究的一致性结论，斯托基（Stokey，2015）的经验研究提出，环境政策要求减少非可再生资源利用不仅会降低资本的边际产出，更会使该领域的技术创新活动减少，"知识资本"积累下降，资本回报的减少又会进一步降低技术创新投资，从而导致技术创新成为非可再生资源利用下经济增长下降的影响因素。因此，并非所有的技术创新都能维持长期的经济增长，应区分不同形式的技术创新来研究绿色增长的动力来源。针对环境政策对技术创新带来的负面影响，通过对不同技术创新进行区分并定量化描述后引入内生增长模型中（Smulders and Werf, 2008；Rauscher, 2009），并利用局部均衡模型分析命令控制型环境规制对技术创新方向的引导作用（Moser et al., 2013）。现有这些研究更侧重于分析影响选择进行导向性技术创新的主导因素，而对于所观察长期均衡的增长率可能会显示出稳态，也可能不会。模型的这一属性有部分原因在于环境政策对导向性技术创新引导的不确定性。这一点可从各国为减少非可再生资源的负外部性而实施的命令控制型环境规制对各自的导向性技术创新的不同影响上得到佐证。斯穆尔德斯和马里亚（Smulders and Maria, 2011）发现，对于推行命令控制型环境规制的发达国家，许多棕色技术创新的突破被"扼杀在摇篮里"，尽管绿色技术创新动力增强，但须保证绿色技术创新水平高于棕色技术，否则经济增长会陷于停滞。但是，当环境规制没有实施或实施不力时，一国经济增长会面临锁定在基于棕色技术创新的污染密集型产业的威胁。阿杰莫卢等（Acemoglu et al., 2015）通过对发展中国家、新兴国家的分析验证了该假说。

以上研究根据命令控制型环境规制的作用对象选取了非可再生资源和导向性技术创新，从环境污染和资源耗竭的角度对经济增长进行分析，但存在以下不足：一是导向性技术创新中的生产技术创新和减排技术创新不是绝对的替代关系，在社会发展过程中，这两种技术创新都发挥着各自的作用；二是单从非可再生资源利用上体现命令控制型环境规制工具作用效果的假设不够全面，非可再生资源利用、污染排放和环境治理之间是一种相互影响的动态内生关系；三是通过内生增长模型验证了命令控制型环境规制对导向性技术创新的引导作用的不确定性，但没有深入剖析原因或找到影响机理。

二、理论框架

非可再生资源的需求增长引发的污染排放风险促使能正确引导导向性技术创新的命令控制型环境规制应予以采纳，从而实现长期的绿色增长。为深刻揭示命令控制型环境规制对绿色增长的影响机理，突破上述研究的不足，本章一是以区间形式的技术导向参数将导向性技术创新重构为生产技术创新和减排技术创新，并内生化于模型中；二是将体现命令控制型环境规制中具体政策工具实施效果的环境治理强度作为变量引入内生增长模型；三是将非可再生资源、导向性技术创新、污染排放、环境治理等要素进行整合，建立可充分体现打破原有"GDP主导经济增长论"的绿色增长关于经济、环境和社会包容性、可持续性和均衡性特征的目标函数和可能性约束，并可适用于不同类型的经济体。

建立的命令控制型环境规制对绿色增长影响机理的分析框架（见图5-1）。就图5-1中这一动态过程而言：

（1）生产技术创新、非可再生资源、污染排放和环境治理：社会生产以资本积累存量、生产技术创新和非可再生资源作为投入要素，社会生产的资本用于社会消费、资本再积累、技术创新投资和环境治理，其中资本用于环境治理是因为非可再生资源利用会产生污染排放，环境治理成本与政府关于环境治理强度有关。

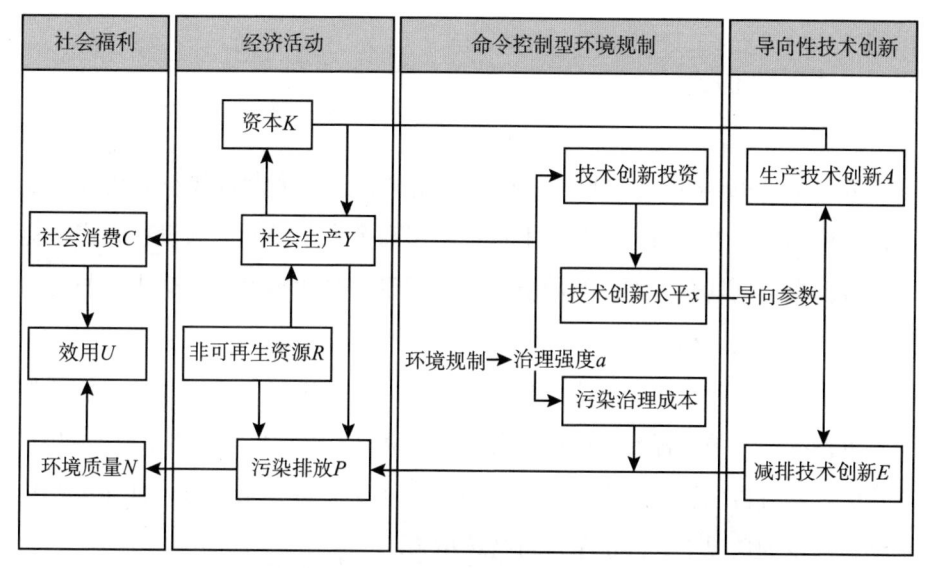

图 5-1 命令控制型环境规制对绿色增长影响机理的分析框架

（2）减排技术创新、污染排放和环境质量：环境质量除了自修复能力之外，主要是非可再生资源利用下污染排放增加的负累积过程与减排技术创新作用下污染排放减少的正累积过程的结果，由于减排技术创新不参与社会生产，需将社会生产的资本用于技术创新投资对其予以支持，它会间接牺牲当前的社会消费。

（3）生产技术创新和减排技术创新：社会生产的资本用于技术创新投资的额度影响着技术创新水平，与政府关于技术创新的投资强度有关，社会创新者选择进行生产技术创新还是减排技术创新受政府关于导向性技术创新的技术导向参数的直接影响。

（4）环境质量和社会消费：内生化的非可再生资源和减排技术创新共同作用形成的污染排放会对环境质量造成负面影响，将直接影响绿色增长关于环境质量和社会人均消费的社会福利。

三、基本假设

劳舍尔（Rauscher, 2009）的模型中用同质经济人假设代替异质经济人假设，得到的结果相同。因此，本章也采用和劳舍尔相同的假设：在完全竞争的市场中，以具有代表性的同质经济人假设来简化模型。社会生产与本书第四章的研究假设相同，采用规模报酬不变的生产函数，生产单一的产品。

为了分析如何在增长理论中整合环境问题，特别分析导向性技术创新如何将可持续增长的目标与非可再生资源的约束或者保护环境的需求整合起来，本章引入非可再生资源约束，并假定生产依赖于非可再生资源，且在生产技术创新内生的情况下，经济呈现可持续增长。

环境质量取决于三方面因素的影响，一是减排技术创新水平，减排技术创新作为一种绿色技术创新的代表，在不消耗资源或者不损害环境的情况下可以消除资源消耗带来的有害影响；二是环境的自修复能力，即没有人为作用情况下环境质量会得到修复，当然这也是在环境自修复系统没有遭到破坏的前提下；三是政府环境政策执行时表现出的环境治理强度，也会减少排放到环境中的污染数量。

政府通过消费资本比和污染治理来最大化社会福利并保持环境的有限退化，也可以通过研发投资来提高技术水平。

第二节 模型构建

一、目标函数

社会福利目标：关于社会人均消费 C 和环境质量 N 的效用函数 $U(C(t),$

$N(t))\omega_j$ 最大化,将人均消费 $C(t)$ 和环境质量 $N(t)$ 作为自变量。对任意变量 $y(t)$ 和 $\dot{y}(t)=\mathrm{d}y/\mathrm{d}t$,为便于表达省去时间 t,则有:

$$U=\frac{(CN^\phi)^{1-\sigma}}{1-\sigma} \qquad (5-1)$$

社会福利最大化的目标是实现公众消费的瞬时效用贴现值总量最大,则有:

$$\max\int_0^\infty \frac{(CN^\phi)^{1-\sigma}}{1-\sigma}e^{-\rho t}\mathrm{d}t \qquad (5-2)$$

其中,ρ 为时间贴现率;$\sigma>0$ 是跨期替代弹性的倒数;ϕ 是公众环境质量感知系数,表示公众对环境质量 N 的偏好程度。

二、约束条件

(一) 社会生产

在规模经济效应不变的假设下,参考穆恩和松(Moon and Sonn,1996)的研究成果,将非可再生资源与其他生产要素视为具有有限的替代性,内生化生产技术创新 A 和非可再生资源 R 于内生增长模型的柯布-道格拉斯生产函数:

$$Y=AK^\alpha R^{1-\alpha} \qquad (5-3)$$

其中,Y 是社会生产;K 是资本积累存量;R 是非可再生资源;α 是资本积累生产弹性。

社会生产 Y 用于社会消费 C、资本再积累 K、技术创新投资 $c_1(I)Y$ 和环境治理成本 $c_1(a)Y$ 上,关于资本积累存量的动态方程为:

$$\dot{K}=Y-C-\delta K-c_1(a)Y-c_1(I)Y \qquad (5-4)$$

其中,Y 是社会生产;C 是社会人均消费;$\delta\in(0,1.000)$ 是资本积累的折旧率;a 是政府关于政策的环境治理强度,a_0 是环境治理强度初始值,有 $a_0=a(0)$;I 是政府关于技术创新的投资力度,I_0 是技术创新的投资强度初始值，有 $I_0 = I(0)$；环境治理和技术创新采用相同的成本函数 $c_1(\cdot)$，其中 $c_1(a)Y$ 是环境治理成本，$c_1(I)Y$ 是技术创新投资成本。

(二) 导向性技术创新

关于技术创新水平 x 的微分方程为：

$$\dot{x} = \beta I - \delta_2 x \quad (5-5)$$

其中，β 是技术创新投资的利用率，δ_2 是技术衰退率。

本研究将导向性技术创新区分为旨在提高社会生产 Y 的生产技术创新 A 和试图控制污染排放 P 的减排技术创新 E，其中减排技术创新 E 不参与社会生产，只专注于污染排放 P 的减少以推动环境质量 N 的正累积过程。这里，引入导向性技术创新的导向参数 $\varepsilon \in (0, 1.000)$，内生化的生产技术创新 A 和减排技术创新 E 是关于技术创新水平 x 的方程组：

$$\begin{cases} A = 1 + \varepsilon \omega x & (5-6) \\ E = 1 + (1-\varepsilon) \omega x & (5-7) \end{cases}$$

其中，ω 是技术转化率。

(三) 污染控制

关于污染排放 P，由内生化的非可再生资源 R 和减排技术创新 E 共同作用，有：

$$P = \left(\frac{R}{E}\right)^{1/\Omega} = \left[\frac{R}{1 + (1-\varepsilon)\omega x}\right]^{1/\Omega} \quad (5-8)$$

其中，Ω 是污染转换系数；参考博芬贝赫和斯穆尔德斯（Bovenberg and Smulders，1993）对污染转换系数 Ω 的设置，取 $\Omega = 1$。

环境质量 N 主要是污染排放 P 负向作用和自修复能力正向作用的共同结果（Antoci et al.，2014），有：

$$\dot{N} = \mu N(1-N) - (1-a)P \quad (5-9)$$

其中，μ 是环境自修复率；N_0 是环境质量初始值，有 $N_0 = N(0)$。

三、整体模型

采用对数形式的效用函数 $U(C, N)$ 是严格上凸函数，满足建立最优控制模型的条件。建立的非线性最优控制模型为：

$$\max_{C,a,I} W = \max_{C,a,I} \int_0^\infty \frac{(CN^\phi)^{1-\sigma}}{1-\sigma} e^{-\rho t} dt \qquad (5-10)$$

$$\text{s. t.} \quad \dot{K} = Y - C - \delta K - c_1(a)Y - c_1(I)Y \qquad (5-11)$$

$$\dot{x} = \beta I - \delta_2 x \qquad (5-12)$$

$$\dot{N} = \mu N(1-N) - (1-a)P \qquad (5-13)$$

$$Y = AK^\alpha R^{1-\alpha} \qquad (5-14)$$

$$A = 1 + \varepsilon \omega x \qquad (5-15)$$

$$E = 1 + (1-\varepsilon)\omega x \qquad (5-16)$$

$$P = \frac{R}{E} \qquad (5-17)$$

其中，社会消费 C、环境政策的治理强度 a、技术创新的投资强度 I 为控制变量，资本积累存量 K、技术创新水平 x 和环境质量 N 为状态变量。

对于环境政策的治理强度 a 和技术创新的投资力度 I，成本函数 $c_1(\cdot)$ 为：

$$\begin{cases} c_1(a) = 0.01 \dfrac{a}{1-a} \\ c_1(I) = 0.01 \dfrac{I}{1-I} \end{cases} \qquad (5-18)$$

第三节 模型求解

令 λ_K、λ_x 和 λ_N 为资本积累存量 K、技术创新水平 x 和环境质量 N 的共

态变量（影子价格），建立汉密尔顿函数：

$$H = \frac{(CN^\phi)^{1-\sigma}}{1-\sigma} + \lambda_K[Y - C - \delta K - c_1(a)Y - c_1(I)Y]$$

$$+ \lambda_x(\beta I - \delta_2 x) + \lambda_N[\mu N(1-N) - (1-a)P] \qquad (5-19)$$

由极大值原理，最大化条件满足：

$$\frac{\partial H}{\partial C} = 0 \Rightarrow C^{-\sigma}(N^\phi)^{1-\sigma} - \lambda_K = 0 \qquad (5-20)$$

$$\frac{\partial H}{\partial a} = 0 \Rightarrow -\frac{Y}{(1-a)^2}\lambda_K + P\lambda_N = 0 \qquad (5-21)$$

$$\frac{\partial H}{\partial I} = 0 \Rightarrow -\frac{Y}{(1-I)^2}\lambda_K + \beta\lambda_x = 0 \qquad (5-22)$$

欧拉方程为：

$$\dot{\lambda}_K = -\frac{\partial H}{\partial K} + \rho\lambda_K \qquad (5-23)$$

$$\dot{\lambda}_x = -\frac{\partial H}{\partial x} + \rho\lambda_x \qquad (5-24)$$

$$\dot{\lambda}_N = -\frac{\partial H}{\partial N} + \rho\lambda_N \qquad (5-25)$$

横截条件为：

$$\lim_{t\to\infty} e^{-\rho t}\lambda_K K = 0 \qquad (5-26)$$

$$\lim_{t\to\infty} e^{-\rho t}\lambda_x x = 0 \qquad (5-27)$$

$$\lim_{t\to\infty} e^{-\rho t}\lambda_N N = 0 \qquad (5-28)$$

式（5-20）对时间 t 求导，结合式（5-23）可得：

$$-\sigma\frac{\dot{C}}{C} + \phi(1-\sigma)\frac{\dot{N}}{N} = \alpha\frac{Y}{K}[c_1(a) + c_1(I) - 1] + \delta + \rho \qquad (5-29)$$

式（5-21）对时间 t 求导，结合式（5-25）可得：

$$\frac{\dot{E}}{E} - \frac{\dot{R}}{R} + \frac{\dot{Y}}{Y} + 2\frac{\dot{a}}{1-a} - \sigma\frac{\dot{C}}{C} + \phi(1-\sigma)\frac{\dot{N}}{N} = \rho - \phi\frac{CR}{NE}\frac{(1-a)^2}{Y} - \mu + 2\mu N$$

$$(5-30)$$

式（5-22）对时间 t 求导，结合式（5-24）可得：

$$\frac{\dot{Y}}{Y} + 2\frac{\dot{I}}{1-I} - \sigma\frac{\dot{C}}{C} + \phi(1-\sigma)\frac{\dot{N}}{N} = [c_1(a) + c_1(I) - 1]\frac{\dot{A}}{A}\frac{1}{\dot{x}}\beta(1-I)^2$$

$$-\frac{\beta(1-I)^2}{1-a}\frac{\dot{E}}{E}\frac{1}{\dot{x}} + \delta_2 + \rho \quad (5-31)$$

利用极大值原理的最大化条件对问题的求解，无限时域上社会生产 Y、资本积累存量 K、社会消费 C 的稳态为三者增长率相同，非可再生资源 R、环境质量 N 的稳态为二者增长率相同且等于 0，则：

$$\frac{\dot{Y}}{Y} = \frac{\dot{K}}{K} = \frac{\dot{C}}{C} \quad (5-32)$$

$$\frac{\dot{N}}{N} = \frac{\dot{R}}{R} = 0 \quad (5-33)$$

由式（5-32）、式（5-33），结合式（5-11）至式（5-17）求解可得：

$$\frac{\dot{Y}}{Y} = \frac{\dot{K}}{K} = \frac{1}{1-\alpha}\frac{\dot{A}}{A} \quad (5-34)$$

$$\frac{\dot{K}}{K} = \frac{Y}{K}[1 - c_1(a) - c_1(I)] - \frac{C}{K} - \delta = \frac{\dot{C}}{C} \quad (5-35)$$

$$\frac{\dot{P}}{P} = -\frac{\dot{E}}{E} = \frac{\dot{a}}{1-a} \quad (5-36)$$

一、社会消费和社会生产

将式（5-35）代入式（5-29），求解可得：

$$\frac{\dot{C}}{C} = \frac{1}{\alpha - \sigma}\left[\rho + (1-\alpha)\delta - \alpha\frac{C}{K}\right] \quad (5-37)$$

结合式（5-32），令 $h = \frac{1}{\alpha - \sigma}\left[\rho + (1-\alpha)\delta - \alpha\frac{C}{K}\right]$，可得：

$$Y = Y_0 e^{ht} \quad (5-38)$$

二、生产技术创新、技术创新水平和技术创新投资强度

将式 (5-37) 代入式 (5-34) 推导可得:

$$\frac{\dot{A}}{A} = \frac{1-\alpha}{\alpha-\sigma}\left[\rho + (1-\alpha)\delta - \alpha\frac{C}{K}\right] \quad (5-39)$$

令 $j = \frac{1-\alpha}{\alpha-\sigma}\left[\rho + (1-\alpha)\delta - \alpha\frac{C}{K}\right]$,求解式 (5-39) 可得:

$$A = e^{jt} \quad (5-40)$$

将式 (5-40) 代入式 (5-15) 可得:

$$x = \frac{1}{\varepsilon\omega}(e^{jt} - 1) \quad (5-41)$$

结合式 (5-12) 和式 (5-41) 求解得到:

$$I = \frac{1}{\beta\varepsilon\omega}\left[(j+\delta_2)e^{jt} - \delta_2\right] \quad (5-42)$$

三、减排技术创新和环境治理强度

将式 (5-41) 代入式 (5-16) 可得:

$$E = \left(\frac{1}{\varepsilon} - 1\right)e^{jt} - \frac{1}{\varepsilon} + 2 \quad (5-43)$$

对式 (5-43) 进一步计算可得:

$$\frac{\dot{E}}{E} = \frac{(1-\varepsilon)j}{\varepsilon + \varepsilon(1-\varepsilon)\omega x}e^{jt} \quad (5-44)$$

结合式 (5-36) 和式 (5-44) 求解可得:

$$a = (a_0 - 1)\left(\frac{e^{jt}-1}{\varepsilon} - e^{jt} + 2\right) + 1 \quad (5-45)$$

第四节 数值仿真分析

一、参数设定

参考已有关于非可再生资源、导向性技术创新、绿色增长的内生增长模型研究中关键参数的经验值（见表5-1）。数值仿真中，分析不同要素的一次性变化对长期的绿色增长的预期影响，以揭示命令控制型环境规制对绿色增长的影响机理。为表述简洁，数值仿真以参数代替其定义。

表5-1   关键参数取值

参数	取值	定义	参考来源
ρ	0.05	时间贴现率	（许士春、何正霞和魏晓平，2010）
σ	2.5	跨期替代弹性的倒数	(Chu and Lai, 2014)
α	0.4~0.6	资本积累生产弹性	(Antoci et al., 2014)
δ	0.075	资本积累折旧率	（许士春、何正霞和魏晓平，2010）
ϕ	0.3	公众环境质量感知系数	(Chu and Lai, 2014)
Ω	1	污染转换系数	(Bovenberg and Smulders, 1993)
μ	0.03	环境自修复率	(Chu and Lai, 2014)
N_0	1	环境质量初始值	(Antoci et al., 2014)
β	0.7	技术创新投资利用率	(Rauscher, 2009)
δ_2	0.1	技术衰退率	(Rauscher, 2009)
a_0	0.3	环境治理强度初始值	自定义
I_0	0.07	技术创新投资力度初始值	自定义
ω	0.1	技术转化率	(Rauscher, 2009)
ε	(0, 1)	技术导向参数	(Rauscher, 2009)

二、不同经济体下的导向性技术创新、社会生产和污染控制

社会消费 C/资本积累存量 K 是从福利经济学的视角来判断一个经济体处于何种发展水平的一个重要指标，符合绿色增长目标关于长远福祉的要求；它可通过不同经济体的消费产出比 C/Y（柯凯，2015）和其达到长期均衡的稳态时相对固定的资本产出比 K/Y（中国经济增长与宏观稳定课题组，2010；王帆、邵伟，2015）计算得到（见表 5-2）。易得，经济体的发展水平与 C/K 之间呈负相关。

表 5-2　　　　　　　不同经济体发展程度的消费资本比测算

经济体	消费产出比（C/Y）	资本产出比（K/Y）	消费资本比（C/K）
发达国家	55%	5.300	0.104
发展中国家	60%	4.200	0.142
新兴国家	65%	3.100	0.209

首先，观察 $\alpha=0.5$ 和 $\varepsilon=0.5$ 时不同经济体 C/K 下导向性技术创新随时间 t 的变化趋势（见图 5-2 和图 5-3）。其中，图 5-2 是不同经济体的政府关于 I 随时间 t 的变化趋势，其表现是发达国家（C/K=0.104）＞发展中国家（C/K=0.142）＞新兴国家（C/K=0.209），且发达国家与发展中国家、新兴国家之间的差距随时间 t 逐渐扩大；图 5-3 是不同经济体的 x 随时间 t 的变化趋势，与图 5-2 极为相似，这说明了 x 与 I 之间关系是非常密切的；图 5-4 和图 5-5 是不同经济体的 A 和 E 随时间 t 的变化趋势，由于二者与 x 之间是线性关系（$A=1+\varepsilon\omega x$ 和 $E=1+(1-\varepsilon)\omega x$），且 ε 和 ω 已固定，所以与图 5-3 几乎一致。图 5-2 至图 5-5 展示了发达国家更加重视技术创新内生化的驱动作用，I 和 x 的提升可在一定程度上阻止因 $\alpha=0.5$ 造成的资本 K

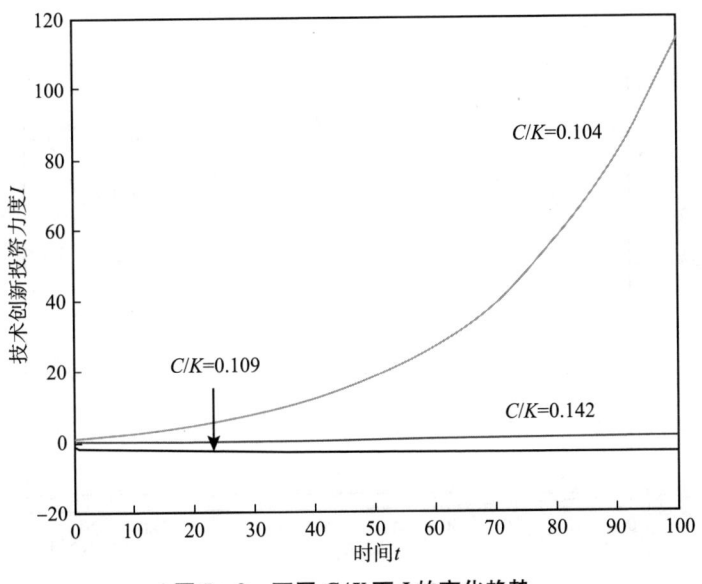

图 5-2　不同 C/K 下 I 的变化趋势

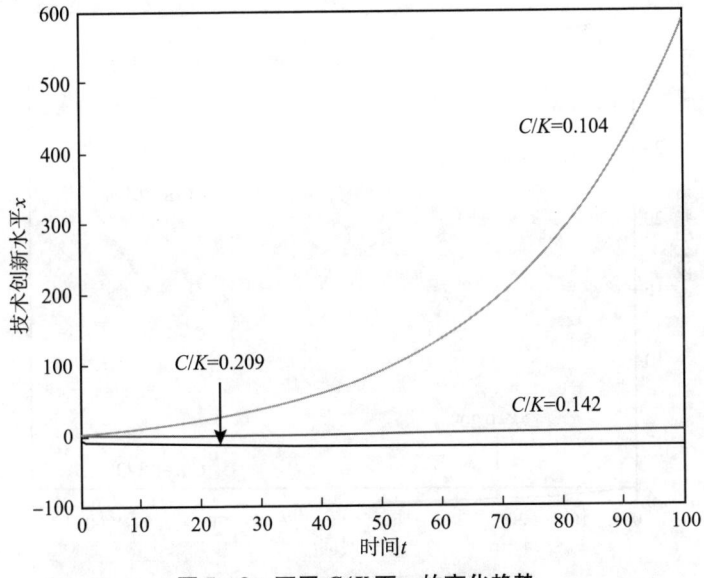

图 5-3　不同 C/K 下 x 的变化趋势

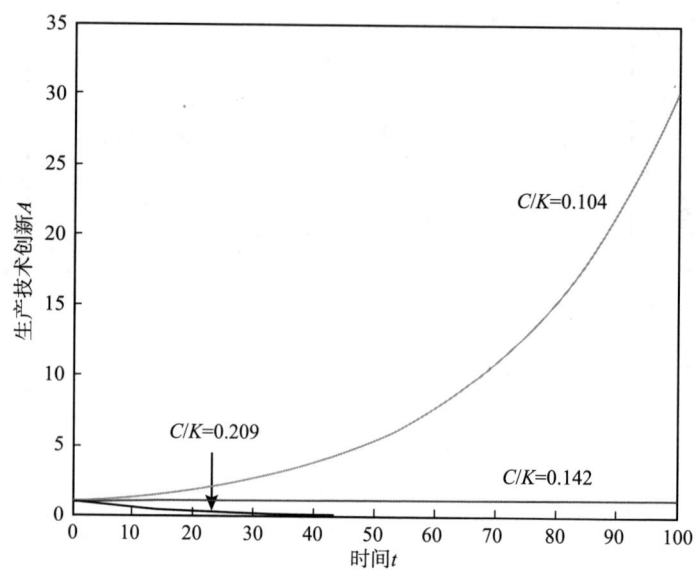

图 5-4 不同 C/K 下 A 的变化趋势

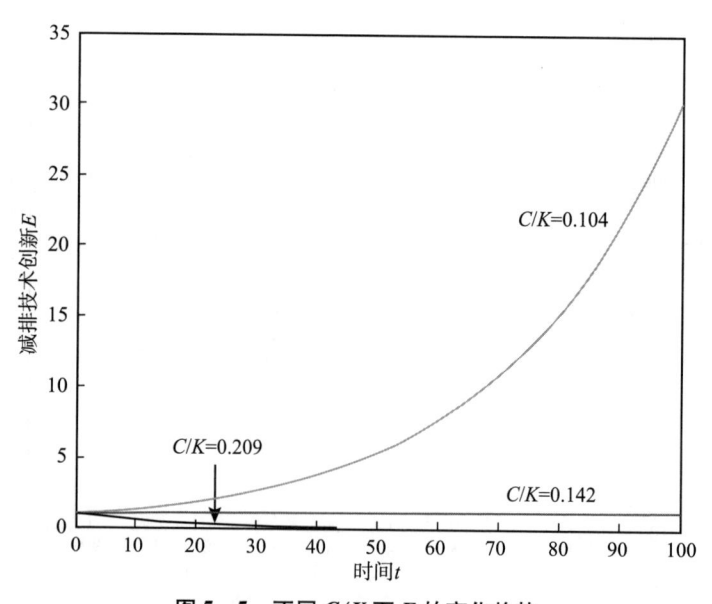

图 5-5 不同 C/K 下 E 的变化趋势

边际产出下降，而导向性技术创新由于 $\varepsilon=0.5$，A 和 E 并未显示出明显区别。对于整体变化趋势是一致的发展中国家也是如此，差别只在于 I 的下降。但是，新兴国家的 I、x、A 和 E 随时间 t 出现了负增长。

由于存在技术创新投资成本，技术创新不是无成本的内生化于社会生产中，且技术创新水平由于存在一定的衰退，它不可能如想象中一直进步，政府会针对已固定的导向参数下真正可转化并作用于社会生产的生产技术创新与已固定的资本积累的生产弹性下资本积累存量的边际产出作出平衡，来实现可体现政府意志的社会福利最大化目标，直觉上这一过程只受到社会消费的影响，环境质量似乎对所有经济体都未形成"可持续性"威胁，这可能与公众对环境质量感知系数比较小、长期均衡下环境质量的 0 变化率有关。

再观察 $\alpha=0.5$ 和 $\varepsilon=0.5$ 时不同经济体 C/K 下社会生产和污染控制随时间 t 的变化趋势（见图 5-6 和图 5-7）。其中，图 5-6 是不同经济体的 Y 随时间 t 的变化趋势，其表现是发达国家＞发展中国家＞新兴国家，是符合直觉的结果；而新兴国家 Y 的不断萎缩和发达国家与发展中国家、新兴国家之间的差距随时间 t 的逐渐扩大印证了图 5-2 至图 5-5 展示的长期的绿色增长关键的经济动力来源是技术创新。

由于 $\alpha=0.5$ 导致 K 的边际产出是递减的，若不加大 I，Y 的增长便会消失。但是，"均衡性"约束着长期均衡下 Y、K、C 的增长率是相同的，而发展中国家、新兴国家大比重的 C/K 导致 Y 向 $c_1(I)Y$ 的输出必定下降，对 Y 注入活力的技术创新却无法得到有力支持，从而陷入了"贫穷恶性循环"。图 5-7 是不同经济体的政府关于 a 随时间 t 的变化趋势，其表现是新兴国家＞发展中国家＞发达国家，且发达国家与发展中国家、新兴国家之间的差距随时间 t 逐渐扩大。这是因为，"包容性"和"可持续性"约束着长期均衡下 R 和 N 变化率为 0，发达国家小比重的 C/K 使其存有充分的资本空间可用于技术创新和污染控制，实行高的 I 促使其 x 快速进步下减排技术创新 E 自然能力很强，对于保证 N 持续利用所产生的污染 P 不会对 N 造成不可逆的这一负面

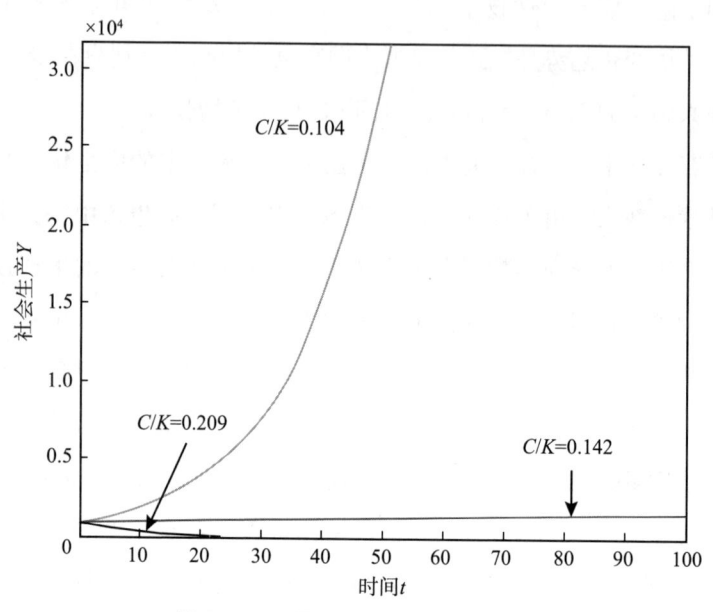

图 5-6 不同 C/K 下 Y 的变化趋势

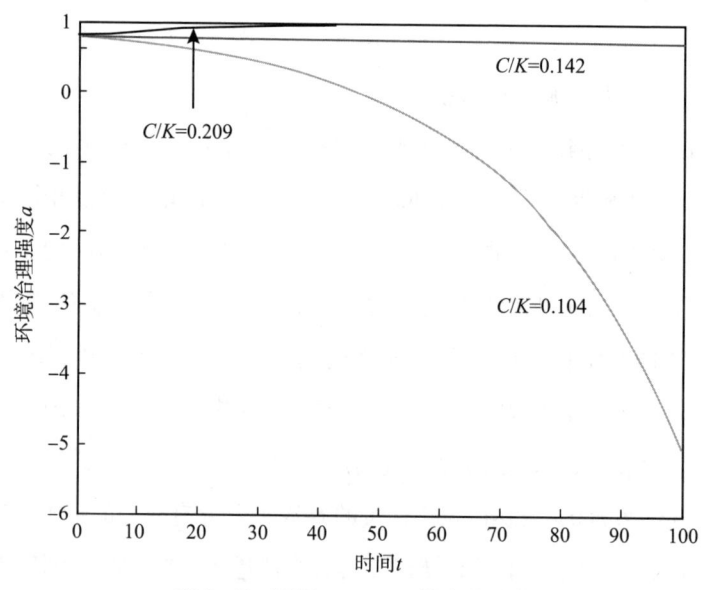

图 5-7 不同 C/K 下 a 的变化趋势

效应 N 的自修复能力可以做出"轻易"应对，于是只需低的 a 予以配合即可，技术创新的这一"溢出效应"正是发达国家为何更倾向于选择 $c_1(a)Y$ 的"机会成本"——技术创新来实现绿色增长的"包容性"和"可持续性"的原因。

相比发达国家，为维持 0 变化率的非可再生资源和环境质量，发展中国家、新兴国家仍是因其大比重的 C/K 导致其社会生产的最优配置只能是为环境治理成本留存大量的空间，这也是发展中国家、新兴国家一直致力于加大环境政策的治理强度来进行污染控制的可能原因。因此，长期的绿色增长关键的环境动力来源也是技术创新。

三、不同资本弹性下的导向性技术创新、社会生产和污染控制

C/K 的一次性变化对长期的绿色增长的预期影响体现了不同经济体"外在"固有的增长倾向对导向性技术创新、社会生产和污染控制的具体要求，但不同经济体"内在"复杂的动力要素如何影响长期的绿色增长？为确保长期均衡的稳态存在，本研究采用 Cobb-Douglas 生产函数 $Y = AK^{\alpha}R^{1-\alpha}$。可见，$\alpha$ 是一个重要的影响因素。选择相对适中的 C/K=0.142 的发展中国家为研究对象，观察 $\varepsilon=0.5$ 时 $\alpha=\{0.45, 0.5, 0.6\}$ 下导向性技术创新随时间 t 的变化趋势（见图 5-8 至图 5-11）。

图 5-8 是 α 不同下政府关于 I 随时间 t 的变化趋势，其表现是 α 越小时 I 越大。这证实了技术创新在长期的绿色增长中对 K 的替代作用；在均衡性和包容性对 K、Y 和 R 增长率的双重约束下，α 变小意味着 K 的边际产出将加速下降，而 R 的 0 增长率将迫使 A 需随时间 t 急速上升，要求 x 随时间 t 持续加快进步，I 需随时间 t 保持充分高的水平（见图 5-9 和图 5-10）；由于 $\varepsilon=0.5$，E 随时间 t 的变化趋势与 A 几乎相同（见图 5-11）。非可再生资源的投入对长期绿色增长的贡献应是非常低的，因为它总会被消耗殆尽；而当非可再生资源难以替代资本积累存量时，需依赖于技术创新来维持长期的绿色增长。

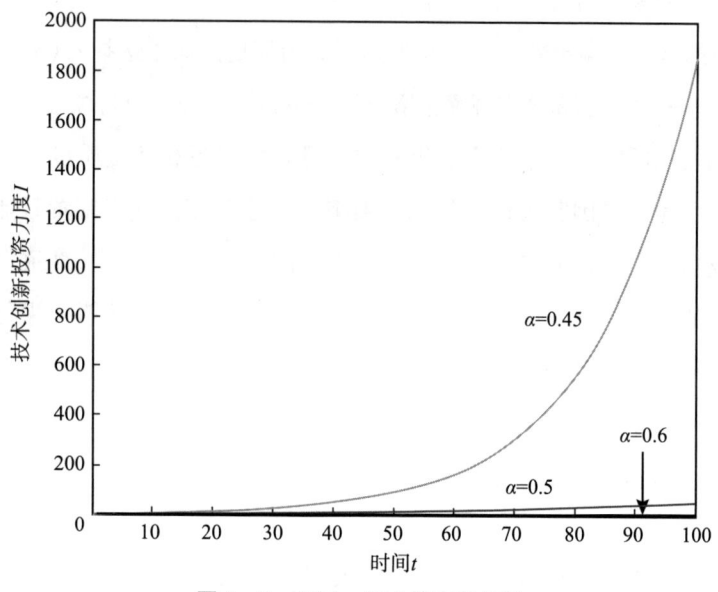

图 5-8 不同 α 下 I 的变化趋势

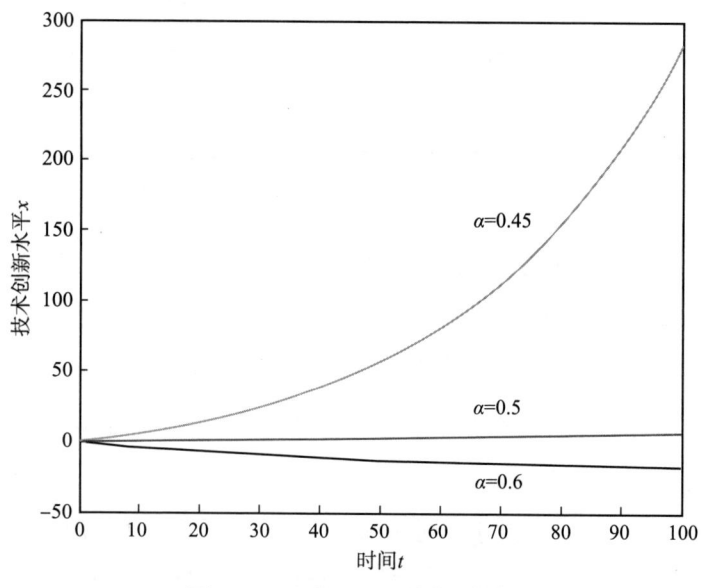

图 5-9 不同 α 下 x 的变化趋势

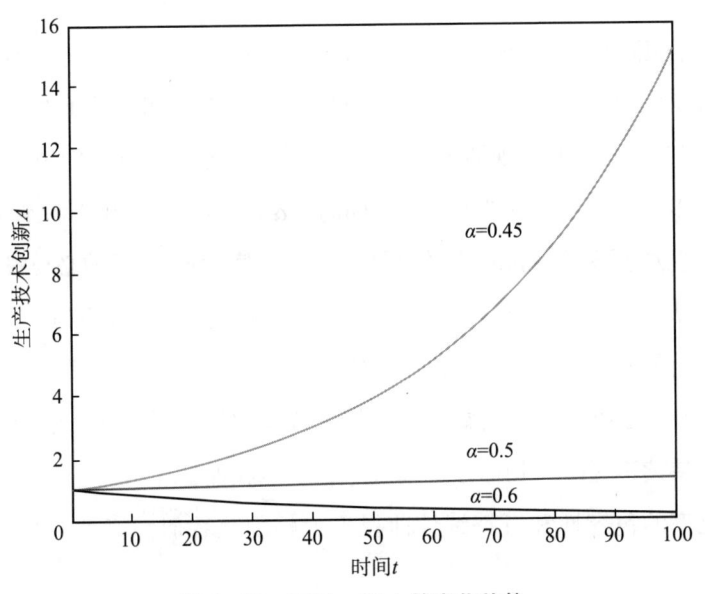

图 5-10 不同 α 下 A 的变化趋势

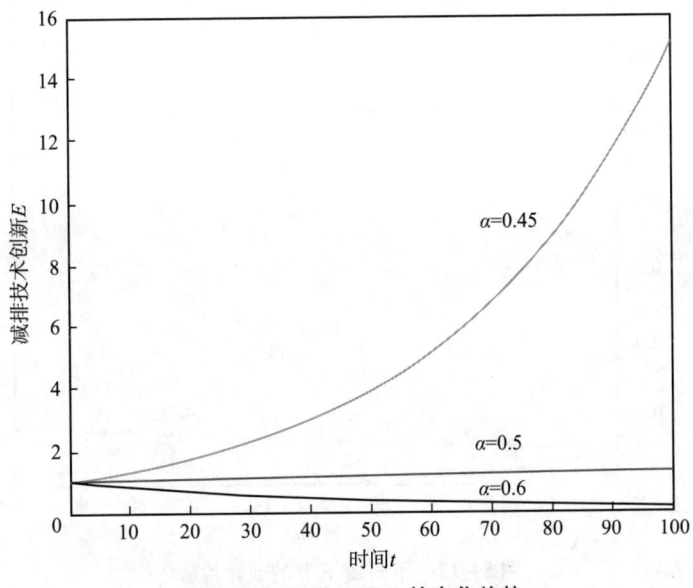

图 5-11 不同 α 下 E 的变化趋势

继而观察 $C/K=0.142$ 和 $\varepsilon=0.500$ 时 $\alpha=\{0.45,0.5,0.6\}$ 下社会生产和污染控制随时间 t 的变化趋势（见图 5-12 和图 5-13）。图 5-12 稍显夸张地呈现了无限时域上 Y 的变化，明显地对比来自 $\alpha=0.45$ 时"爆炸式"的内生增长与 $\alpha=0.6$ 时呈现的负增长。这意味着，至少在理想的情况下 Y 上升的前景更多是源于技术创新而非 K。同时，$\alpha=0.45$ 时 A 和 E 双管齐下的进步带来了直观上技术创新的"溢出效应"——替代 $c_1(a)Y$ 的必要投入，α 随时间 t 呈现了持续下降的变化趋势（见图 5-13）。这可解释为，对于经济、环境、社会的发展基础一般且存在 C/K 这一"外在"固有的增长倾向的发展中国家，致力于推行技术创新不仅能带来资本积累存量、社会消费与社会生产的资本持续迅猛的"均衡性"增长率，更能在保证非可再生资源和环境质量 0 变化率的包容性和可持续性前提下大幅削减看似"必要"的环境治理成本。

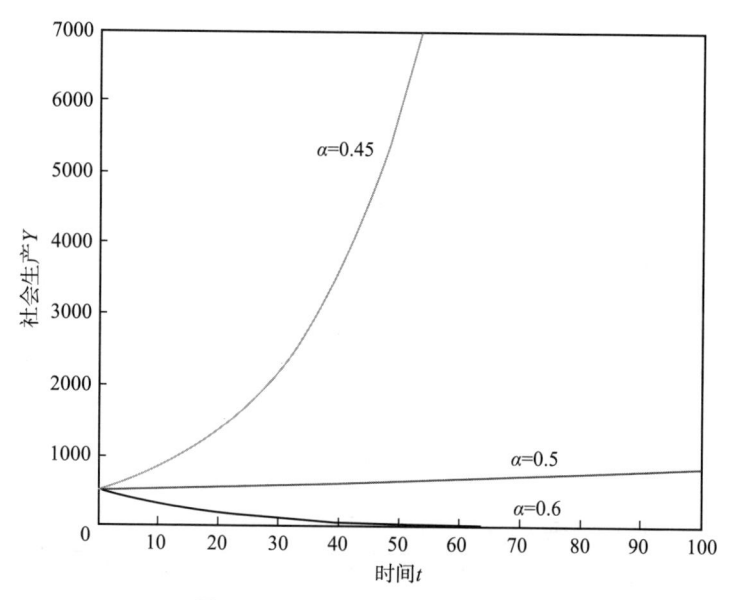

图 5-12 不同 α 下 Y 的变化趋势

图 5–13 不同 α 下 a 的变化趋势

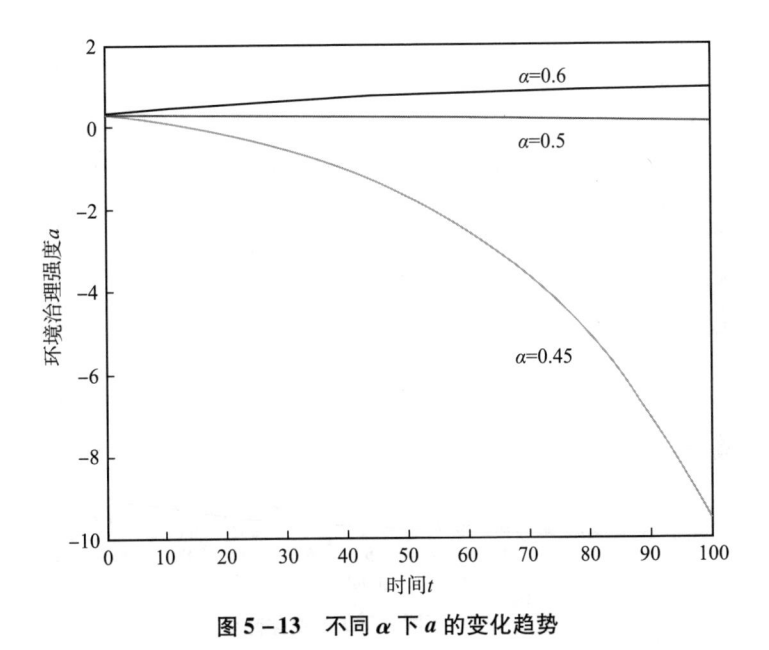

四、不同技术导向下的导向性技术创新、社会生产和污染控制

发达国家、发展中国家、新兴国家等不同经济体实现长期绿色增长的关键要素在于技术创新，加大技术创新的投资力度是重中之重。由于 C/K 这一"外在"固有的增长倾向无法更改，现实中 Cobb-Douglas 生产函数 $Y = AK^α R^{1-α}$ 的资本积累的生产弹性又不能过低；若想实现长期绿色增长，这一重任更多地落在了政府对导向性技术创新的正确引导上，即 $ε$ 的确立。于是，仍选择"外在"固有的增长倾向相对适中的 C/K = 0.142 的发展中国家为研究对象，观察 $α = 0.5$ 时 $ε = \{0.1, 0.5, 0.9\}$ 下导向性技术创新、社会生产和污染控制随时间 t 的变化趋势（见图 5–14 至图 5–19）。

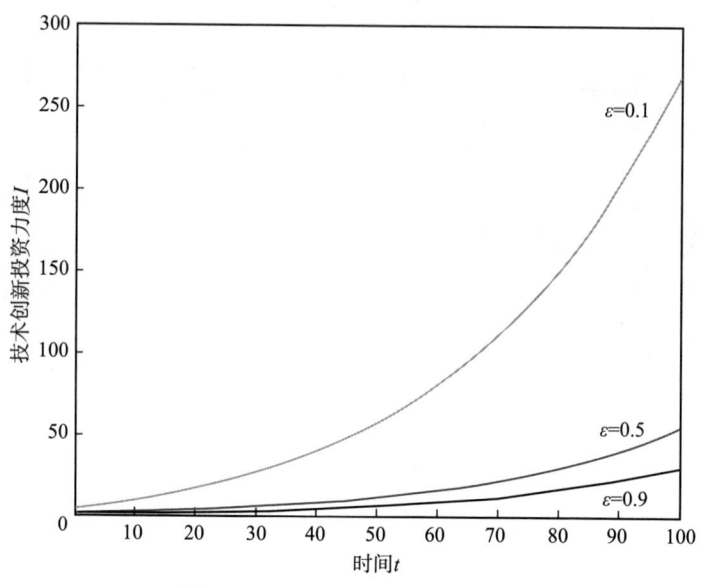

图 5-14　不同 ε 下 I 的变化趋势

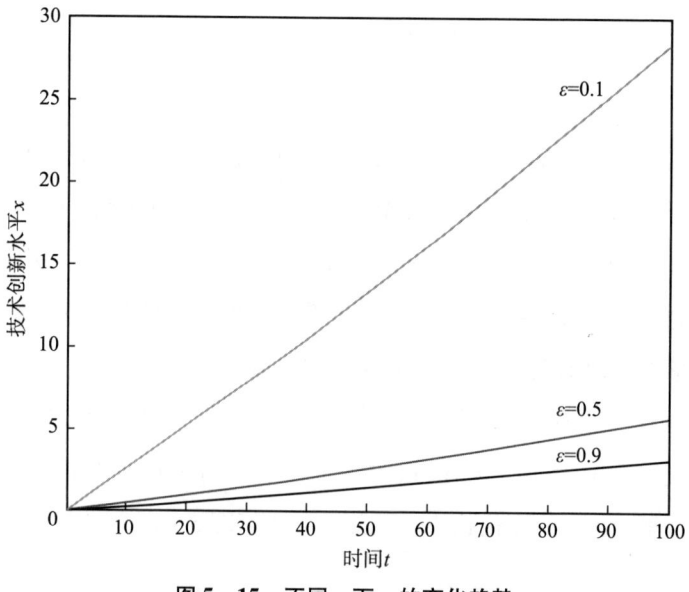

图 5-15　不同 ε 下 x 的变化趋势

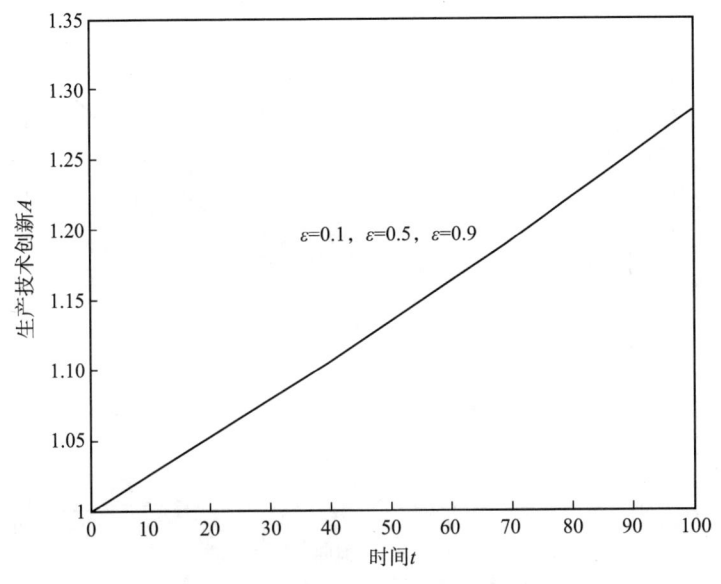

图 5-16　不同 ε 下 A 的变化趋势

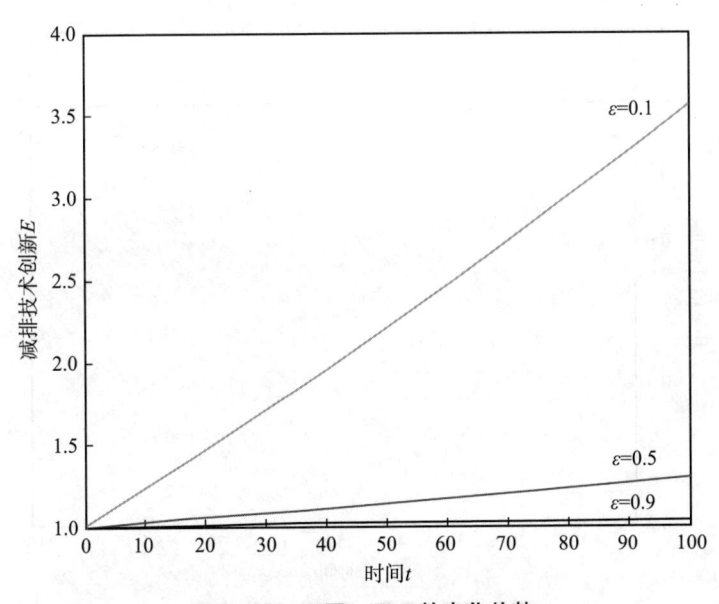

图 5-17　不同 ε 下 E 的变化趋势

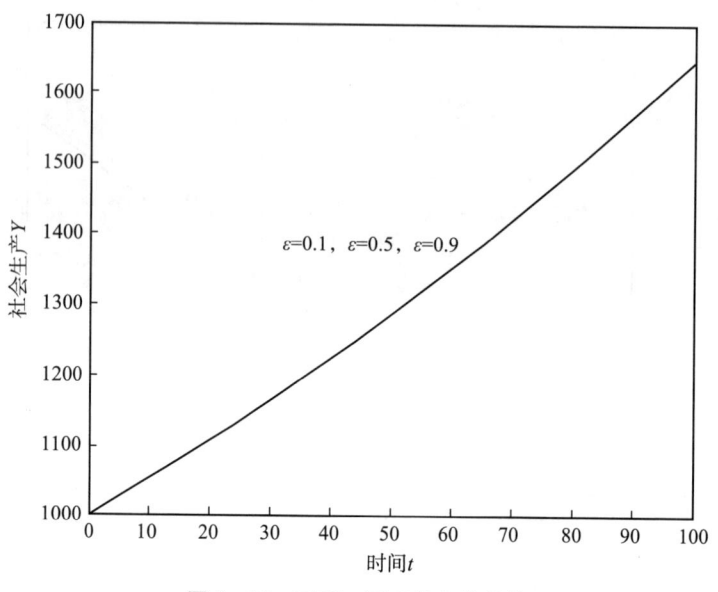

图 5-18　不同 ε 下 Y 的变化趋势

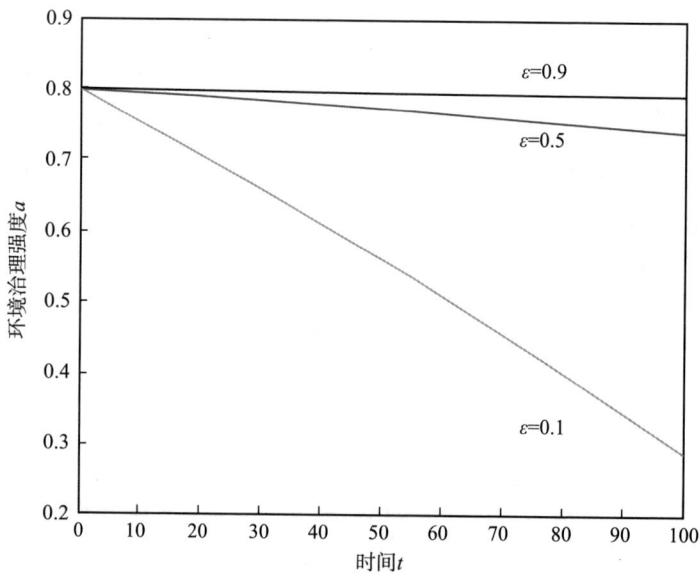

图 5-19　不同 ε 下 a 的变化趋势

值得注意的是图 5-16，不同 ε 下的 A 随时间 t 的推移并未出现差别，这说明支撑长期均衡下 Y、K、C 相同增长率的 A 与 ε 无关，政府无法通过导向性技术创新来左右 Y 的增长水平（见图 5-18）。但是，可通过 $\varepsilon=0.1$ 偏于减排技术创新的引导来提升 I 从而提高 x（见图 5-14 至图 5-17）；加之偏于减排技术创新的导向，更高能力的 E 使得 a 将会更小，政府所承担的 $c_1(a)Y$ 将有所下降（见图 5-17 和图 5-19）。事实上，对 $\varepsilon=0.1$ 偏于减排技术创新的引导是政府可驾驭 I 的有力工具。这是因为，由于生产技术创新和减排技术创新之间是一种竞争互补的关系，当 $\varepsilon=0.1$ 生产技术创新得不到支持时，社会生产的资本的增长水平将会受限，甚至可能导致绿色增长停滞；在此情况下，提升生产技术创新能力的唯一途径只在于加大技术创新的投资强度。可见，政府对技术创新的投资强度的控制是间接且有效的；如此之下，政府可通过环境政策的顺利实施引导长期绿色增长至其设想的"技术创新路线"上。

第五节 本章小结

命令控制型环境规制对绿色增长影响机理的明晰可为不同经济体推行新的、更可持续的绿色增长改革提供参考，特别是对依赖于存在污染排放风险的非可再生资源的发展中国家、新兴国家。本章通过量化非可再生资源 R、生产技术创新 A、减排技术创新 E、污染排放 P、环境治理成本 $c_1(a)Y$ 等要素并内生化于模型中，在规模经济效应不变的假设下，建立不同要素之间关系的可能性约束，以长期均衡下社会生产 Y、资本积累存量 K、社会人均消费 C 三者增长率相同的稳态来体现绿色增长的均衡性，非可再生资源 R 增长率为 0 的稳态来体现绿色增长的包容性和环境质量 N 下降率为 0 的稳态来体现绿色增长的可持续性，建立关于社会人均消费 C 和环境质量 N 的效用函数最大化的目标函数的非线性最优控制模型，并对模型在无限时域上求出稳态的解析解，通过数值仿真可得主要结论有：

（1）长期均衡的稳态下不同经济体的环境治理强度展示了增加环境治理强度的同时会增加消费资本比，即增加资本分配给社会消费的量，也将占用分配给技术投资的成本，抑制导向性技术创新的发展，进而影响社会生产的增速以及环境质量的改善。这也说明，环境治理强度（达到均衡状态）不是越大越好。

（2）资本积累生产弹性体现了当前环境治理强度。若环境治理强度较大，说明当前资本积累生产弹性强；反之，当资本积累生产弹性有所降低时，由于资本和非可再生资源利用率的提升，也不再需要较强的环境治理强度来保证环境质量。

（3）技术导向或可实现与环境治理强度达到相同的改善环境质量目标。当导向性技术创新偏向减排技术创新时，因其治理污染效果显著，治理污染的成本不需要增加即无须较高的环境治理强度来改善环境质量。与其在资本分配时增加环境治理成本，不如增加导向性技术创新投资、提升减排技术创新，因为后者绩效更高。

| 第六章 |

市场引导型环境规制对绿色增长的影响机理

第一节 问题提出

一、问题描述

我国自1989年颁布《中华人民共和国环境保护法》就确立了排污收费制度,且在2014年对该法律进行修订,上调排污收费标准。2003~2015年全国累计收取排污费2103.2亿元,其中2015年收取的排污费为178.5亿元,但同年的环境治理投资达到了8806.3亿元①,每年收取的排污费远不能满足环境治理投资的需要。为适应经济社会发展需要,给环境治理提供充足的资金来源,市场引导型环境规制逐渐受到重视。伴随着经济体制改革进程的加快,市场引导型环境规制得到了进一步的发展,除了排污收费制度的修订完善外,我国在市场导向型环境政策方面出台了一系列措施,包括2018年实施的《中华人民共和国环境保护税法》,2021年实施的《碳排放权交易管理办法(试行)》和《环境污染强制责任保险管理办法(试行)》。这些政策通过碳交易、绿色金融、环境污染责任保险等市场机制,推动环境保护和可持续发展,促进经济与环境的协调发展。

所谓市场引导型环境规制,是指按照经济成本效益原则,运用价值形成的经济杠杆等调节手段,引导生产者改变控制污染策略,以便实现改善环境质量和持续利用自然资源的目的,其实质是将环境物品私有化(丁文广,2008)。这类环境规制主要包括价格型的环境税费和补贴,以及数量型的可交易许可证两大类工具。环境税费是指对使用或消费自然资源等影响环境的行为采用的以提高经济效率、促进环境状况和资源使用状况的一系列规制工具的总称。补贴是政府主导下监管者给予生产者或消费者各种形式的财政转移。在可交易许可证规制下,政府通过界定排污的权力,并允许通过权力的市场交易来实现减污资源的最优配置。

征收环境税在理论和实践方面都被证明是一种解决环境污染与经济增长之间关系问题的行之有效的方法。最优环境税不仅取决于环境污染的负外部性,还取决于环境税在经济模型中表现出的扭曲程度,这也是环境税在抑制污染、改善环境质量的同时是否利于经济持续增长的关键(Bovenberg and Goulder, 1996; Bovenberg and Heijdra, 1998)。有关环境税"双重红利"的研究主要分为两个方面:一是通过环境治理投资的增加,分析环境税在减少

---

① 《2015年中国生态环境统计年报》。

污染排放、改善环境质量中的作用。褚和赖（Chu and Lai，2014）探讨环境税是否会影响减排技术，以及如何激励企业对减排技术研发的投入。雷卡特和乌诺尔德（Requate and Unold，2003）研究发现，在对企业减排技术研发的激励作用方面，污染税收政策比可交易许可证制度更有效力，这是因为环境税更能通过内在化外部不经济性来促使污染者选择积极防治污染。为了以最小成本实现全社会的环境规制目标，在统一的环境税率下，以减排效率合理分配污染者的减排任务来提高资源配置效率。埃伯特（Ebert，1998）通过分析减排技术研发对排污税的影响，来研究排污税和环境污染排放之间的关系。另外，若以技术补贴的形式对减排技术创新进行投资可以节省大量税费，从而在长期内使污染水平随减排技术创新的提高而下降。

二是关于能否实现经济增长的红利。一些学者认为，环境税的征收能够实现经济增长红利。格罗斯曼和克鲁格（Grossman and Krueger，1995）以及斯托基（Stokey，1998）指出，减排技术的提高将降低环境污染水平，减弱污染对经济反馈损失的影响，进而推动经济的持续增长。博芬贝格和斯穆尔德斯（Bovenberg and Smulders，1993）认为环境税的收入足够支付环境治理费用，且改善环境对经济增长有促进作用。格罗斯曼和克鲁格（Grossman and Krueger，1995）以及斯托基（Stokey，1998）指出，提高全要素生产率和减排技术创新，将降低环境污染水平、减弱污染对经济反馈损失的影响，进而推动经济的持续增长。范庆泉、周县华和张同斌（2016）在考虑环境污染对生产效率的负面影响的情况下得到动态环境税能在促进经济增长的同时降低污染水平。而富勒顿和基姆（Fullerton and Kim，2008）却持相反的观点，他们在研究中考虑了利用资本所得税增加对减排研发的投资，以弥补环境治理费用的不足，但发现两种税的收入也不一定能促进经济增长，过高的环境税或许会给经济增长带来反效果。

尽管环境税带来了双重红利，但不同程度上会对福利造成影响（Presley et al.，2016）。凯托（Kato，2011）的研究主要从社会福利最大化的角度分析最优环境税率，并与庇古税相比较。李冬冬和杨晶玉（2015）通过建立一个包含环境外部性和减排研发的内生经济增长模型，研究环境税、能源税和减排研发补贴规制工具及组合下的环境、经济增长及社会福利水平。孟卫军（2010）在环境税和补贴组合规制下得到政企合作的社会福利比不合作更高的结论。韦斯拉提（Oueslati，2015）针对"保证经济增长和社会福利的情况下进行税制改革"问题通过两部门内生增长模型进行了探讨。而所谓的"环境税改革"就是要求政府在考虑到环境税对财政收入影响的情况下调整政府税收的分配。实际上，政府应从一个更全面的视角对财政收入进行支出预算，并期望通过环境税改革获得更多财政收入来支持生产部门扩大生产或者增加减排投资力度来降低环境污染。政府支持减排技术的资金如果不能满足减排活动的需要，应鼓励私人企业进行减排技术研发活动，在不完全竞争的市场条件下，适当的调控能够有效地激励私人企业进行减排研发活动。

目前研究的不足在于：一是过多侧重研究环境税通过减排技术创新的投资对环境污染及经济增长的影响，忽略了环境的正外部性对生产技术创新及经济增长的作用；二是忽略了补贴在有环境税配合下对环境治理投资的激励作用，对两种规制组合效用的研究相对较少，且补贴多以企业 R&D 人员的雇佣酬劳形式，与现实中对技术的补贴政策不符；三是对环境税率的确定存在争议，缺乏对最优规制工具组合下环境税收对环境、经济增长以及社会福利综合影响的研究。

二、理论框架

排污收费制度作为我国早期较成熟的一种市场引导型环境规制，不仅对企业防治污染产生激励，还为环境治理提供了稳定的资金来源。但随着环境治理投资的不断加大，排污费已经远远不能满足环境治理投资的需要。为彻底解决这一问题，我国开展了排污"费改税"政策的衔接工作。在有环境税配合的情况下，补贴不仅能削减企业的污染排放量，还能对环境治理投资起到激励作用。鉴于目前我国的各项排污许可证制度法律依据不同、发展水平不一，缺乏权威性和统一性，本章以环境税和补贴为市场引导型环境规制的代表来研究其对绿色增长的影响机理。突破上述研究的不足，一是为体现环境的正外部性对绿色增长经济活动模块的促进作用，以环境质量内生化生产技术创新并引入生产函数中；二是通过引入减排技术创新补贴单位成本，将补贴直接作用于减排技术，以技术补贴的形式激励减排技术创新的发展；三是结合我国实践综合考量资本利得税和环境税两个扭曲性税收的资本分配以及它们在绿色增长过程中的动态效用。

鉴于此，建立环境税收和补贴政策对绿色增长影响机理的分析框架（见图 6-1）。

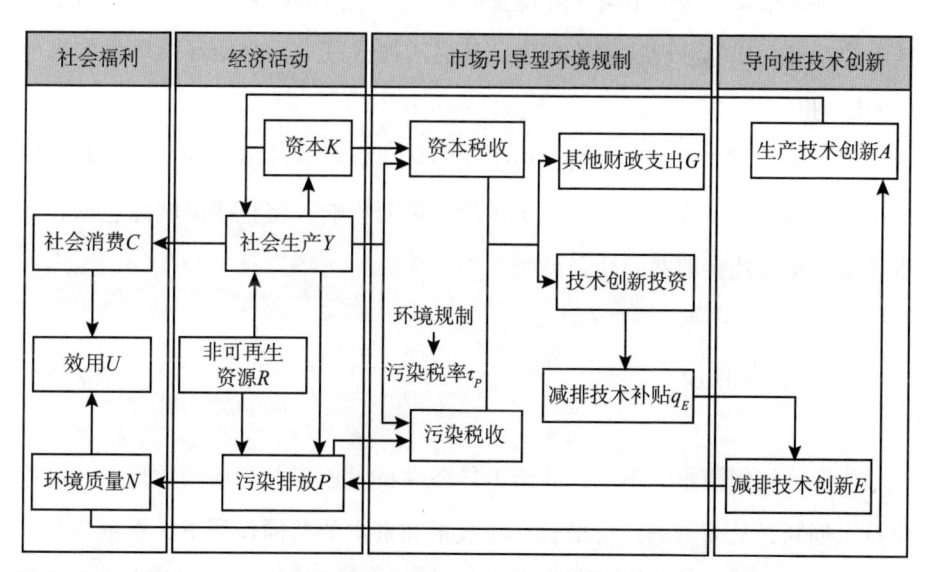

图 6-1 市场引导型环境规制对绿色增长影响机理的分析框架

就图 6-1 中这一动态过程而言：

(1) 生产技术创新、环境资本、污染排放和环境治理：社会生产以物质资本积累存量、生产技术创新和环境资本作为投入要素，产品生产的资本用于社会消费、资本再投资、税收和环境资源采购费用，其中由物质资本收益产生的资本税和由污染排放产生的环境税都被视为政府资本，除了政府的正常开支外，主要被用来进行环境治理技术研发投资。

(2) 环境治理技术、污染排放和环境质量：环境质量除了自修复能力之外，主要是生产过程中环境资本利用下污染排放增加的负累积过程与环境治理技术创新作用下污染排放减少的正累积过程的结果，由于环境治理技术创新不参与社会生产，需要产品生产资本对环境治理技术创新投资予以支持，这除了会占用政府开支外，也会间接牺牲当前的社会消费。

(3) 生产技术创新和环境治理技术创新：环境资本存量本身影响着生产技术创新水平，同时，污染排放量与生产过程中从环境资本中所利用的环境资源量直接相关，这也影响到环境税的收入，进而影响到政府用于环境治理技术的投资；环境治理技术的变化，又会增加或减少污染给环境质量带来的负向影响。

(4) 环境资本和社会消费：内生化的环境资本和环境治理技术创新共同作用形成的污染排放，会对环境质量带来负面影响，将直接影响绿色增长关于环境质量和社会消费的社会福利。

三、基本假设

假设经济规模报酬不变，并给出导向性技术创新的具体函数形式，内生化技术创新，从而刻画经济增长：在技术和资本的共同作用下，根据参数假设的不同，经济增长路径有不同情况。导向性技术创新是生产者或企业进行投资的产物，因此它是经济活动模块决定的内生变量。假设生产技术创新是环境质量的函数，将环境的正向外部性引入生产函数。对于减排技术创新，假定企业对减排技术创新研发没有主动的积极性,就要依靠政府技术补贴的激励。社会福利中效用函数的假设,以及社会生产中非可再生资源、污染排放和环境质量的假设与本书第五章相同。

在计划和市场结合的经济体制下,讨论如何分配利用污染税收和技术补贴时将会调整因污染投入导致的环境质量外部性。本章假定社会计划者(政府)获得税收总额,并转移到对其他政策的补贴,而且税收是要补贴到减排技术创新的研发中,但若只依靠污染税会使其变得过度扭曲,因此同时考虑资本利得税。政府的预算除了用于减排技术创新的研发投入,还必须要在教育或其他公共基础设施建设方面投资一定的资金,这里称为政府转移支付。

第二节 模型构建

一、目标函数

社会福利目标:将人均消费 $C(t)$ 和环境质量 $N(t)$ 作为效用函数 $U(C(t),N(t))$ 的自变量,绿色增长目标为关于二者效用函数最大化。对任意变量 $y(t)$ 和 $\dot{y}(t)=dy/dt$,为便于表达省去时间变量 t,则:

$$U(C,N)=\begin{cases}\dfrac{(CN^\phi)^{1-\sigma}-1}{1-\sigma}, & \sigma\neq 1,\ 0\leqslant\phi<1 \\ \ln C+\phi\ln N, & \sigma=1,\ 0\leqslant\phi<1\end{cases} \quad (6-1)$$

社会消费最大化的目标是实现消费者的瞬时效用贴现值总量最大化,则:

$$\max\int_0^\infty e^{-\rho t}U(C(t),N(t))dt \quad (6-2)$$

其中,ρ 为消费者主观的时间贴现率,$\sigma>0$ 为跨期替代弹性的倒数,$\phi>0$ 为环境意识参数,表示对环境质量的关注程度。

二、约束条件

(一) 社会生产约束

假设规模经济效应不变,运用新经济增长理论内生化生产技术创新 A,将其引入 Cobb-Douglas 生产函数,有:

$$Y = A(N)K^{\alpha}R^{1-\alpha} \qquad (6-3)$$

其中,K 为用于社会生产的资本积累存量;α 为资本积累的生产弹性;R 为用于产品生产的非可再生资源存量(产生污染的主要来源)。特别地,由于清洁的空气和干净的水资源能够改善劳动者的健康、提高生产效率,因此,从环境的正向外部性内生化生产技术创新是以环境质量为自变量的函数。

本研究参照格雷克和罗森达尔(Greaker and Rosendahl,2008)的模型,假定生产技术创新是环境质量的函数,将环境的正外部性直接引入生产函数中:

$$A(N) = N^{\gamma} \qquad (6-4)$$

其中,参数 $\gamma \in [0,1]$,表示环境外部性的利用程度。

(二) 政府预算约束

政府的资本预算是资本所得税收和排放税收主要用于减排技术创新的研发 E 和政府转移支付 G(假定政府必须在教育或其他公共基础设施方面投资一定资金 G)。G 的增加会降低环境保护的公共支出(Metcalf,2003),这是由于更多政府收入是建立在更高的资本利得税和污染税收入的基础上的。因此,其微分方程可表示为:

$$G + q_E E = \tau_K rK + \tau_P P \qquad (6-5)$$

其中,τ_K 为资本所得税率,r 是资本收益率;τ_P 是污染税率。由减排技术创

新动态变化 $\dot{E}=E-\delta_2 E$ 可得当前减排技术存量为 $E=\dot{E}+\delta_2 E$，那么减排技术所需的政府补贴费用为 $q_E E=q_E(\dot{E}+\delta_2 E)$；$q_E$ 为投入减排技术研发的单位成本，δ_2 为技术衰退率。此处令 $\varphi=G/rK$ 为政策参数，是用来衡量税收扭曲性的非环境因素。政府预算约束的微分方程也可以写成：

$$G+q_E\dot{E}+q_E\delta_2 E=\tau_K rK+\tau_P P \qquad (6-6)$$

（三）资本（社会生产）约束

社会生产被用于社会人均消费、资本积累折旧、非可再生资源使用成本、资本再积累和减排技术创新的政府投资，关于资本（社会生产）的政府预算约束方程有：

$$\dot{K}=Y-C-\delta K-sR-q_E E \qquad (6-7)$$

其中，C 为用于社会人均消费的资本；s 是非可再生资源的价格，sR 是使用非可再生资源需要支付的成本；δ 为资本积累折旧率。结合政府预算约束方程，关于资本的微分方程也可以写成：

$$\dot{K}=Y-C-\delta K-sR-(\tau_K rK+\tau_P P-G) \qquad (6-8)$$

（四）环境质量约束

环境质量 N 作为一种资源在考虑其单个要素和不同要素间组合的同时，还需考虑其自净能力。环境质量变动可表示为：

$$\dot{N}=\mu N(1-N)-P \qquad (6-9)$$

其中，μ 为环境自修复率；污染的产生主要来源于非可再生资源的利用，因此其存量可表示为 $P=(R/E)^{1/\Omega}$，$1/\Omega>0$ 为污染排放弹性系数。

三、整体模型

综上所述，采用对数形式的效用函数 $U(C,N)$ 是严格上凸函数，满足建立最优控制模型条件。结合社会生产的资本 Y、生产技术创新 A、污染排放 P、政府投资 G 和污染税率 τ_P，考虑资本存量 K、环境质量 N 和减排技术创新 E 的动态变化，建立非线性最优控制模型如下：

$$\max_{C,P,G} W = \max_{C,P,G} \int_0^\infty e^{-\rho t} U(C(t), N(t)) \mathrm{d}t \qquad (6-10)$$

$$\text{s. t.} \quad \dot{K} = Y - C - \delta K - sR - (\tau_K rK + \tau_P P - G) \qquad (6-11)$$

$$\dot{N} = \mu N(1-N) - P \qquad (6-12)$$

$$P = \left(\frac{R}{E}\right)^{1/\Omega} \qquad (6-13)$$

$$G + q_E \dot{E} + q_E \delta_2 E = \tau_K rK + \tau_P P \qquad (6-14)$$

$$Y = A(N) K^\alpha R^{1-\alpha} \qquad (6-15)$$

$$A(N) = N^\gamma \qquad (6-16)$$

其中，用于社会人均消费的资本 C、污染排放 P 和政府投资 G 为控制变量，K、N 和 E 为状态变量。

第三节 模型求解

令 λ_K、λ_N 和 λ_E 为 K、N 和 E 的共态变量（影子价格），建立汉密尔顿函数：

$$H = \frac{(CN^\phi)^{1-\sigma} - 1}{1-\sigma} + \lambda_K(Y - C - \delta K - \tau_K rK - sR - \tau_P P + G)$$

$$+ \lambda_N(\mu N(1-N) - P) + \lambda_E \times \frac{1}{q_E}(\tau_K rK + \tau_P P - G - q_E \delta_2 E)$$

$$(6-17)$$

由极大值原理，最大化条件满足：

$$\frac{\partial H}{\partial C} = 0 \Rightarrow C^{-\sigma}(N^\phi)^{1-\sigma} - \lambda_K = 0 \qquad (6-18)$$

$$\frac{\partial H}{\partial G}=0 \Rightarrow \lambda_K - \lambda_E = 0 \qquad (6-19)$$

$$\frac{\partial H}{\partial P}=0 \Rightarrow \lambda_K\left(\frac{\partial Y}{\partial P}-s\Omega EP^{\Omega-1}-\tau_P\right)+\lambda_E\frac{\tau_P}{q_E}-\lambda_N=0 \qquad (6-20)$$

欧拉方程为：

$$\dot{\lambda}_K = -\frac{\partial H}{\partial K}+\rho\lambda_K \qquad (6-21)$$

$$\dot{\lambda}_N = -\frac{\partial H}{\partial N}+\rho\lambda_N \qquad (6-22)$$

$$\dot{\lambda}_E = -\frac{\partial H}{\partial E}+\rho\lambda_E \qquad (6-23)$$

横截条件为：

$$\lim_{t\to\infty}e^{-\rho t}\lambda_K K = 0 \qquad (6-24)$$

$$\lim_{t\to\infty}e^{-\rho t}\lambda_N N = 0 \qquad (6-25)$$

$$\lim_{t\to\infty}e^{-\rho t}\lambda_E E = 0 \qquad (6-26)$$

约束假设条件，假定资本收益与折旧后的边际资本相同；污染税率与环境治理成本投入后的边际资本相同，即：

$$\frac{\partial(Y-\delta K)}{\partial K}=r \Rightarrow \alpha\frac{Y}{K}-\delta=r \qquad (6-27)$$

$$\frac{\partial(Y-sEP^{\Omega})}{\partial P}=\tau_P \Rightarrow (1-\alpha)\Omega\frac{Y}{P}-s\Omega EP^{\Omega-1}=\tau_P \qquad (6-28)$$

由式（6-21）至式（6-23）整理可得：

$$\frac{\dot{\lambda}_K}{\lambda_K}=\rho-(1-\tau_K)r-\frac{\tau_K r}{q_E} \qquad (6-29)$$

$$\frac{\dot{\lambda}_E}{\lambda_E}=\rho-(1-\alpha)\frac{Y}{E}+sP^{\Omega}+\delta_2 \qquad (6-30)$$

$$\frac{\dot{\lambda}_N}{\lambda_N}=\rho-\mu+2\mu N-\phi\frac{C}{N}-\gamma\frac{Y}{N} \qquad (6-31)$$

对式（6-18）至式（6-20）两边求时间导数，可得：

$$\frac{\dot{\lambda}_K}{\lambda_K} = -\sigma\frac{\dot{C}}{C} + \phi(1-\sigma)\frac{\dot{N}}{N} \qquad (6-32)$$

$$\frac{\dot{\lambda}_E}{\lambda_E} = \frac{\dot{\lambda}_K}{\lambda_K} = -\sigma\frac{\dot{C}}{C} + \phi(1-\sigma)\frac{\dot{N}}{N} \qquad (6-33)$$

$$\frac{\dot{\lambda}_N}{\lambda_N} = \frac{\dot{\tau}_P}{\tau_P} - \sigma\frac{\dot{C}}{C} + \phi(1-\sigma)\frac{\dot{N}}{N} \qquad (6-34)$$

联合式（6-29）至式（6-34）可得到方程组：

$$\begin{cases} -\sigma\dfrac{\dot{C}}{C} + \phi(1-\sigma)\dfrac{\dot{N}}{N} = \rho - (1-\tau_K)r - \dfrac{\tau_K r}{q_E} \\ -\sigma\dfrac{\dot{C}}{C} + \phi(1-\sigma)\dfrac{\dot{N}}{N} = \rho - (1-\alpha)\dfrac{Y}{K}\times\dfrac{K}{E} + sP^{\Omega} + \delta_2 \\ \dfrac{\dot{\tau}_P}{\tau_P} - \sigma\dfrac{\dot{C}}{C} + \phi(1-\sigma)\dfrac{\dot{N}}{N} = \rho - \mu + 2\mu N - \phi\dfrac{C}{K}\times\dfrac{K}{N} - \gamma\dfrac{Y}{K}\times\dfrac{K}{N} \end{cases} \qquad (6-35)$$

由式（6-11）至式（6-14）可得：

$$\frac{\dot{K}}{K} = (1-\tau_K)r + \frac{1-\Omega}{\Omega}\frac{\tau_P}{K}P - \frac{C}{K} + \frac{G}{K} \qquad (6-36)$$

$$\frac{\dot{N}}{N} = \mu(1-N) - \frac{P}{N} \qquad (6-37)$$

$$\frac{\dot{E}}{E} = \frac{1}{q_E}\left[\tau_K r\frac{K}{E} + \frac{\tau_P}{K}\times\frac{K}{E}\times P - \frac{G}{K}\times\frac{K}{E}\right] - \delta_2 \qquad (6-38)$$

经济增长与环境保护相互均衡应满足：

$$\frac{\dot{N}}{N} = 0 \qquad (6-39)$$

$$\frac{\dot{Y}}{Y} = \frac{\dot{C}}{C} = \frac{\dot{K}}{K} = \frac{\dot{E}}{E} = \frac{\dot{\tau}_P}{\tau_P} \qquad (6-40)$$

一、经济增长速度

于是，由方程组（6-35）联合式（6-37）可得均衡状态下的经济增长速度：

$$g = \frac{\dot{C}}{C} = \frac{1}{\sigma}\left[(1-\tau_K)r + \frac{\tau_K r}{q_E} - \rho\right] \quad (6-41)$$

结合式（6-40）可得：

$$K = K_0 \times e^{gt} \quad (6-42)$$

二、资本分配

将式（6-27）和式（6-28）代入方程组（6-35）联合式（6-38）得到方程组：

$$\begin{cases} g = \frac{1}{q_E}\left[\tau_K r \frac{K}{E} + \frac{\tau_P}{K} \times \frac{K}{E} \times P - \frac{G}{K} \times \frac{K}{E}\right] - \delta_2 \\ -\sigma g = \rho - \frac{1}{\Omega} \times \frac{\tau_P}{K} \times \frac{K}{E} \times P + \delta_2 \end{cases} \quad (6-43)$$

由政策参数的设定可得 $r = G/K \times \frac{1}{\varphi}$。求解得到减排技术投资 E/K 比和污染排放 P：

$$\begin{cases} \dfrac{E}{K} = \dfrac{\tau_K r - G/K}{q_E \delta_2 + g(q_E - \Omega\sigma) - \Omega(\rho + \delta_2)} = \dfrac{(\tau_K/\varphi - 1) \times G/K}{q_E \delta_2 + g(q_E - \Omega\sigma) - \Omega(\rho + \delta_2)} \\ P = \dfrac{\Omega(\rho + \delta_2 + \sigma g)}{\tau_P/K} \times \dfrac{E}{K} \end{cases}$$

$$(6-44)$$

令 $h = E/K$，将式（6-42）代入式（6-44），则可得减排技术创新：

$$E = h \times K = h \times K_0 \times e^{gt} \quad (6-45)$$

由式（6-36）可得：

$$\frac{C}{K} = (1-\tau_K)r + \frac{1-\Omega}{\Omega}\frac{\tau_P}{K}P + \frac{G}{K} - g \quad (6-46)$$

由式（6-44）第二个式子可得：

$$\frac{\tau_P}{K} \times P = \Omega(\rho + \delta_2 + \sigma g) \times h \qquad (6-47)$$

将式（6-47）代入式（6-46）可得消费资本比：

$$\frac{C}{K} = (1-\tau_K)r + (1-\Omega)(\rho + \delta_2 + \sigma g) \times h + \frac{G}{K} - g \qquad (6-48)$$

联合式（6-27）和式（6-28）可得：

$$(1-\alpha)\Omega \frac{Y}{K} \times \frac{1}{P} - s\Omega \frac{E}{K} P^{\Omega-1} = \frac{\tau_P}{K} \qquad (6-49)$$

结合式（6-47）可得污染排放量：

$$P = \left[\frac{(1-\alpha)(r+\delta)}{s\alpha h} - \frac{\rho + \delta_2 + \sigma g}{s}\right]^{1/\Omega} \qquad (6-50)$$

进一步得到污染税率：

$$\tau_P = \frac{\Omega h \times (\rho + \delta_2 + \sigma g)}{P} \times K \qquad (6-51)$$

由式（6-37）至式（6-39）可得环境质量：

$$N = \frac{\mu + \sqrt{\mu^2 - 4\mu P}}{2\mu} \qquad (6-52)$$

三、导向性技术创新

由方程组（6-35）可得：

$$\frac{K}{N} = \left[\rho - \mu + 2\mu N - (1-\sigma)g\right]\left[\phi \frac{C}{K} + \frac{\gamma(r+\delta)}{\alpha}\right]^{-1} \qquad (6-53)$$

结合式（6-43）可得技术导向参数（即减排技术创新与生产技术创新的比例）：

$$\varepsilon = \frac{E}{A(N)} = \frac{E}{N^\gamma} = \frac{E}{K} \times \frac{K}{N} \times N^{1-\gamma} \qquad (6-54)$$

第四节 数值仿真分析

一、参数设定

参考已有研究中关于建立的非线性最优控制模型中不同参数的经验值（见表6-1）。

表6-1 关键参数取值

参数	取值	定义	参考来源
α	0.24	资本积累生产弹性	(Fullerton and Kim, 2008)
σ	2.5	跨期替代弹性的倒数	(Chu and Lai, 2014)
ρ	0.05	时间贴现率	（许士春、何正霞和魏晓平，2010)
δ	0.08	资本积累折旧率	(Fullerton and Kim, 2008)
τ_K	0.352~0.362	资本所得税率	(Chu and Lai, 2014)
r	0~0.24	资本收益率	(Dong-Dong and Yang, 2015)
φ	0.1~0.35	政策参数	(Dong-Dong and Yang, 2015)
γ	0.77	环境外部性的利用程度	(Dong-Dong and Yang, 2015)
Ω	0.6~0.9	污染转换系数	(Dong-Dong and Yang, 2015)
μ	0.0018	环境自修复率	(Dong-Dong and Yang, 2015)
φ	0.7	公众环境质量感知系数	(Chu and Lai, 2014)
δ_2	0.05	技术衰退率	(Fullerton and Kim, 2008)
q_E	50~400	减排技术研发补贴的单位成本	(Fullerton and Kim, 2008)
s	1.8	非可再生资源价格	(Chu and Lai, 2014)

二、政策参数的动态影响分析

模型中资本积累 K、环境质量 N 和减排技术创新 E 三种资本通过资本所得税率 τ_K、污染税率 τ_P 和减排技术研发补贴单位成本 q_E 三个规制变量影响资源分配。理想情况下,污染税收足够支付减排技术研发补贴的投资,那么资本所得税收入刚好满足政府转移支付需求,即由式(6-14)可得 $\tau_K = \varphi$。而很多时候污染税收并不能满足减排技术研发补贴的需要,那么资金缺口就需要提高资本所得税率来填补,这时的资本所得税率要高于政策参数即 $\tau_K > \varphi$。当 $\tau_K < \varphi$,资本所得税收不能满足政府转移支付的费用,若不增加资本所得税率,只有加大污染收税力度。可见,政策参数是对环境税收规制有着重要影响的非环境类参数,且满足 $\tau_K \geq \varphi$。对污染转换系数 $\Omega = 0.75$、减排技术研发补贴的单位成本 $q_E = 100$、资本所得税率 $\tau_K = 0.35$,以及其他参数固定情况下不同政策参数 $\varphi \in [0.1, 0.35]$ 对其他变量的影响进行数值仿真分析。

由图 6-2 和图 6-3 可得,随着政策参数 φ 的增加,减排技术投资比 $h = E/K$ 在减少而污染排放 P 呈现指数型增加,即减排技术投资比 $h = E/K$ 和污染排放 P 的单调性相反。政策参数 φ 的增加可理解为政府转移支付 G 的增加占用了本应分配给减排技术创新 E 的投资资本,致使 E 的后援动力不足出现了缓慢下降,从而导致 P 的急剧增加。污染排放 P 的增加不仅受到减排技术创新的影响,更主要的因素是投入到社会生产中污染性非可再生资源 R 的使用量。政府利用征收的污染税直接或间接为企业提供减排技术创新补贴 $q_E \times E$,那么企业减少污染排放 P 的成本就会下降,减排成本的降低会促使企业在社会生产过程投入更多的非可再生资源 R 进行生产。R 的大量投入加上支持减排技术投资的资金被 G 占用影响减排技术创新 E 的提升,才使 P 增速如此之快。

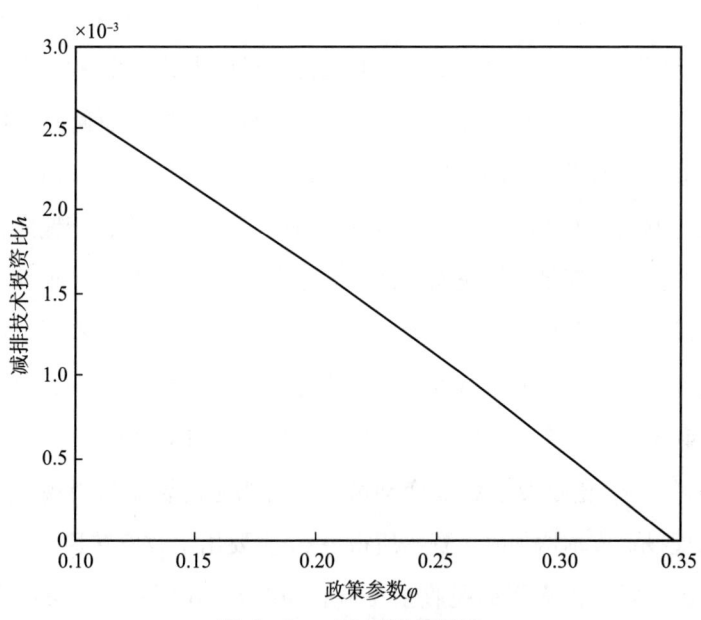

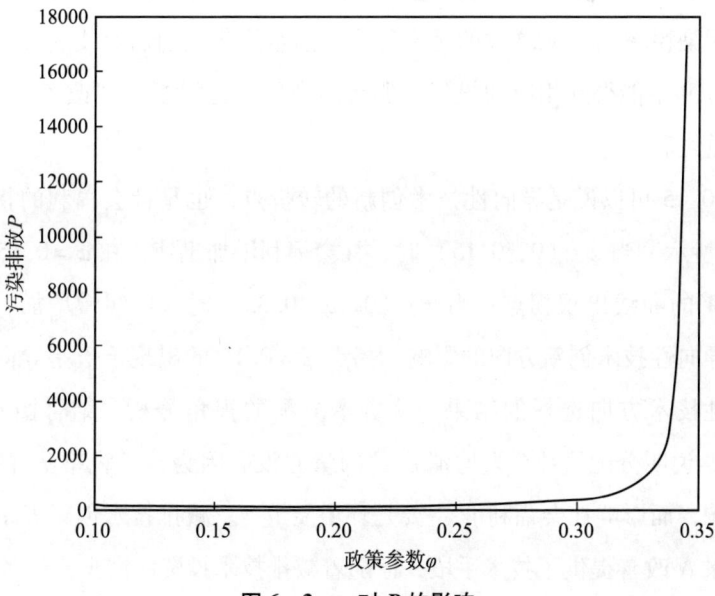

图 6-2 φ 对 E/K 的影响

图 6-3 φ 对 P 的影响

在政策参数 φ 的影响下，社会生产 Y 由于非可再生资源 R 投入的增加而迅速提高（见图 6-4）。特别值得注意的是技术导向参数的变化（见图 6-5），当 $\varphi \in (0, 0.15)$ 时，导向性技术创新因为减排技术投资而偏向减排技术创新；随着减排技术投资比的下降，在 $\varphi = 0.15$ 处，导向性技术创新对两种技术创新没有偏向；而当 $\varphi \in (0.15, 0.35)$ 时，导向性技术创新偏向生产技术创新。生产技术创新是环境正向外部性的体现，图 6-5 恰好说明污染排放 P 的增加并没有影响环境质量，但无疑 P 的增加以及导向性技术创新偏向生产技术创新都不利于环境质量 N 的改善。结合图 6-2 至图 6-4，可以发现 φ 的增加更利于资本积累 K，这也正是社会生产 Y 增加迅速的另一个原因。

污染税率 τ_P 随政策参数 φ 变动可以理解为是对资本所得税 τ_K 的补充。当环境治理投资成本增加时，资本所得税 τ_K 主要用于政府转移支付 G，而对减排技术投资需要依靠污染税收来支持。如图 6-6 所示，污染税率仅仅在 $\varphi \in (0.1, 0.12)$ 时有所增加，而随后却大幅下滑至低于 $\varphi = 0.1$ 时的税率。这说明在政府转移支付增加过程中，污染税收入没有得到被重视，因为若此时提高污染税率 τ_P，则增收的污染税收必然会用于政府转移支付 G，减排技术创新 E 并不能得到相应的投资，那么污染税率也得不到"改善环境质量"的第二重红利。

$\varphi = 0.15$ 可以说是导向性技术创新的转折点，也是社会福利的拐点。如图 6-7 所示，当 $\varphi \in (0, 0.15)$ 时，社会福利增加迅速；在 $\varphi = 0.15$ 处，社会福利 W 的曲线出现拐点；当 $\varphi \in (0.15, 0.35)$ 时，W 缓慢增加。这种变化受到导向性技术创新方向的影响，拐点 $\varphi = 0.15$ 的出现恰恰是导向性技术创新中性技术方向选择的结果。从资本分配的视角分析，结合图 6-2 和图 6-4，说明分配给社会人均消费 C 的量并没有因为污染税率 τ_P 的变化而受到影响，而影响社会福利 W 主要是环境质量 N。减排技术创新 E 的提高为环境质量 N 改善提供了技术手段，但随着减排技术投资的减少，E 逐渐下滑，这也影响到了社会福利 W，因此 W 增速变缓。

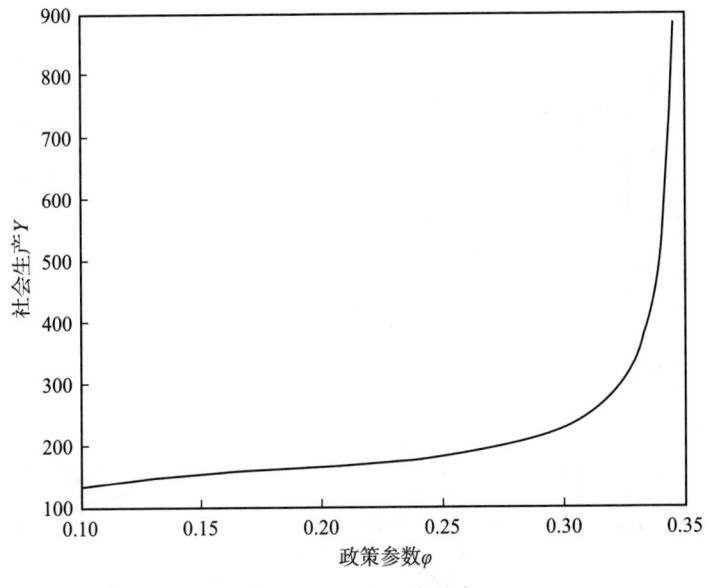

图 6-4 φ 对 Y 的影响

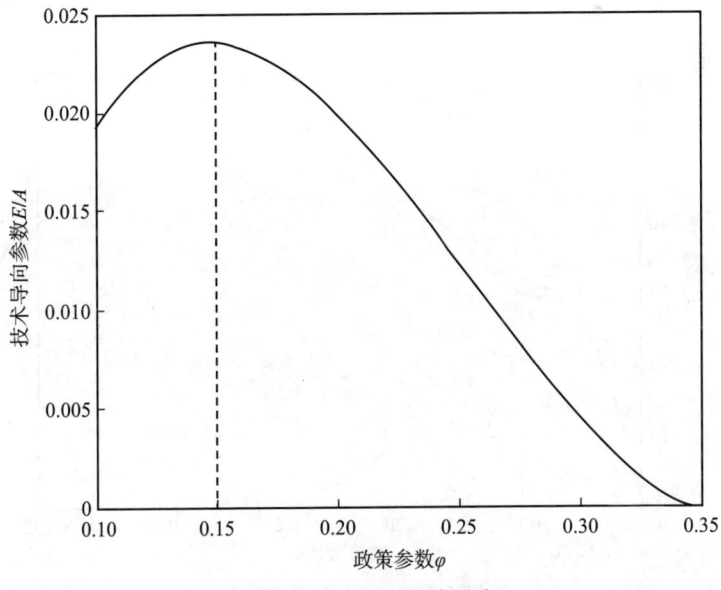

图 6-5 φ 对 E/A 的影响

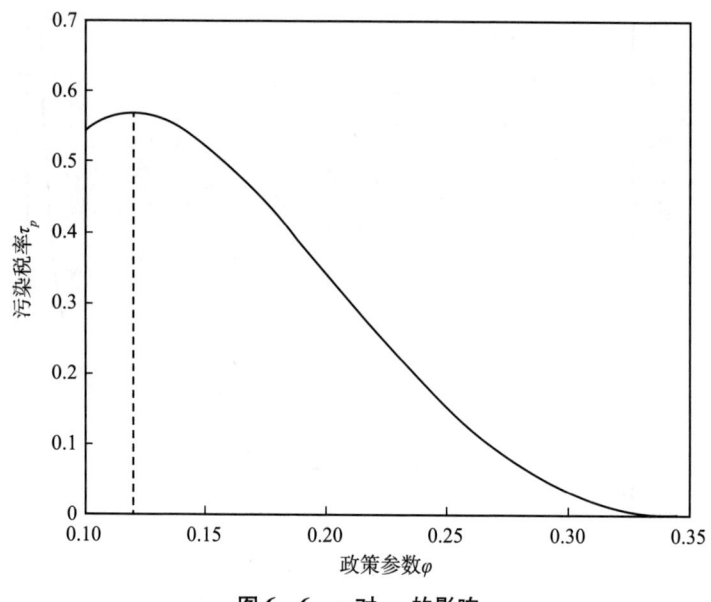

图 6-6 φ 对 τ_P 的影响

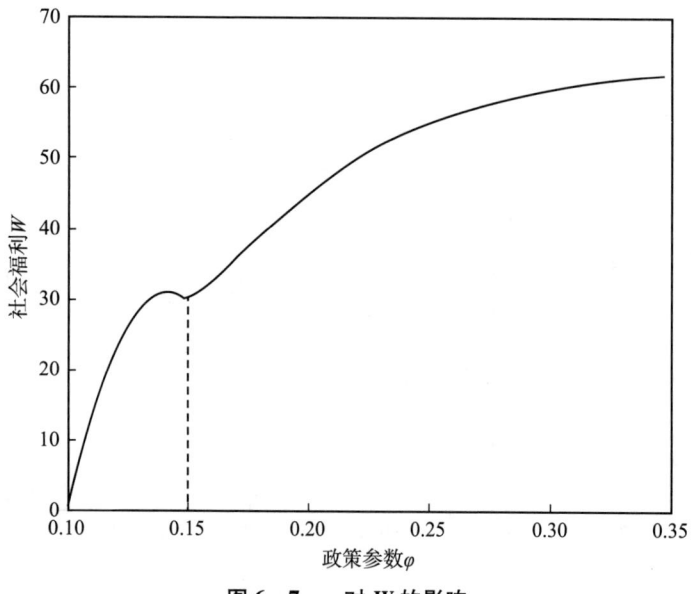

图 6-7 φ 对 W 的影响

单纯以"GDP 主导经济增长论"已不再是社会发展追求的最终目标,结合资源利用和环境影响才能体现可持续发展的目标。通过模拟可以看出政策参数的提高并不利于污染税的开展,且会增加社会生产对非可再生资源投入的依赖。为了控制污染排放,在资本积累过程中,控制社会生产 Y 的增速不失为一种有效的方式。

三、污染转化参数的动态影响分析

从式(6-13)中看出 Ω 是影响生产过程中非可再生资源 R 经过减排技术处理后排放到环境中的污染 P 的关键参数,可间接体现 R 的使用效率以及 E 的水平。对政策参数 $\varphi=0.25$、减排技术研发补贴的单位成本 $q_E=100$、资本所得税率 $\tau_K=0.35$,以及其他参数固定情况下不同污染转化参数 $\Omega \in [0.6, 0.9]$ 对其他变量的影响进行数值仿真分析。为了便于理解, $\Omega \in [0.6, 0.9]$ 可以看成是 $1/\Omega$ 从 1.7 下降到 1.1,即由于社会生产中投入非可再生资源产生的污染在经过减排技术创新处理后实际排放到环境中的污染转化效率 $1/\Omega$ 从 1.7 下降到 1.1。

显然容易得到:污染转化参数 Ω 的增加最直接的结果就是 P 的下降,而曲线下凸则说明污染排放 P 不仅受到了污染转化参数 Ω 的影响,减排技术创新 E 本身处理社会生产产生的污染的能力也有所提高(见图 6-8 和图 6-9)。污染排放 P 的影响因素除了污染转化参数 Ω 和减排技术创新 E 外,还有环境自修复率 μ 的参与,环境自修复功能能够减少一部分由社会生产 Y 产生的排放到环境中的 P,但这种自修复功能处理的污染排放和 P 相比要小得多。

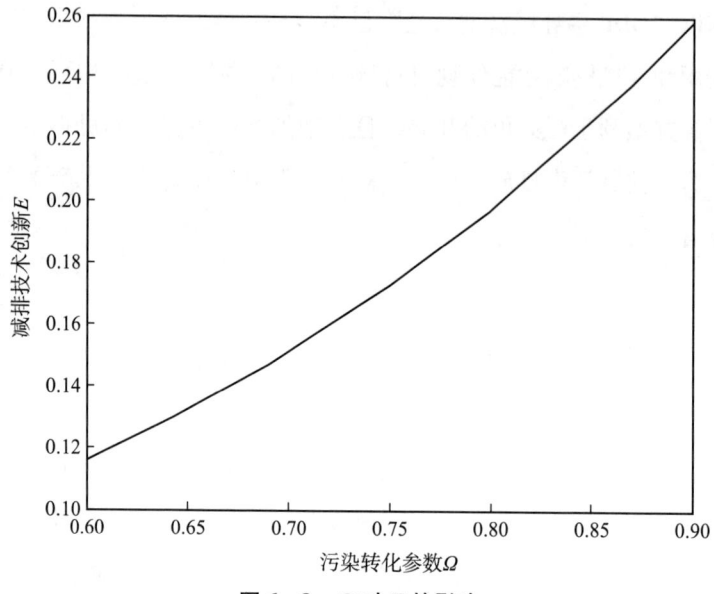

图 6-8　Ω 对 E 的影响

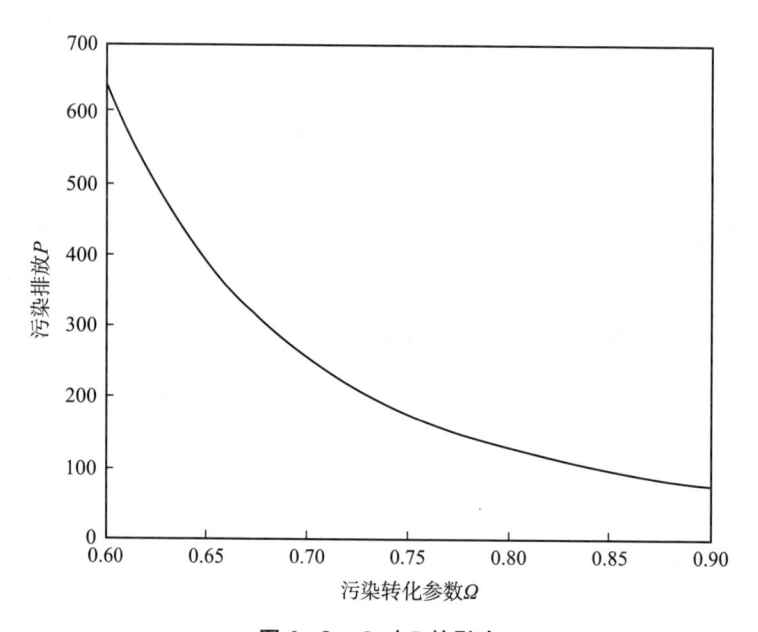

图 6-9　Ω 对 P 的影响

社会生产 Y 随 Ω 变化呈单调递增（见图 6-10）。模型中设定社会生产 Y 的三种投入要素包括生产技术创新 A、资本存量 K 和非可再生资源使用量 R，体现环境正外部性的生产技术创新 A 的提高和 K 的增加都会带动 Y 的增长，而提高非可再生资源投入不仅会增加污染排放量，还会降低社会生产中生产技术创新带来的驱动作用。对技术导向参数 E/A 的分析说明尽管导向性技术创新的方向是减排技术创新，但减排技术创新 E 的变化为环境正外部性的增加提供了条件，间接促进了生产技术创新 A 的发展。此时，社会生产 Y 已经摆脱依靠非可再生资源使用量 R 的投入增加来提高产量，它寻找到了新的增长动力——生产技术创新 A。

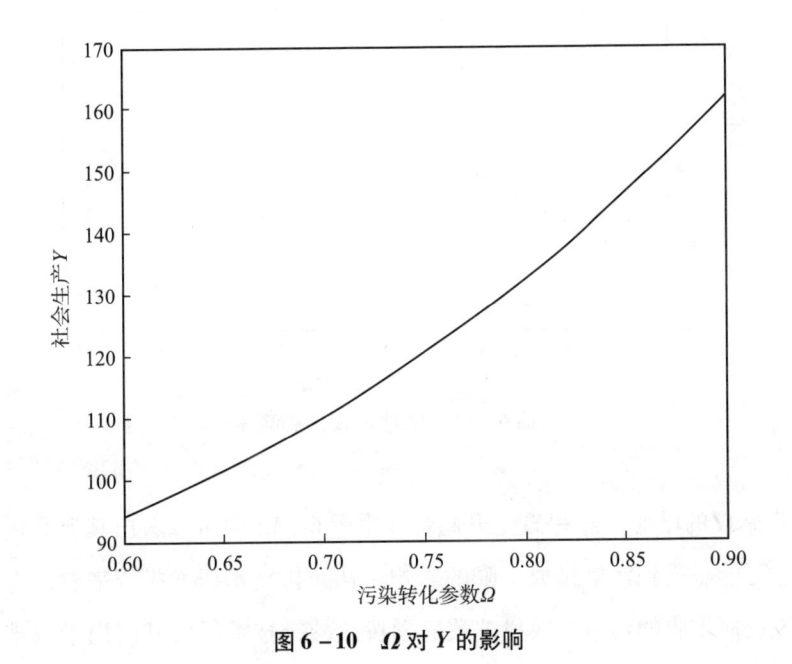

图 6-10 Ω 对 Y 的影响

技术导向参数 E/A 作为导向性技术创新的方向，在 Ω 增加的情况下，沿着偏向减排技术创新 E 的方向发展，社会生产 Y 中生产技术创新 A 变化不明显（见图 6-11）。而随着减排技术创新水平的提升，污染排放 P 减少改善了

环境质量 N，这又间接促进了生产技术创新 A。Ω 的增加不仅降低了污染排放 P，改善了环境质量 N，而且对减排技术创新 E 和生产技术创新 A 也都有促进作用，利于环境治理和经济发展。而 Ω 的变化在现实中也是我们正在做的，比如从源头的绿色设计、中间环节的绿色制造到最终的废弃物循环利用，都是能够有效提升污染转化参数的措施。

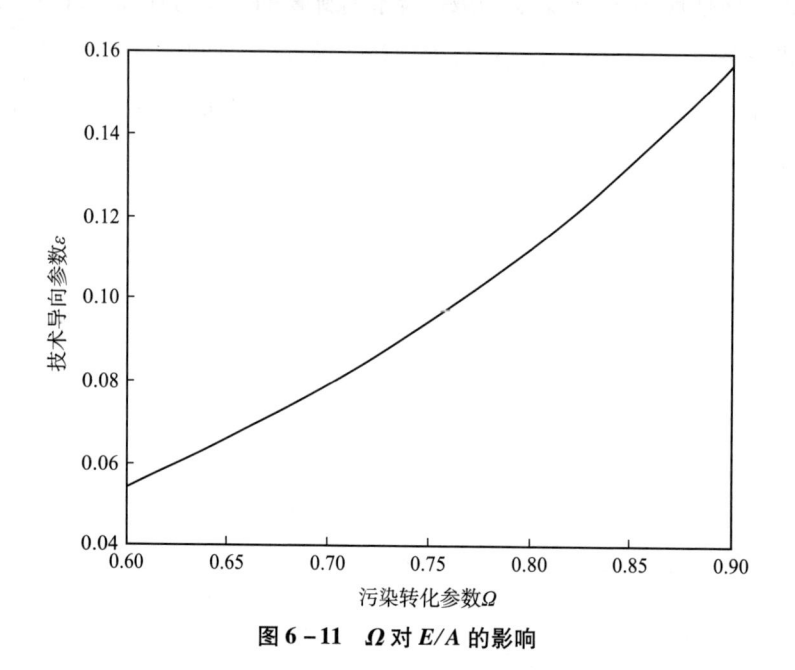

图 6-11　Ω 对 E/A 的影响

随着 Ω 的增加，τ_P 呈现上升趋势，由图 6-12 中可以看出其上升幅度不大，这可能是受到污染排放下降的影响。从减排技术研发投资来看，为环境治理投资而增收的污染排放税被政府划拨给减排技术研发部门用于减排技术创新 E 的提高，而 E 的提升在改善环境质量 N 的同时带动了社会生产，企业积累了更多的资本存量 K，政府也增加了资本利得税收入，那么 τ_P 会为减排技术创新 E 提供稳定的研发资金支持。

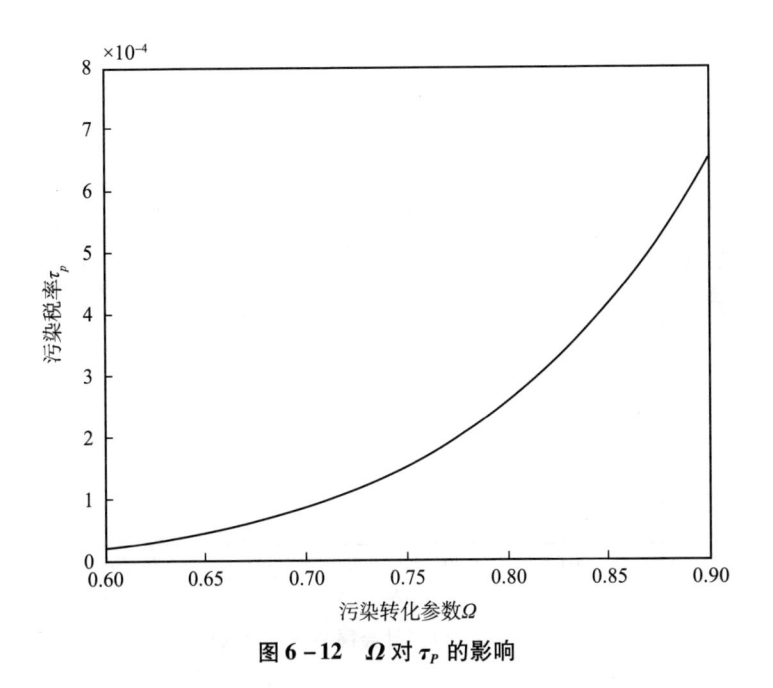

图 6-12　Ω 对 τ_P 的影响

参与到社会福利效用函数 $U(C, N)$ 中环境质量 N 的提升与人均消费的相对稳定会为社会福利的持续增长提供动力，直到污染排放 P 不再对环境质量 N 造成负面影响后社会福利 W 趋向稳定水平（见图 6-13）。过去寻找最优消费路径、提升消费资本比重是促进社会发展的传统思想，而绿色增长认为环境质量的改善也能提高社会福利，毕竟好的空气质量和洁净的水会提高人们的健康水平和生产能力，环境正向外部性在社会生产中的收益促使人们对环境的重视，增加对环境质量 N 的偏好度。

污染转化参数是控制污染排放、提升社会福利的关键参数，通过污染税收对减排技术研发进行投资，不仅能保证减排技术创新的提高，还为社会生产找到了替代非可再生资源的新增长动力——生产技术创新。而且，也是依靠污染转化参数，才能结合资本所得税和污染税两种财政收入使社会福利达到最优稳定状态。

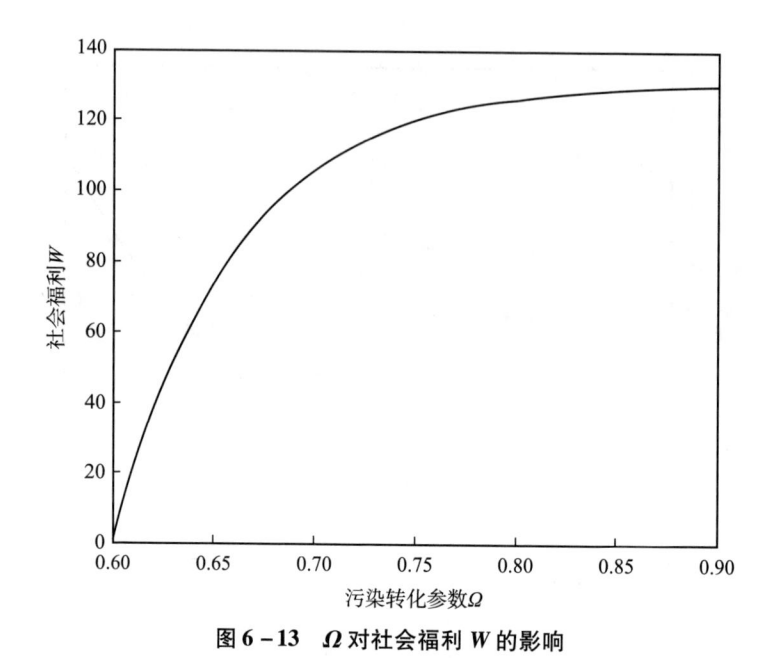

图6-13　Ω 对社会福利 W 的影响

四、减排技术单位投资成本的动态影响分析

减排技术单位投资成本 q_E 是政府对减排技术研发支持力度的一种直接表现,政府支持减排技术研发活动时,会适当提高减排技术单位投资成本;而政府不关注减排技术,则会调整减排技术投资成本到一个较低的水平。为更明晰减排技术单位投资成本在改善环境和提高社会福利中的作用机理,对政策参数 $\varphi=0.25$、污染转化参数 $\Omega=0.75$、资本所得税率 $\tau_K=0.35$ 及其他参数固定情况下不同减排技术研发补贴的单位成本 $q_E \in [50, 450]$ 对其他变量的影响进行数值仿真分析。

一般情况下,减排技术创新得到政府补贴后应该提升,污染排放量应该不断下降,环境质量得到改善。但从图6-14可以看出,提高政府的减排技术单位投资成本 q_E,减排技术创新 E 反而降低。产生这种现象的原因主要是减排技术研发的补贴促进了减排技术创新的进步,降低了企业的减排成本,企业能够在不降低利润的前提下使用更多的污染性能源——非可再生能源 R，从而扩大自身利润。减排成本的降低并不利于激励企业对减排技术创新的研发，反而可能造成以增加非可再生能源使用来提高社会生产的现象发生。而且在增加减排技术单位投资成本后，企业的减排技术研发积极性可能会随之降低，也会出现减排技术创新在得到政府补贴后不升反降的现象。这些现象是政府所不乐见的，也不是预期的结果。

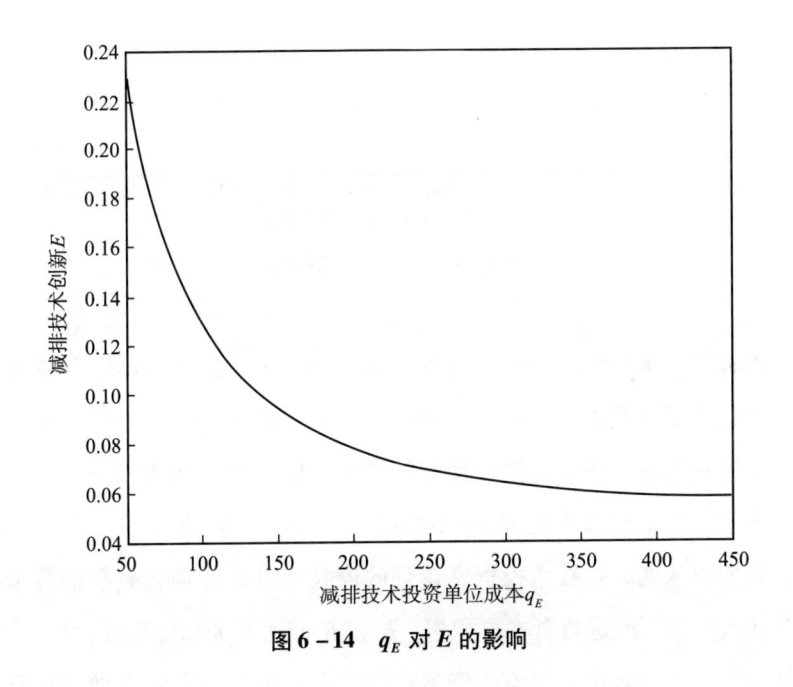

图 6-14　q_E 对 E 的影响

如图 6-15 所示，污染排放 P 与减排技术投资单位成本 q_E 呈正相关。在 q_E 增加和 E 下降的共同作用下，企业为追求利润追加非可再生资源的投入势必会增加污染排放 P，但实际上政府并没有减少对环境治理的投资。单从污染排放的治理效果看，技术补贴这种市场引导型环境规制没有实现激励减排技术创新提高的初衷，适当减免技术补贴才能提升企业减排技术研发的积极性、提高减排技术创新水平。

图 6–15　q_E 对 P 的影响

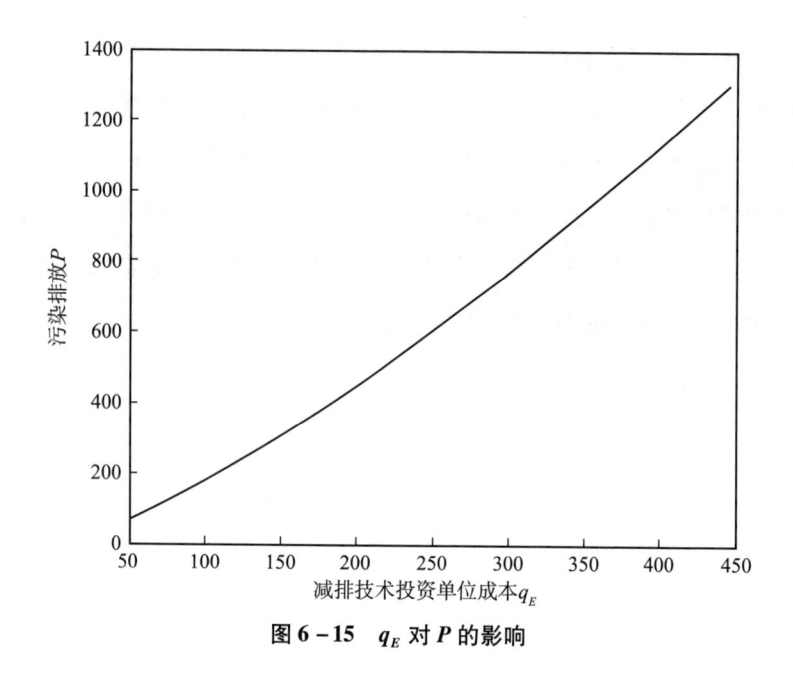

技术补贴政策降低了企业的减排成本，为企业增加非可再生资源 R 投入社会生产创造了有利条件，这会促进社会生产（见图 6–16）。通过对资本收入分配的分析发现，资本存量在促进社会生产时得到了更多积累，主要是因为在资本收益率 r 和资本税率 τ_K 不变的情况下，需要支付的资本利得税固定，而需要投入的减排技术投资又得到政府技术补贴，那么剩余的资本存量 K 都将进入社会生产进行资本再积累，K 和 R 带动了 Y 相应提升。

社会生产 Y 投入的三要素中资本存量 K 和非可再生资源 R 的增加都为其增长助力，而生产技术创新 A 在这一过程中的作用却不确定。尽管图 6–17 中显示导向性技术创新在减排技术单位投资成本 q_E 增加过程中偏向了生产技术创新 A，但这一下降趋势却和图 6–14 中减排技术创新 E 的变化一致。这也从侧面反映出，受制于污染排放 P 对环境质量 N 的影响，生产技术创新 A 水平并没有显著提升。

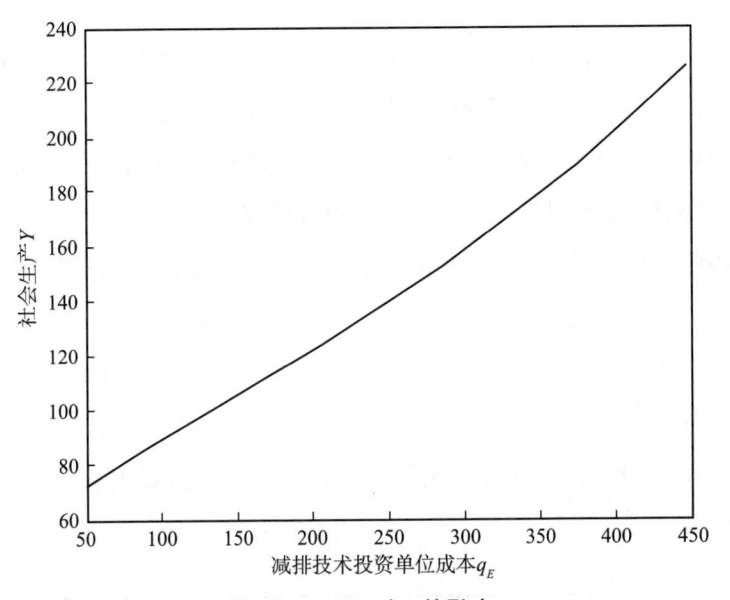

图 6–16　q_E 对 Y 的影响

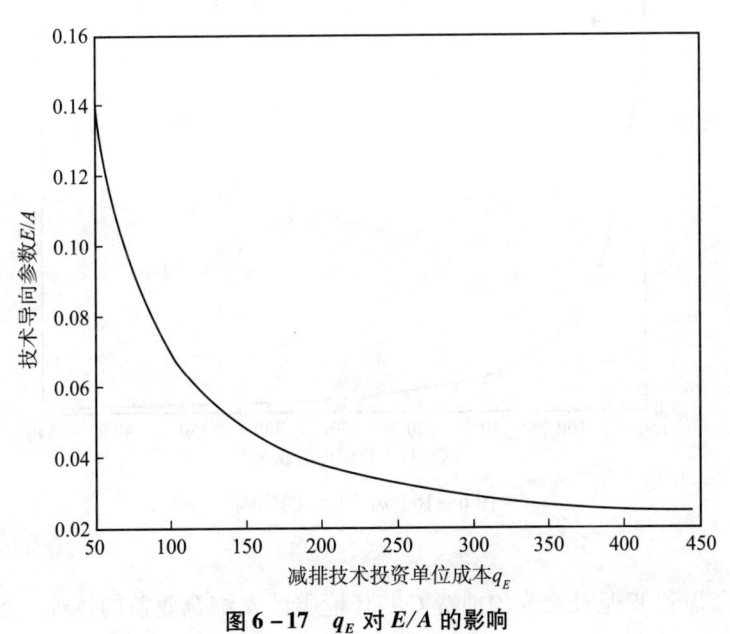

图 6–17　q_E 对 E/A 的影响

污染税率 τ_P 并没有随着污染排放 P 的升高而增加，反而有所下降（见图 6-18）。补贴和税收理论上都能在解决问题方面提供激励，但补贴和污染税是相反的。目前从国际实践经验来看，与强制型规制相比，激励引导的市场规制在控制污染排放时显示出成本优势，但激励引导机制并不是总有效果，或者其效果有一定的时间滞后性。污染税收使政府财政收入增加，减少了 G 给资本税收带来的压力，资本存量的增加为 Y 的增长提供了先决条件。污染税率 τ_P 就是由市场机制决定的一个内生因素，深入剖析发现，τ_P 的提高，补贴可能会转为对研发活动进行征税，从而抑制研发水平的提高。因此，政府应实施高污染税率，迫使企业通过对技术研发的投入或降低非可再生能源使用量来降低污染排放，从而激发技术研发部门的减排技术研发动机。

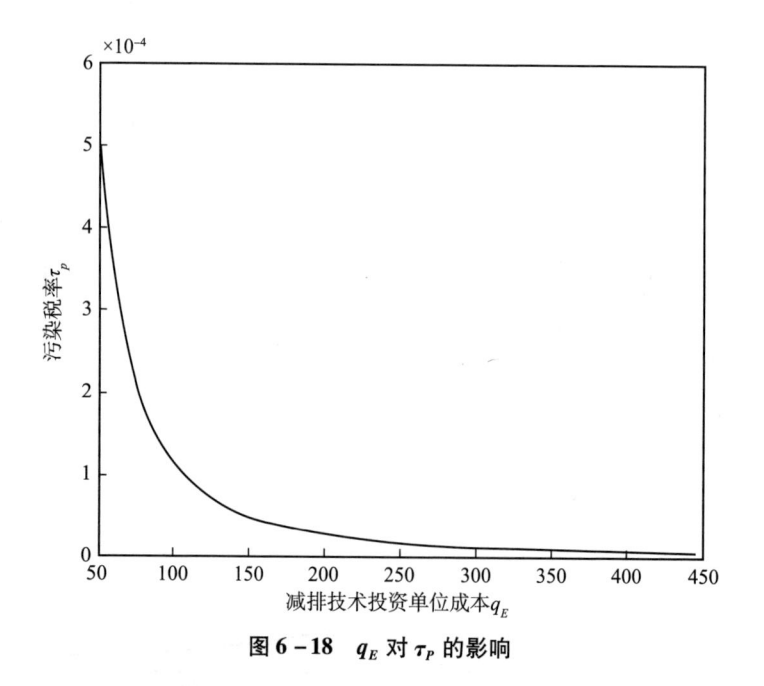

图 6-18　q_E 对 τ_P 的影响

社会福利 W 是社会人均消费 C 和环境质量 N 综合效益的体现。图 6-19 中随着减排技术单位投资成本 q_E 增大，社会福利 W 水平不断提高。尽管污染排放的增加会降低环境质量，但社会生产的提高会增加分配给人均消费 C 的量，同时环境意识参数 φ 也弱化了效用函数 U 中环境质量 N 对社会福利 W 的效用。

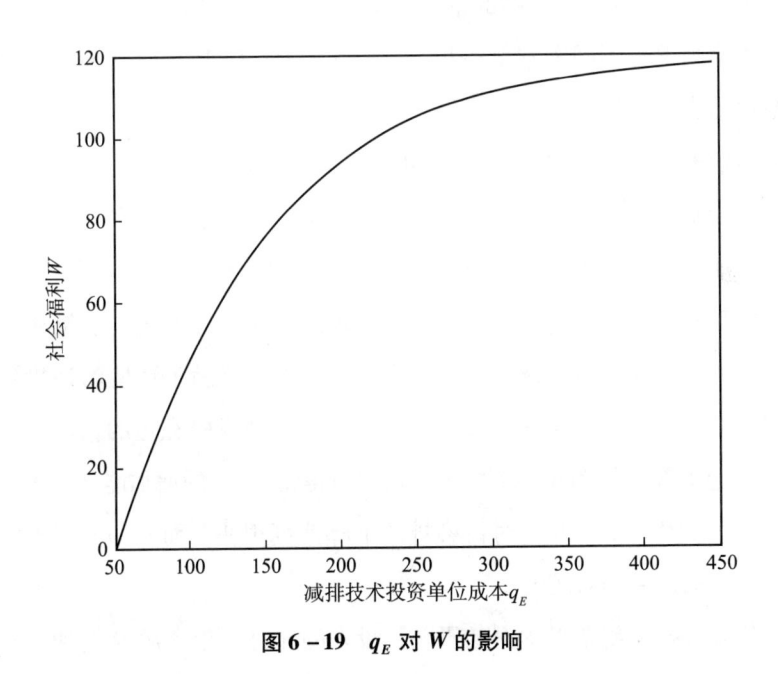

图 6-19 q_E 对 W 的影响

提高经济增长速度不能实现绿色增长的目标，只有适当追加减排技术补贴或调动企业主动减排的积极性才能转变经济增长过度依赖非可再生资源 R 的现象。而降低减排技术单位投资成本，可能更利于污染税收激励技术研发部门进行减排技术创新的研发活动。

五、资本所得税率的动态影响分析

资本收益 rK 在资本积累过程中是资本动态变化的一项重要来源，可以为社会生产提供充足的资本。资本所得税率 τ_K 是政府调控资本积累的重要指标，为政府增加财政收入的同时也会影响到政府对财政收入的分配。而从资本存量 K 的角度还将影响到社会生产 Y、污染排放 P，甚至是污染税率 τ_P 和减排技术创新 E 等变量，为更清楚其他变量的动态变化，对污染转换系数 $\Omega=0.75$、减排技术研发补贴的单位成本 $q_E=100$、政策参数 $\varphi=0.25$，和其他参数固定情况下不同资本所得税率 $\tau_K \in [0.25, 0.35]$ 对其他变量的影响进行数值仿真分析。

资本税率 τ_K 的增加对减排技术创新 E 的提高有推动作用（见图6-20）。减排技术投资比 E/K 和资本所得税率 τ_K 正相关。考虑到很多现实情况中污染税收不能够满足环境治理投资的需要，因此一般情况下资本所得税足够支付政府的转移支付，即 $\tau_K > \varphi$，而剩余的资本利得税收入 $\tau_K - \varphi$ 被用来投资减排技术研发。为控制污染排放 P，当污染税收不能满足环境治理投资需要时，需要资本利得税收来弥补，在保证了环境治理投资充足的情况下，污染排放 P 迅速下降。如图6-21所示，资本所得税率 τ_K 的增加能有效控制污染排放 P，$\tau_K \in (0.25, 0.28)$ 时污染排放下降速度很快，而 $\tau_K \in (0.28, 0.35)$ 的治理污染的效率相对较低。

受到减排技术创新 E 提升的影响，投入的非可再生资源 R 增加导致了社会生产的增加。而资本所得税率 τ_K 的增加导致了上缴政府的税收增加，致使资本积累过程中分配给生产的资本存量 K 被迫降低，K 的减少对社会生产 Y 产生了抑制作用。资本存量 K 的降低和资本所得税率 τ_K 的增加共同作用下稳定了资本利得税收入，为环境治理提供可靠的资金支持。如图6-22所示，资本所得税率 τ_K 对社会生产 Y 负向影响；与污染排放类似，社会生产曲线也在 $\tau_K \in (0.25, 0.28)$ 时下降速度很快，而 $\tau_K \in (0.28, 0.35)$ 时速度明显减慢。从生产技术创新发展的角度分析社会生产过程发现，生产技术创新在污染排放得到控制的情况下会因环境正外部性的影响而有所增加。但与资本存量 K 对社会生产 Y 的抑制作用相比，生产技术创新 A 的驱动作用被弱化。

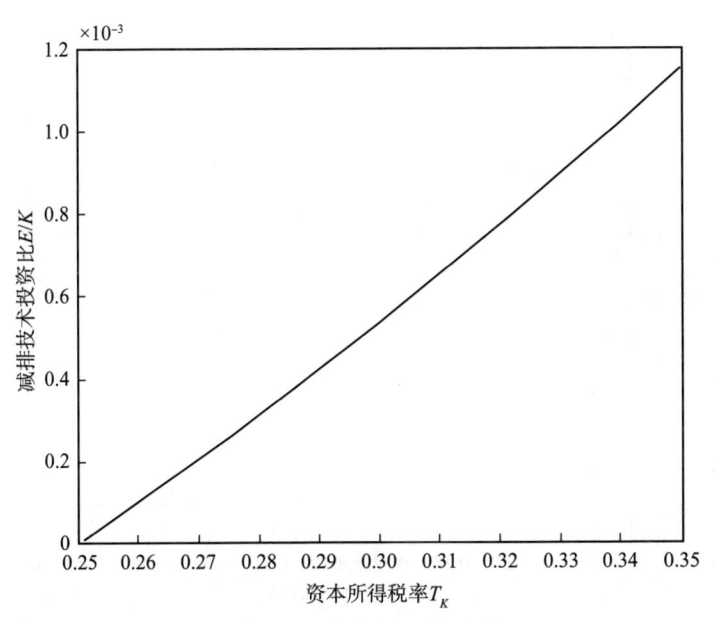

图 6-20　τ_K 对 E/K 的影响

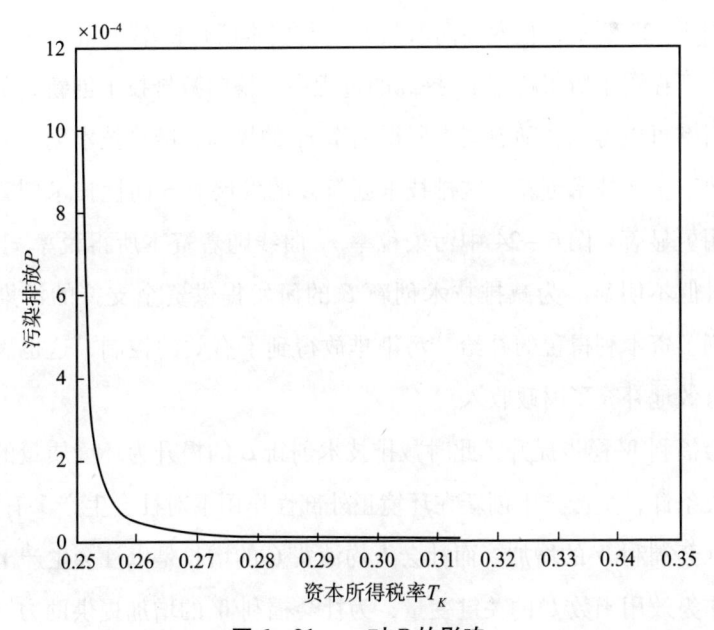

图 6-21　τ_K 对 P 的影响

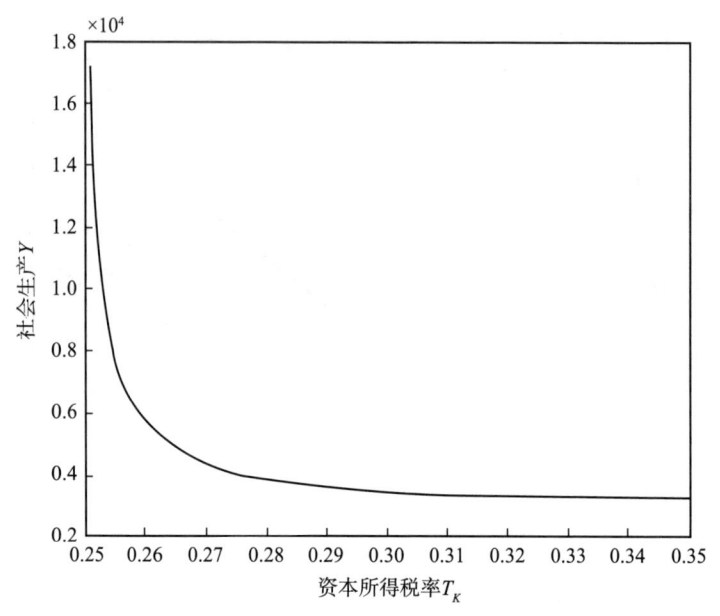

图 6-22　τ_K 对 Y 的影响

如图 6-23 所示，技术导向参数 E/A 与资本所得税率 τ_K 正相关，即导向性技术创新在资本所得税率 τ_K 提高的过程中是偏向减排技术创新 E 的；且从曲线的斜率可以得到，随着资本所得税率 τ_K 的提高，减排技术创新 E 的发展要明显快于生产技术创新，减排技术创新 E 的发展对导向性技术创新水平的拉动作用更显著。图 6-24 中污染税率 τ_P 曲线随着资本所得税率 τ_K 的增加略有上升但不明显。为减排技术创新 E 的研发提供资金支持的污染税收不足，得到了资本利得税的补给，污染排放得到了有效的控制，这也表明资本利得税有效地补充了财政收入。

社会福利 W 稳步提升，此时减排技术创新 E 的提升为环境质量的改善提供了先决条件，生产技术创新在环境正外部性作用下对社会生产 Y 有所助力，促进了社会福利 W 的增加。而社会人均消费 C 的增长是以社会生产 Y 提升为基础，作为效用函数 U 的关键变量，为社会福利 W 的增加提供助力，但受到污染排放量 P 的影响，社会生产 Y 的下降影响到分配给社会人均消费 C 的量，

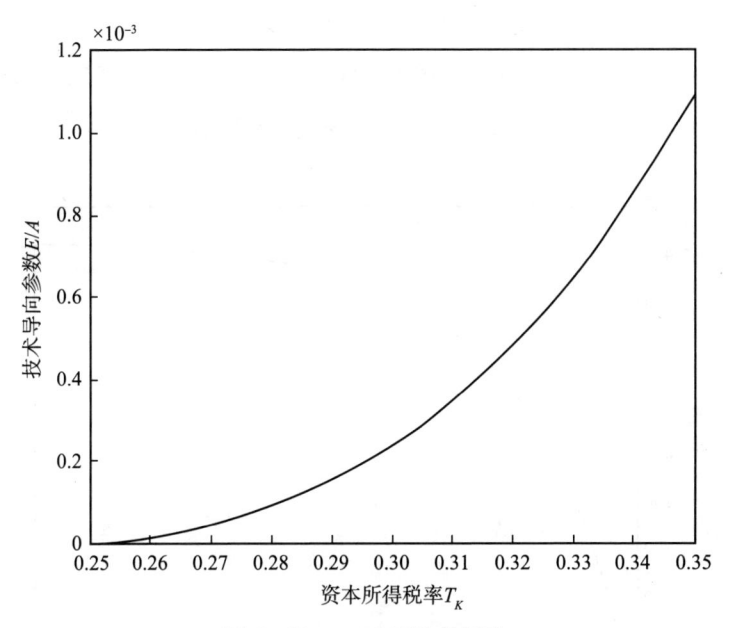

图 6-23　τ_K 对 E/A 的影响

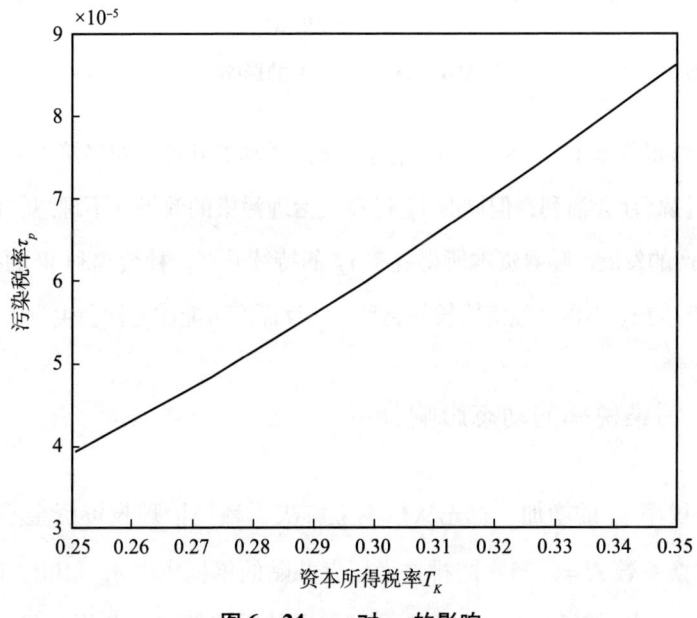

图 6-24　τ_K 对 τ_P 的影响

因此 W 作为 U 的累加值增长速度减慢。资本所得税率 τ_K 对社会生产 Y 负向影响也影响到了社会福利 W，从图 6-25 可以看出，$\tau_K \in (0.25, 0.28)$ 时 W 增长速度很快，而 $\tau_K \in (0.28, 0.35)$ 时速度明显减慢。

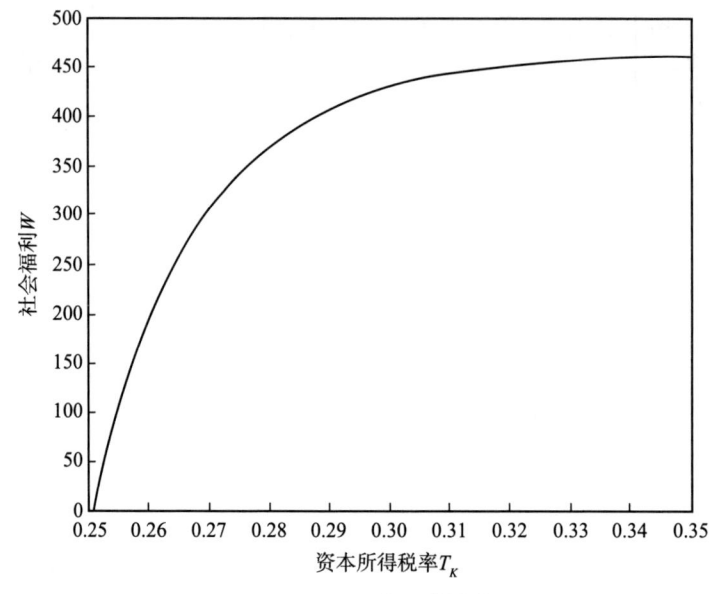

图 6-25　τ_K 对 W 的影响

资本所得税率 τ_K 的提升不仅有助于减排活动的开展，对经济发展也有所帮助，更能提高社会福利；但同时 τ_K 过高，治理污染的效果并不理想，而且不利于社会生产的发展。随着资本所得税率 τ_K 的持续升高，社会福利 W 的提升变得平缓，此时的 τ_K 不再是经济增长的驱动力，反而有可能成为社会生产中的负担。

六、污染税率的动态影响分析

污染税率 τ_P 的增加，首先从根本上解决了环境治理投资资金不足问题。对污染转换系数 $\Omega = 0.75$、减排技术研发补贴的单位成本 $q_E = 100$、政策参数 $\varphi = 0.25$、资本所得税率 $\tau_K = 0.35$ 和其他参数固定情况下不同污染税率 $\tau_P =$

[0, 0.5] 对其他变量的影响进行数值仿真分析。从图 6-26 中可以明显看出，对减排技术投资比 E/K 随着污染税率 τ_P 的增加出现明显上升态势。从图 6-27 可以看出，减排技术创新水平 E 的提升也迫使排放到环境中的污染排放量 P 迅速下降，这也可能是污染税收政策带来的直接效应。

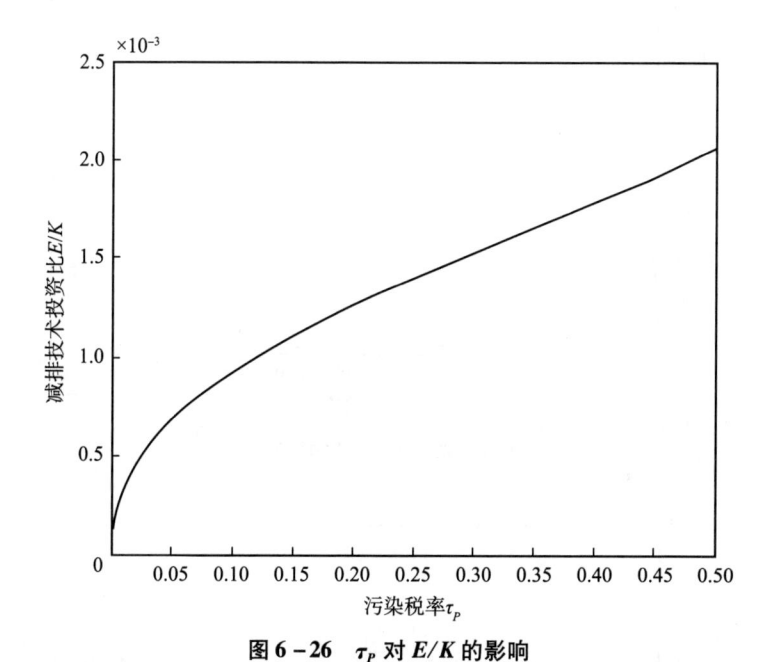

图 6-26 τ_P 对 E/K 的影响

值得注意的是，从图 6-28 可以看出，随着污染税率 τ_P 提高，污染排放 P 不断降低，经济增长率 g 提高。污染税率提高迫使企业减少污染性能源使用，但此时的减排技术创新 E 将抵消因减少使用非可再生能源 R 带来的生产技术创新 A 下降，污染税对经济增长的影响只剩正效应。社会福利水平受到污染税收的影响，尽管有所提升，但增速缓慢，这是由于污染税收占用了本应用于社会人均消费的资本去进行减排技术创新的研发补贴。同时，技术导向参数 E/A 也由偏向减排技术创新逐渐向偏向生产技术创新发展（见图 6-29）。这说明用于减排技术研发的投资持续改善环境质量，使得环境正外部性对社会生产的提升效果明显。

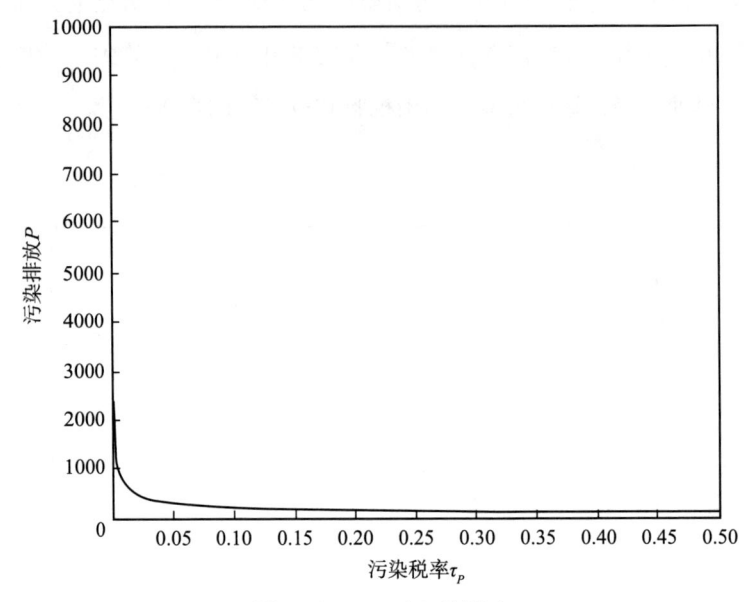

图 6-27 τ_P 对 P 的影响

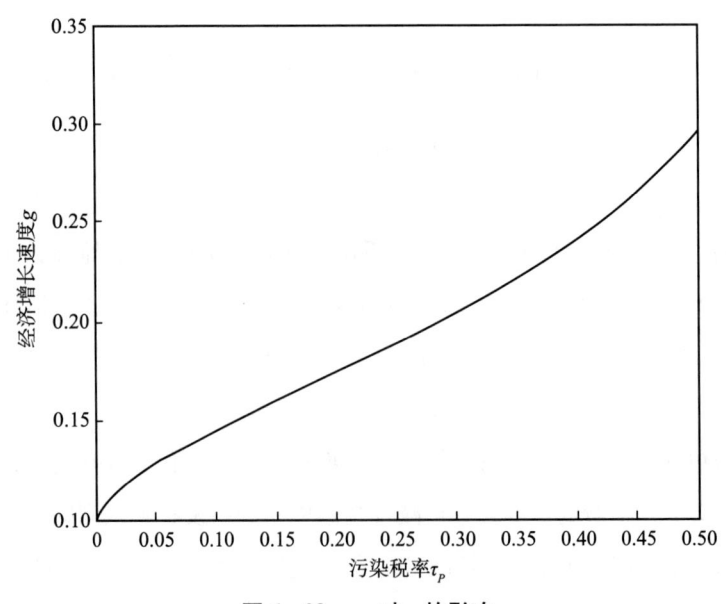

图 6-28 τ_P 对 g 的影响

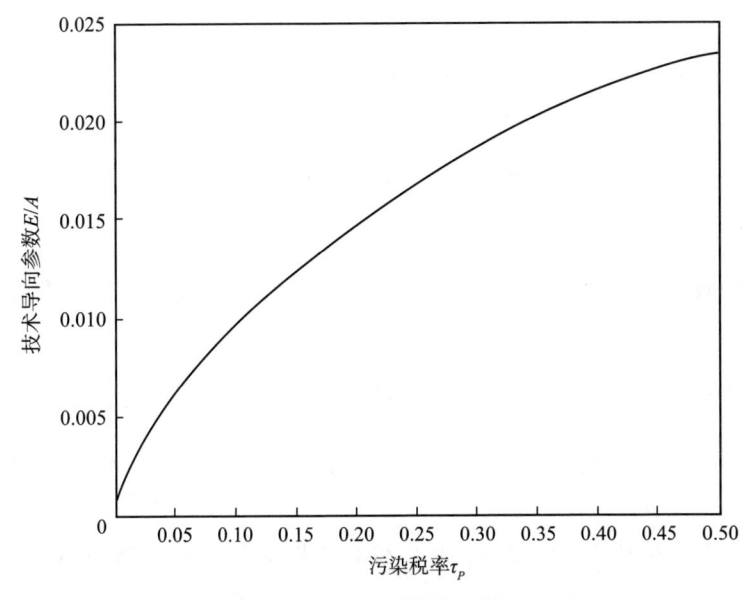

图6-29 τ_P 对 E/A 的影响

在环境正负外部性双重作用下,减排研发补贴政策加上污染税率更能激励企业进行研发,并提升经济增长率和社会福利水平。这是由于若没有污染税收的外部压力 $\tau_P=0$,即使存在减排研发补贴,企业也没有动力去进行减排技术投资,减排技术创新水平较低,经济增长率也低。

第五节 本章小结

2016年12月25日,全国人大常委会通过《中华人民共和国环境保护税法》,并将于2018年1月1日起施行,这是我国生态文明财税体制改革的"重头戏"。对于目前的经济体制和财政政策规制,环境税收(如环境保护税的征收资金)不能直接利用,需要由政府统筹规划分配。本研究假定政府是对企业和家庭、环境质量以及政府三者预算约束的管理者,通过物质资本 K、

环境质量 N 和减排技术 E 三种资本的政策变量资本税 τ_K、污染税 τ_P 和减排技术补贴成本 q_E 影响政府财政收入的分配,建立具有代表性的绿色环境税收机制的内生增长模型,并以消费 C、污染排放 P 和政府转移性支付 G 作为控制变量,在均衡增长速度恒定及资本和污染边际产出率特定的情况下进行数值仿真分析各变量的动态变化,得到的结论主要有:

(1) 政策参数和减排技术单位投资成本为经济增长速度带来了动力——污染税,即二者通过对污染税率的影响来带动经济增长;相反地,资本税率在这个过程中充当了反面角色,给经济增长带来了负面影响;而污染转化参数对经济增长并没有影响。在社会福利方面,这些因素对社会福利均产生了不同程度的正向影响。

(2) 在严格环境税政策下,环境税对企业高能耗存在"矫枉过正"的问题。严格环境税会降低代表性家庭进行投资储蓄的动机,将更多的产出用于消费。这种高消费不可持续,也会导致投资不足,造成产出增长乏力,使长期消费处于较低水平。随着环境税的收益相对于成本不断上升,环境税对经济增长的不利影响也随之减弱。而当环境税的收益超过成本,表明环境税能够有效缓解污染对生产的负外部性影响,并开始发挥对经济增长的促进作用,环境税的产出红利逐渐显现。此时,政府将有动力继续提高环境税,以获取更大的政策效益与增长红利。

(3) 政府分配转移性支付的比例是一个对环境政策具有重要意义的非环境参数,它的增加使得经济增速和社会福利有所降低,而经济增长隐性动力——减排技术的单位投资成本仅依靠环境税收。减排技术创新在政府引导性投资的支持下,不仅利于环境质量的改善,在拉动整体技术创新水平上作用也十分明显。

|第七章|
公众参与型环境规制对绿色增长的影响机理

公众参与和信息披露也是一种逐渐被发达国家广泛关注和应用的环境规制,它为环境立法提供了更多信息支持,并使污染受害者可以据此要求损害赔偿或向环境规制者施加压力。公众参与型环境规制在协助政府加强环境管理的同时也在监督和约束政府行为,是一种需要社会公众有较高环保意识才能实施得力的规制。作为一种隐性的环境规制,虽然没有在我国广泛推广实施,但从已实施的发达国家的实践效果看还是很理想的。因此,在公众形成较高的环保意识后,公众参与型环境规制势必成为主流的辅助类环境规制。目前已有的公众参与型环境规制有环境信息披露、环境标签(如绿色标识、蓝天使标签、能源之星标签等)和自愿协议(如节能自愿协议、绿色照明协议等），这些都属于事后参与型。目前，我国已经实施了多项公众参与型环境规制，如2015年的《环境保护公众参与办法》和《关于推进绿色消费的指导意见》，2019年修订的《环境影响评价公众参与办法》，以及2021年的《关于推进生态环境志愿服务发展的指导意见》和《生态环境违法行为举报奖励办法》。特别地，绿色消费作为事前参与的公众参与型环境规制，是在全社会公众绿色环保意识建立后才有的一种消费模式。本研究拟用绿色消费来体现公众参与型环境规制的实施效果，从而分析其对绿色增长的影响机理。

第一节 问题提出

一、问题描述

在处理人类与环境的关系时，传统经济形态形成了一种"资源→产品→污染排放"单向线性开放式的消费模式，导致生产规模的扩大、人口数量的增长、环境自净能力的削弱和资源短缺危机。传统消费研究的是如何将稀缺的资源进行有效配置来满足人类的需求，没有将生态、环境等资源纳入分析视野。这种理论体系上的缺陷，导致传统消费是一种正在伤害其自然支持系统的过程模式。与传统消费相比，绿色消费是一种基于生态需求，以有益人类健康和保护生态环境为基本要求的消费行为和消费方式（汪铭芳，2006），可确保自然资本能够不断为人类福祉提供不可或缺的环境资源。但由于其兴起时间尚短，各方面研究仍不完善，因此不能脱离传统消费独立地研究绿色消费，需有机结合传统消费发展起来的社会资本和知识作支撑。但是，考虑自然资本会引出与传统消费研究领域不同的问题：（1）当自然资本成为重要的生产要素时，需考虑哪些具体的影响因素？（2）传统的资本弹性、资本折旧、时间贴现等因素对自然资本有何影响？（3）自然资本的不同影响因素对绿色消费有着什么样的效果？如何维持长期的绿色消费？上述问题将成为本章研究的重要关注点。

大多关于绿色消费的文献主要集中在对绿色消费行为的影响因素与基于新古典经济增长模型的消费路径研究上（徐盛国等，2014）。一些学者从消费者角度出发，探寻了影响绿色消费行为的客观因素（Shrum et al.，2006）。武永春等（2004）通过分析西方国家的绿色消费模式，提出市场需求、市场价格、产品生产、消费环境和环境外部性等是影响绿色消费的重要因素。基尔伯恩和皮克特（Kilbourne and Pickett，2008）认为除了市场的客观因素外，政策引导企业投资资源开发利用技术对绿色消费也有一定促进作用。其他类似研究还有利用两部门增长模型和哈罗德－罗马模型得出绿色消费的影响因素除了传统的物质资本产出和人力资本分配之外，还包括资源利用率、环境污染物存量和其他非物质资源（Forster，1973；Antoci，2014；Lorek and Spangenberg，2014；吴继贵与叶阿忠，2016）。还有学者从产品的角度分析原材料、生产技术及使用过程的环保程度对绿色消费行为的影响程度（Haws，Winterich and Naylor，2014）。上述研究将绿色消费等同于绿色产品的购买，均忽视了消费者偏好的导向作用。关于消费路径研究，因自然资源可给消费效用带来很多直接影响，因此学者们除了保留索洛模型中的物质资本、劳动力和知识积累等，通常还加入自然资本和社会资本来分析绿色消费路径（Quaas and Smulders，2013）。斯塔斯和达莉娅（Stasys and Dalia，2008）利用逻辑斯蒂增长模型证实了环境资源承载力约束下可再生资源的使用有助于资源的可持续消费。格罗特和里奇（Groth and Ricci，2011）把环境资源作为生产要素，基于两部门增长模型提出了研发部门的自然资源消费模型。默里（Murray，2013）通过构建家庭需求模型分析了消费偏好对绿色消费路径的影响，证明了消费者效用函数能够内化部分环境外部性、平衡经济和环境效益。闫晓霞、张金锁和邹绍辉在此基础上，通过引入污染要素约束构建了可耗竭资源最优消费模型，求得最优消费路径的解析解。楚尔和泽梅尔（Tsur and Zemel，2009）结合资本积累和边际资本等因素研究了发展中国家由化石能源消费向可再生能源消费的转型问题。杨等（Young et al.，2010）构建了消费者购买模型，指出潜在绿色消费者的消费模式转变需要时间和特定情境。为解决完全竞争市场条件下环境资源消费和社会福利分配问题，传统索洛模型（Solow，1956）假定储蓄率是保持不变的，将造成真实收入差距的技术进步和人口增长率等因素看成是外生的。然而，环境资源作为一种非竞争性的公共物品，价值估算不能用需求与供给来评价（Dasgupta，1995），且其本身存在的外部性会引致市场效应失灵现象。于是，对绿色消费路径的研究应充分考虑消费者偏好和环境资源存量对消费效用的影响，但现阶段仅有少量文献讨论了环境资源的外部性对社会福利和经济增长的影响。因此，如何将其定量表示且与消费路径优化问题相联系是一个难点。

二、理论框架

基于上述分析，针对传统消费造成环境污染和资源浪费的现象，本章考虑在传统消费与绿色消费同时存在且完全竞争市场的条件下，基于扩展的索洛模型框架，将绿色消费作为消费效用新的影响变量，将环境资源作为生产要素，利用环境资源承载力统一衡量生产过程中环境资源存量和绿色消费的动态变化，将生产与消费有机结合，运用最优控制理论，以社会福利最大化为目标，研究环境资源约束下基于索洛模型的绿色消费路径问题，求解均衡状态下最优消费路径的解析解，并通过数值仿真分析不同影响因素变动下最优的绿色消费路径。

鉴于此，建立公众参与型环境规制对绿色增长影响机理的分析框架（见

图 7-1)。

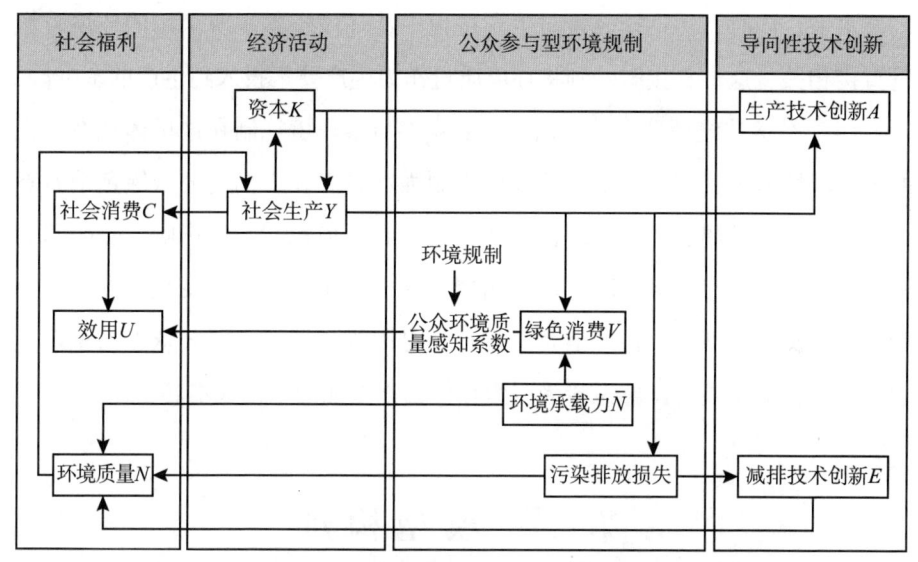

```
┌─────────┬─────────┬───────────────┬──────────────┐
│ 社会福利 │ 经济活动 │ 公众参与型环境规制 │ 导向性技术创新 │
└─────────┴─────────┴───────────────┴──────────────┘
```

图 7-1　公众参与型环境规制对绿色增长影响机理的分析框架

就图 7-1 中这一动态过程而言：

（1）生产技术创新、环境质量和污染排放：社会生产以物质资本积累存量、生产技术创新和环境质量作为投入要素，产品生产的资本用于社会传统消费、资本再投资和绿色消费上。环境质量参与社会生产，在社会生产中除了非可再生资源的投入，可再生资源也会作为生产要素投入生产中，因此，环境除了提供非可再生资源，可再生资源也会参与生产。这里将环境质量作为生产投入要素，并未将非可再生资源单独体现。

（2）减排技术创新、污染排放和环境质量：环境质量除了自修复能力之外，主要是生产过程中环境资本利用下污染排放增加的负累积过程与环境治理技术创新作用下污染排放减少的正累积过程的结果；环境质量的改善这里主要考虑环境自净能力和生产给环境造成的破坏。将环境承载力作为一个新的变量引入其中，符合生态阈值的思想，且环境质量本身也会因为环境承载力的提升而有所提高。

（3）生产技术创新和减排技术创新：环境资本存量本身影响着生产技术创新水平，同时，污染排放量与生产过程中从环境资本中所利用的环境资源量直接相关，这也直接影响到将环境质量作为生产要素投入到生产的多少。

（4）社会传统消费和绿色消费：公众参与型环境规制在这里体现在人们的公众环境质量感知系数上，即环境规制强度越大，人们的公众绿色消费意识越强，反之越弱。同时，绿色消费还会受到环境承载力的影响。受时间的影响，绿色消费存量会衰减。绿色消费作为模型中新引入的变量，和传统消费是同一类型的变量，传统消费仍然存在是因为，即使有了公众参与型环境规制，但仍有消费者不愿意接受因为环保因素增加的绿色成本。

第二节　模型构建

一、目标函数

目标函数中效用函数 $U(C, V)$ 借鉴楚和程崇莱（Chu and Lai, 2014）的表达，采用柯布－道格拉斯函数形式，将传统消费 $C(t)$ 和绿色消费 $V(t)$ 作为可利用的公共产品（生产要素）；对任意变量 $x(t)$ 和 $\dot{x}(t) = dx/dt$，为便于表达省去时间变量 t，有：

$$U(C, V) = \begin{cases} \dfrac{(CV^{\phi})^{1-\sigma} - 1}{1 - \sigma}, & \sigma \neq 1, \; 0 \leq \phi < 1 \\ \ln C + \phi \times \ln V, & \sigma = 1, \; 0 \leq \phi < 1 \end{cases} \quad (7-1)$$

假定消费者的目标是瞬时效用贴现值总量最大化，则：

$$\max \int_0^{\infty} U(C, V) \times e^{-\rho t} dt \quad (7-2)$$

其中，ρ 为消费者主观时间贴现率，σ 为边际效用弹性，权重参数 $\phi>0$ 为绿色消费偏好度。

二、约束条件

(1) 环境资源 N 作为一种资源在考虑其单个要素和不同要素间组合的同时，还需考虑其自净能力。因为环境质量的好坏直接影响环境资源存量的多少，为保证符号的一致性，这里假定环境资源存量和环境质量间的关系是系数为 1 的线性关系 (Antoci et al., 2014)。环境资源存量变动可表示为：

$$\dot{N} = N(\bar{N} - N) - \Omega Y \qquad (7-3)$$

其中，环境资源存量初值 $N(0)$ 大于环境资源承载力 $\bar{N}$。为了突出模型中绿色消费这一变量，未在模型中明确体现减排技术创新，这里以污染排放损失 ΩY 体现减排技术创新对环境质量的影响，减排技术创新水平越高，污染排放损失越小。

(2) 假设规模收益不变，产品生产函数采用柯布－道格拉斯形式 (Stiglitz, 1974)，生产要素为物质资本和环境资源，可表示为：

$$Y = AK^{\alpha} N^{1-\alpha} \qquad (7-4)$$

其中，A 为外生的一般性生产力技术参数，K 为物质资本存量，$\alpha \in (0, 1)$ 为资本弹性。产品生产后可用于消费、资本积累及折旧（邹庆、陈迅和吕俊娜，2014）。资本积累可表示为：

$$\dot{K} = Y - \delta K - C - V \qquad (7-5)$$

(3) 绿色消费是将环境资源作为生产要素减去自然流失的结果。假定绿色消费的积累受到环境资源存量水平和绿色消费衰减量的影响，其动态变化可表示为：

$$\dot{V} = B\bar{N} - \delta_v \times V \qquad (7-6)$$

其中，B 为环境资源承载力贡献度，δ_v 为绿色消费衰减速率。

三、整体模型

对数形式的消费效用函数是严格上凸函数,满足建立最优控制模型条件。考虑物质资本存量、环境资源存量和绿色消费的变动情况,建立最优控制模型:

$$\max_{C,V} W = \max_{C,V} \int_0^\infty U(C(t), V(t)) \times e^{-\rho t} dt \tag{7-7}$$

$$\text{s. t.} \quad \dot{K} = Y - \delta K - C - V \tag{7-8}$$

$$\dot{N} = N(\bar{N} - N) - \Omega Y \tag{7-9}$$

$$\dot{V} = B\bar{N} - \delta_V \times V \tag{7-10}$$

$$U(C, V) = \begin{cases} \dfrac{(CV^\phi)^{1-\sigma} - 1}{1-\sigma}, & \sigma \neq 1, \ 0 \leq \phi < 1 \\ \ln C + \phi \times \ln V, & \sigma = 1, \ 0 \leq \phi < 1 \end{cases} \tag{7-11}$$

$$Y = AK^\alpha N^{1-\alpha} \tag{7-12}$$

$$K(0) = K_0 > 0, \ N(0) = N_0 > \bar{N} > 0, \ V(0) = V_0 > 0 \tag{7-13}$$

其中,C 为控制变量,K、N、V 为状态变量。

第三节 模型求解

令 λ_K、λ_N、λ_V 分别为物质资本存量、环境资源存量和绿色消费的共态变量(各存量对应的影子价格),建立汉密尔顿函数:

$$\begin{aligned} H = & \frac{(CV^\phi)^{1-\sigma} - 1}{1-\sigma} + \lambda_K (AK^\alpha N^{1-\alpha} - \delta K - C - V) \\ & + \lambda_N (N(\bar{N} - N) - \Omega Y) + \lambda_V (B\bar{N} - \delta_V \times V) \end{aligned} \tag{7-14}$$

根据极大值原理,最大化条件满足:

$$\frac{\partial H}{\partial C} = 0 \Rightarrow C^{-\sigma}(V^{\phi})^{1-\sigma} - \lambda_K = 0 \qquad (7-15)$$

欧拉方程为：

$$\dot{\lambda}_K = -\frac{\partial H}{\partial K} + \rho\lambda_K \Rightarrow \dot{\lambda}_K = \lambda_K(\delta+\rho) + \lambda_N \Omega A\alpha K^{\alpha-1}N^{1-\alpha} - \lambda_K A\alpha K^{\alpha-1}N^{1-\alpha}$$
$$(7-16)$$

$$\dot{\lambda}_N = -\frac{\partial H}{\partial N} + \rho\lambda_N \Rightarrow \dot{\lambda}_N = \lambda_N \Omega A(1-\alpha)K^{\alpha}N^{-\alpha} - \lambda_K A(1-\alpha)K^{\alpha}N^{-\alpha} + \lambda_N(2N+\rho-\bar{N})$$
$$(7-17)$$

$$\dot{\lambda}_V = -\frac{\partial H}{\partial V} + \rho\lambda_V \Rightarrow \dot{\lambda}_V = \lambda_K + (\delta_V + \rho)\lambda_V - \phi C^{1-\sigma}V^{\phi(1-\sigma)-1} \qquad (7-18)$$

横截条件为：

$$\lim_{t\to\infty} e^{-\rho t}\lambda_K K = 0 \qquad (7-19)$$

$$\lim_{t\to\infty} e^{-\rho t}\lambda_N N = 0 \qquad (7-20)$$

$$\lim_{t\to\infty} e^{-\rho t}\lambda_V V = 0 \qquad (7-21)$$

一、变量求解

均衡状态下最优消费路径存在的条件是环境资源存量增长率，即环境自净能力可抵消生产带来的环境外部性。

由式（7-8）可得：

$$C = AK^{\alpha}N^{1-\alpha} - \delta K - \dot{K} - V \qquad (7-22)$$

由式（7-15）可得：

$$\lambda_K = C^{-\sigma}V^{\phi(1-\sigma)} \qquad (7-23)$$

由 $g_N = \dot{N}/N = 0$ 可得：

$$K = N \times \left(\frac{\bar{N}-N}{\Omega A}\right)^{\frac{1}{\alpha}} \qquad (7-24)$$

将式（7-22）至式（7-24）代入式（7-16）至式（7-18）可得：

$$\left(\frac{\bar{N}-N}{\Omega A}\right)^{1-\frac{1}{\alpha}} \times A\alpha(\Omega\lambda_N - V^\phi) = V^\phi \times \left(\frac{\phi B\bar{N}}{V} - \phi\delta_V - \delta - \rho\right) \quad (7-25)$$

$$\dot{\lambda}_N = \lambda_N(\alpha N + N + \rho - \alpha\bar{N}) + \frac{1-\alpha}{\Omega} \times V^\phi \times (N - \bar{N}) \quad (7-26)$$

$$\dot{\lambda}_V = (1+\phi) \times V^\phi + (\delta_V + \rho) \times \lambda_V - \phi V^{\phi-1} \times \left[\frac{1}{\Omega}N(\bar{N}-N) - \delta N\left(\frac{\bar{N}-N}{\Omega A}\right)^{\frac{1}{\alpha}}\right] \quad (7-27)$$

对式（7-10）求导可得：

$$V^* = \frac{B\bar{N} - C_2 e^{-\delta_V t}}{\delta_V} \quad (7-28)$$

其中，C_2 为待定参数。

将式（7-13）代入式（7-28）可得：

$$C_2 = B\bar{N} - \delta_V V_0 \quad (7-29)$$

将式（7-29）代入式（7-28）可得：

$$V^* = \frac{B\bar{N}(1 - e^{-\delta_V t}) + \delta_V \times V_0 \times e^{-\delta_V t}}{\delta_V} \quad (7-30)$$

将式（7-30）代入式（7-25）至式（7-27）可得只含 N，λ_N，λ_V 三个变量的方程组：

$$N^* = \frac{1}{2}\left[\phi\frac{\dot{V}^*}{V^*} + \bar{N} - \rho\right] = \frac{1}{2}\left[\frac{\delta_V \times \phi \times \exp(-\delta_V t)(B\bar{N} - \delta_V \times V_0)}{B\bar{N} - \exp(-\delta_V t)(B\bar{N} - \delta_V \times V_0)} + \bar{N} - \rho\right] \quad (7-31)$$

$$\lambda_N^* = \frac{V^{*\phi}}{\Omega A\alpha}\left(\frac{\phi B\bar{N}}{V^*} - \phi\delta_V - \delta - \rho\right)\left(\frac{N^* - \bar{N}}{\Omega A}\right)^{\frac{1}{\alpha}-1} + \frac{1}{\Omega}V^{*\phi} \quad (7-32)$$

$$\dot{\lambda}_V = \int(\lambda_K^* + (\delta_V + \rho) \times \lambda_V - \phi C^* V^{*\phi-1})dt \quad (7-33)$$

结合式（7-8）至式（7-10）和式（7-16）至式（7-21）求解可得：

$$K^* = N^* \left(\frac{\bar{N} - N^*}{\Omega A}\right)^{\frac{1}{\alpha}} \quad (7-34)$$

$$\lambda_K^* = C^{*-\sigma} V^{*\phi(1-\sigma)} \quad (7-35)$$

于是，最优的绿色消费路径有：

$$g_V = \frac{\dot{V}}{V} = \frac{\delta_V(B\bar{N} - \delta_V V_0) \times e^{-\delta_V t}}{B\bar{N}(1 - e^{-\delta_V t}) + \delta_V \times V_0 \times e^{-\delta_V t}} \quad (7-36)$$

二、时间求解

由于效用函数 $U(C, V)$ 为上凸函数，若使效用函数最大化，则有：

$$\frac{\mathrm{d}U(C, V)}{\mathrm{d}t} = \frac{\partial U}{\partial C}\dot{C} + \frac{\partial U}{\partial V}\dot{V} = 0 \quad (7-37)$$

由式（7-37）可得，最优时间 t^* 满足：

$$\frac{\dot{C}}{C} + \phi \frac{\dot{V}}{V} = 0 \Rightarrow \frac{\dot{C}}{C} = -\phi \frac{\dot{V}}{V} \quad (7-38)$$

即当 $t = t^*$ 时，传统消费增长率 $\dot{C}/C$ 与绿色消费增长率 $\dot{V}/V$ 负相关。

当 $\dot{C}/C = \dot{V}/V = 0$ 时：

$$g_V = \frac{\dot{V}}{V} = \frac{\delta_V(B\bar{N} - \delta_V V_0) \times e^{-\delta_V t}}{B\bar{N}(1 - e^{-\delta_V t}) + \delta_V \times V_0 \times e^{-\delta_V t}} = 0 \Rightarrow t^* = \frac{\ln 2}{\delta_V} \quad (7-39)$$

即 t^* 为传统消费与绿色消费在均衡状态下的最优时间。

当 $\dot{C}/C = -\phi\dot{V}/V$ 时，通过数值仿真可解得效用函数最大化时对应的时间，即绿色消费的最优时间。

举例说明，若令 $\delta_V = 0.01$，$B = 10$，$\bar{N} = 1$，则有 $V_0 = 1000$，$t^* = 69$，对于 V_0 与效用函数 $U(C, V)$ 之间的关系，可通过 $\frac{\mathrm{d}U(C, V)}{\mathrm{d}V_0} = \frac{\partial U(C, V)}{\partial V} \times \frac{\partial V}{\partial V_0} = \phi CV \times \frac{\dot{V}}{V} \times e^{-\delta_V t} \geq 0$ 得到，当 V_0 增加时，$U(C, V)$ 增加或不变，二者正相关。

第四节　数值仿真分析

一、参数设定

假定在传统消费与绿色消费两种消费模式同时存在且完全竞争市场的条件下，绿色消费自然衰退，而生产带来的环境外部性会造成环境污染，进而影响着环境资源存量。物质资本变动、环境资源变动和绿色消费变动均会影响消费效用。数值仿真时，所有参数值的选取参考已有研究的经验值，具体取值见表7-1。

表7-1　　　　　　　　关键参数取值

参数	取值	定义
$\bar{N}$	0.9~1	环境资源承载力
Ω	0.1~0.22	环境污染系数
δ_V	0.01	绿色消费自然衰退速率
V_0	200~3000	绿色消费初值
B	10	环境资源承载力贡献度
ϕ	0.3	绿色消费偏好度
ρ	0.01	时间贴现率
δ	0.01	资本折旧率
α	0.18~1	资本弹性
A	0.12	技术水平

二、绿色消费初值对绿色消费和消费占比的影响分析

在 $B=10$、$\delta_V=0.01$、$\bar{N}=0.9$ 固定的情况下分析绿色消费随时间 t 的变

化趋势。将参数值代入式（7-30）可得：

$$V(t) = 900 + (V_0 - 900) \times e^{-0.01t} \quad (7-40)$$

因此 $V(t)$ 关于时间 t 的单调性由绿色消费初值 V_0 的取值决定。当 $V_0 > 900$ 时，$V(t)$ 关于时间 t 单调递减；当 $V_0 < 900$ 时，$V(t)$ 关于时间 t 单调递增；当 $V_0 = 900$ 时，$V(t)$ 不随时间 t 变化。

在 $V_0 = \{200, 500, 1000, 3000\}$ 时，通过 Matlab R2013a 的计算仿真结果见图 7-2。不同的 V_0 对 $V(t)$ 的单调性和收敛速度均有影响，但对其收敛值无影响，即对 $\forall V_0$，$V(t)$ 最终均收敛于一个常数。假定：

$$\lim_{t \to \infty} V(t) = V_C \quad (7-41)$$

当 $V_0 < 900$ 时 $V(t)$ 关于时间 t 单调递增、V_0 与 $V(t)$ 正相关且极限收敛速度在减小；当 $V_0 > 900$ 时 $V(t)$ 关于时间 t 单调递减、V_0 与 $V(t)$ 负相关且极限收敛速度在增加。

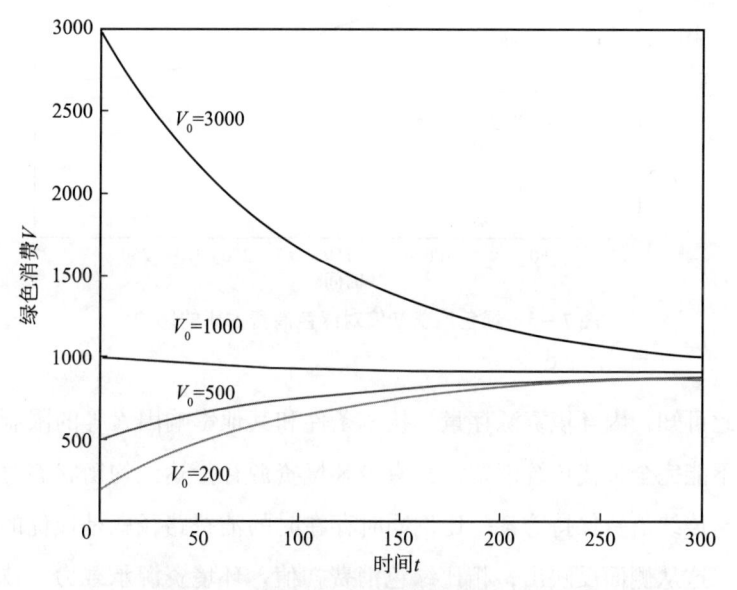

图 7-2　绿色消费初值对绿色消费的影响

在 $B=10$、$\delta_V=0.01$、$\bar{N}=0.9$、$\Omega=0.1$、$\delta=0.01$、$A=0.12$、$\phi=0.3$、$\alpha=0.7$ 固定及 $V_0=\{200,500,1000,3000\}$ 四种情况下分析绿色消费占比 $V/(C+V)$ 的变化趋势,通过 Matlab R2013a 的计算仿真结果见图 7-3。对比图 7-2 和图 7-3,V_0 对 $V/(C+V)$ 的单调性和收敛速度的影响与对 $V(t)$ 的影响相同,且同受其他参数的影响,于是有:

$$\lim_{t\to\infty}\frac{V(t)}{V(t)+C(t)}=P<1 \qquad (7-42)$$

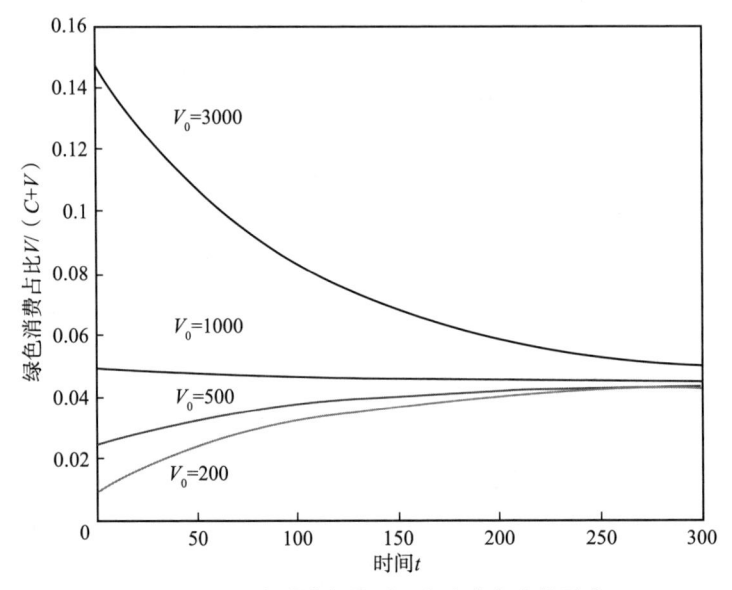

图 7-3 绿色消费初值对绿色消费占比的影响

由此可知,因环境资源存量、技术条件和其他影响因素等的限制,绿色消费并不能完全替代传统消费;只有当环境资源存量达到均衡状态时,即绿色消费与传统消费保持着某一比例同时存在时的消费路径就是最优的绿色消费路径。这从侧面反映出,相比绿色消费初值,环境资源承载力、技术条件和其他影响因素等对传统消费的影响并不大。比如对以传统消费为主导且初始绿色消费水平较低的国家,消费模式的转化速度会较快,而对一个初始绿色消费水平较高的国家，其消费模式的转化速度则会较慢，直到实现绿色消费与传统消费比例相对稳定的状态。

三、环境资源承载力对绿色消费级消费占比的影响分析

根据式（7-8），应在绿色消费初值 $V_0 < 900$ 时保证绿色消费 $V(t)$ 及绿色消费占比 $V/(C+V)$ 的单调性。于是，在 $B=10$、$\delta_V=0.01$、$V_0=800$ 固定情况下分析绿色消费 $V(t)$ 随时间 t 的变化趋势，将参数值代入式（7-30）可得：

$$V(t) = 1000 \times \bar{N} + (800 - 1000 \times \bar{N}) \times e^{-0.01t} \qquad (7-43)$$

由式（7-43）可得，环境资源承载力 $\bar{N}$ 影响着 $V(t)$ 关于时间 t 的单调性及 $V(t)$ 的极值。当 $\bar{N} > 0.8$ 时，$V(t)$ 关于时间 t 单调递增；当 $\bar{N} < 0.8$ 时，$V(t)$ 关于时间 t 单调递减；当 $\bar{N} = 0.8$ 时，$V(t)$ 不随时间 t 变化。已有研究的经验值一般取 $\bar{N} \geq 0.9$，因此不存在 $V(t)$ 单调递减及不变的情况。

在 $\bar{N} = \{0.9, 0.92, 0.95, 0.99\}$ 时，通过 Matlab R2013a 的计算仿真结果见图 7-4。当 $\bar{N}$ 增加时，V 极值增加，有：当 $\bar{N} = 0.9$ 时，$\lim_{t \to \infty} V(t) = V_1$；当 $\bar{N} = 0.92$ 时，$\lim_{t \to \infty} V(t) = V_2$；当 $\bar{N} = 0.95$ 时，$\lim_{t \to \infty} V(t) = V_3$；当 $\bar{N} = 0.99$ 时，$\lim_{t \to \infty} V(t) = V_4$。由此可知，$V_1 < V_2 < V_3 < V_4$。

在 $B=10$、$\delta_V=0.01$、$V_0=800$、$\Omega=0.1$、$\delta=0.01$、$A=0.12$、$\phi=0.3$、$\alpha=0.7$ 固定及 $\bar{N} = \{0.9, 0.92, 0.95, 0.99\}$ 四种情况下分析绿色消费占比 $V/(C+V)$ 的变化趋势，通过 Matlab R2013a 的计算仿真结果见图 7-5。当 $\bar{N}$ 增加时，$V/(C+V)$ 极值减小。这与 $\bar{N}$ 对 $V(t)$ 的影响正相反，有：当 $\bar{N} = 0.9$ 时，$\lim_{t \to \infty} V(t)/(V(t)+C(t)) = P_1$；当 $\bar{N} = 0.92$ 时，$\lim_{t \to \infty} V(t)/(V(t)+C(t)) = P_2$；当 $\bar{N} = 0.95$ 时，$\lim_{t \to \infty} V(t)/(V(t)+C(t)) = P_3$；当 $\bar{N} = 0.99$ 时，$\lim_{t \to \infty} V(t)/(V(t)+C(t)) = P_4$。由此可知，$P_1 > P_2 > P_3 > P_4$。

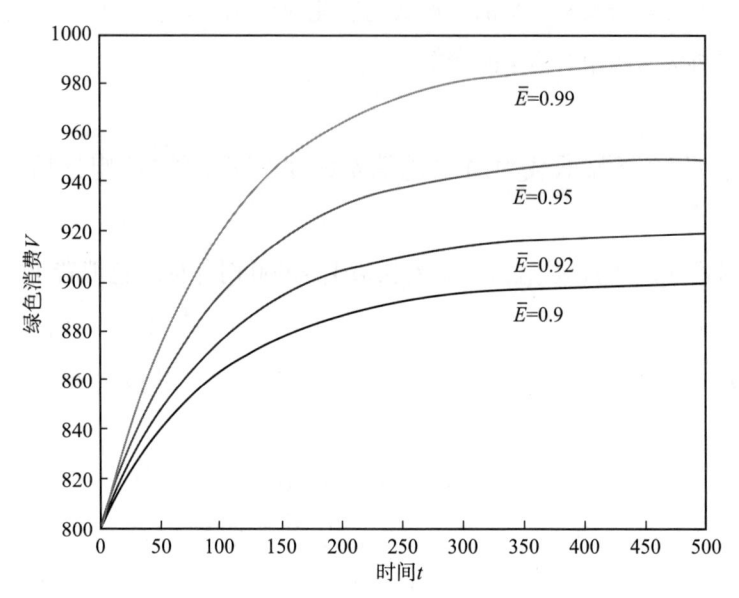

图 7-4　环境资源承载力对绿色消费的影响

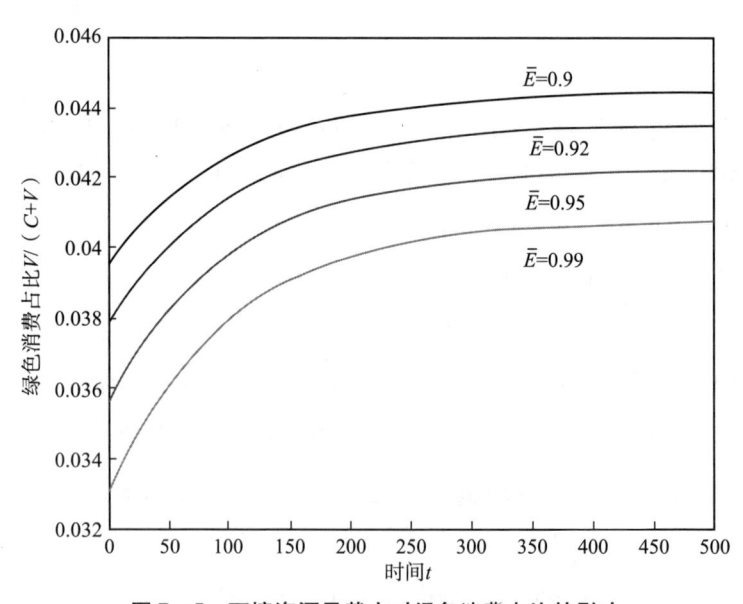

图 7-5　环境资源承载力对绿色消费占比的影响

因此，在技术条件、绿色消费初值和其他影响因素等的限制下，环境资源承载力与绿色消费正相关，与绿色消费占比负相关。对于任意的环境资源承载力，绿色消费与绿色消费占比均是关于时间 t 单调递增。环境资源承载力是环境资源子系统供容能力的体现，环境资源承载力越高意味着可利用的环境资源存量越大，生产可消费的最终产品就越多，对应绿色消费的发展趋势则越好。但环境资源承载力的增加在一定程度上也刺激了传统消费的快速增长，即传统消费增速大于绿色消费增速。

四、资本弹性和环境污染系数对消费占比的影响分析

由式（7-30）、式（7-32）、式（7-34）和式（7-35）可知，资本弹性 α 影响着环境资源存量的影子价格、物质资本存量和传统消费，而对绿色消费无直接影响。在 $B=10$、$\delta_V=0.01$、$V_0=800$、$\bar{N}=0.9$、$\Omega=0.1$、$\delta=0.01$、$A=0.12$、$\phi=0.3$ 固定及 $\alpha=\{0.16, 0.18, 0.2, 0.5\}$ 四种情况下析绿色消费占比 $V/(C+V)$ 的变化趋势，通过 Matlab R2013a 的计算仿真结果见图 7-6。当 $\alpha=0.18$ 时，$V/(C+V)$ 增速最快且 $\lim\limits_{t\to\infty}V(t)/(V(t)+C(t))=1$，称 $\alpha=0.18$ 为最佳的资本弹性；当 $\alpha>0.18$ 时，$V/(C+V)$ 是关于时间 t 单调递增且与 α 负相关；当 $\alpha<0.18$ 时，$\lim\limits_{t\to\infty}V(t)/(V(t)+C(t))<0$，与现实不符，于是有 $0.18\leqslant\alpha<1$。因在生产函数 Y 中考虑了物质资本和环境资源资本两种生产元素且假定规模收益不变，α 增加意味着环境资源承载力贡献度 B 变小，人们关注重点将由环境污染和资源浪费转向资本积累，从而可知资本弹性间接地限制着绿色消费，致使消费模式无法完全绿色化，因资本弹性存在，传统消费将始终在市场上占一定比例。但当资本弹性达到 0.18 时，绿色消费才会随着时间推移而不断增加，直至传统消费被完全取代。

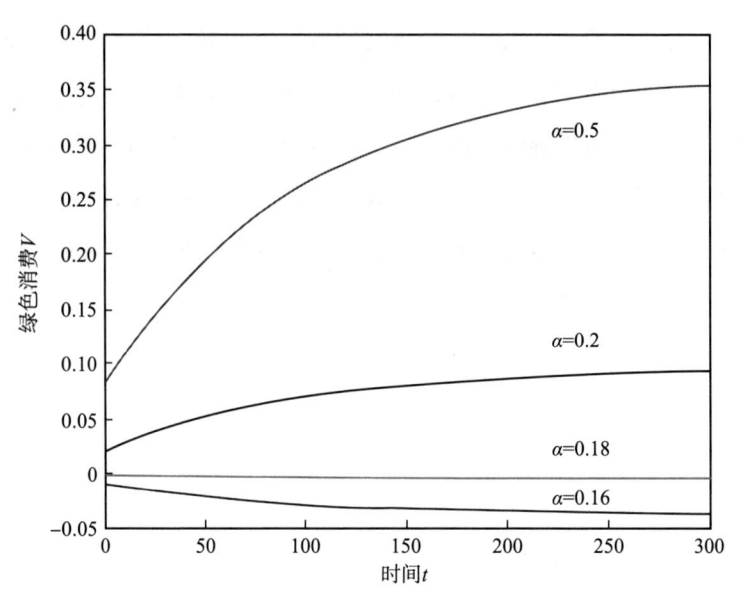

图 7-6 资本弹性对绿色消费占比的影响

在 $B=10$、$\delta_V=0.01$、$V_0=800$、$\bar{N}=0.9$、$\delta=0.01$、$A=0.12$、$\phi=0.3$、$\alpha=0.7$ 固定及 $\Omega=\{0.1,0.15,0.22\}$ 三种情况下分析绿色消费占比 $V/(C+V)$ 的变化趋势，通过 Matlab R2013a 的计算仿真结果见图 7-7。$V/(C+V)$ 关于时间 t 单调递增且与 Ω 正相关。由式（7-9）可得，当 $\dot{N}/N=0$ 时，环境自净能力可抵消生产造成的环境污染，即环境外部性；当 Ω 增加时，环境自净能力增强，环境资源承载力 $\bar{N}$ 和环境资源存量 N 增加，此时绿色消费 V 增加，导致绿色消费占比 $V/(C+V)$ 提高。当 $\dot{N}/N>0$ 时，环境自净能力大于环境污染，即现实中没有环境污染和资源浪费现象，则会引起人们绿色消费意识的减弱，进而致使绿色消费占比 $V/(C+V)$ 下降。

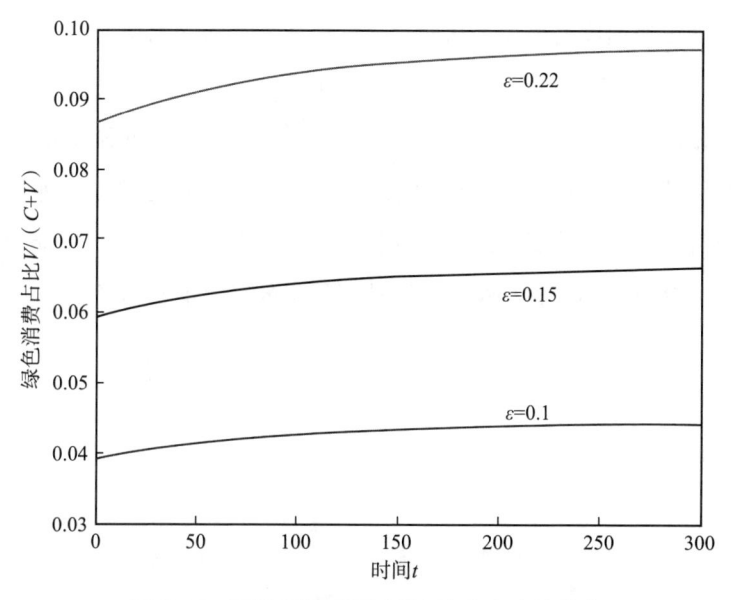

图 7-7　环境污染系数对绿色消费占比的影响

第五节　本章小结

本章在传统消费与绿色消费两种消费模式同时存在且完全竞争市场的条件下，基于扩展的索洛模型框架，引入环境资源存量约束及绿色消费变量，构建了环境资源约束下以社会福利最大化为目标的绿色消费路径模型，利用最优控制理论，求解了均衡状态下最优消费路径的解析解。通过数值仿真分析了不同影响因素变动下绿色消费和绿色消费占比的变化，得出绿色消费初值、环境资源承载力、资本弹性和环境污染系数不同影响因素变动情况下的绿色消费路径，数值仿真结果表明：

（1）不同的绿色消费初值影响着消费模式绿色化的速度，但无法实现完全绿色化，两种消费模式之间会最终达到某种均衡状态。

（2）环境资源承载力较高的条件下有利于消费模式的绿色化，但也刺激了传统消费更快速度的增长，从而会降低整体消费的绿色程度。

（3）高资本弹性和高环境自净力均不利于消费模式的绿色化。

上述结论可为转变传统消费观念、倡导绿色消费提供可验证的管理启示，即在传统消费转向绿色消费的进程中，应针对当前的绿色消费水平，充分考虑环境资源存量、物质资本的资本弹性（技术条件）和环境自净能力等影响因素作出有针对性的调整决策，进而选择最优的绿色消费路径。

|第八章|
结论与展望

第一节 主 要 结 论

环境规制是实现绿色增长的政策保障,但从目前的理论研究进展和实践效果来看:环境规制对绿色增长的影响机理还具有很强的黑匣性。因此,本书将导向性技术创新作为绿色增长的新引擎,关注由环境规制引发的导向性技术创新选择问题,并进一步考虑不同环境规制如何引导导向性技术创新来提高环境质量、促进经济发展,达到经济和环境双赢的局面。在构建绿色增长理论分析框架的基础上,提出了以下研究内容:环境规制约束下的绿色增长理论模型;进一步对环境规制的类型细分后,分析政府扶持型环境规制对绿色增长的影响机理、命令控制型环境规制对绿色增长的影响机理、市场引导型环境规制对绿色增长的影响机理和公众参与型环境规制对绿色增长的影响机理,以期在不同发展阶段实施各类环境规制能正确引导导向性技术创新,并带动整体社会技术创新水平的提升,实现整个社会的绿色增长。

本书的主要研究结论可归纳为以下五方面。

(1) 构建了环境规制约束下绿色增长理论模型。通过考察和量化社会福利、社会生产、资本分配、导向性技术创新和环境质量四个模块上参数、变量及其之间的确切关系,建立环境规制约束下绿色增长理论模型并进行了数值仿真,得到的结论主要有:一是气温升高引起的生产效率下降会影响经济增长速度,这说明气候反馈经济损失不容小觑,气候环境恶化引起的气温升高容易导致长期的绿色增长面临极高的破坏风险。二是技术转化率有利于导向性技术创新水平的提升,同时高的技术转化率有利于人均消费变化率的短时性增长,这也是能体现社会福利的主要指标。三是导向性技术创新是实现绿色增长的根本动力,可以利用环境规制约束其方向的选择。偏向生产的导向性技术创新对社会生产有驱动作用,但存在气候环境恶化的风险;偏向减排的导向性技术创新可防止气候环境恶化,但存在经济增长动力不足的风险;无偏向的中性技术创新可能更符合绿色增长的发展需要。

(2) 建立了政府扶持型环境规制对绿色增长的影响机理模型。基于索洛增长模型,将资本积累过程分为绿色资本积累和棕色资本积累,引入政府对绿色资本积累的扶持力度作为环境规制变量,构建了资本细分下的增长模型,通过仿真分析得到以下结论:一是证实了绿色资本对全社会绿色增长的重要性,而由于绿色资本比重增加导致的资本积累下降可利用棕色资本的资本弹性优势加以缓解。二是绿色资本积累会提高减排技术创新的投资收益率,从而促进偏向减排的导向性技术创新发展,实现绿色增长,但也会降低生产技术创新投资收益率。三是扶持型环境规制的实施有利于减排技术创新的投资,可间接抑制环境污染的增加，实现资本分配转向绿色资本积累，但扶持力度过大不仅不能引导导向性技术创新偏向减排，反而会因经济增长改变导向性技术创新方向而偏向生产。

（3）建立了命令控制型环境规制对绿色增长的影响机理模型。为解决非可再生资源投入增加引发的污染排放风险，在拉姆齐模型基础上，以环境治理强度体现命令控制型环境规制在污染控制方面的效果，构建了污染控制下的绿色增长模型，通过仿真分析得到以下结论：一是环境治理强度会影响资本分配，且过高的环境治理强度会占用分配给技术投资的成本，抑制导向性技术创新水平的提升，影响经济增长速度和环境质量改善。二是资本弹性体现了当前环境治理强度：若环境治理强度较大，说明当前资本弹性强；反之，当资本弹性有所降低时，由于资本和非可再生资源利用率的提升，也不再需要较强的环境治理强度来保证环境质量。三是技术导向或可与环境治理强度达到相同的改善环境质量目标：偏向减排的导向性技术创新，因其治理污染效果显著，无须较高的环境治理强度来改善环境质量。因此，增加偏向减排的技术创新投资，会节约环境治理成本。

（4）建立了市场引导型环境规制对绿色增长的影响机理模型。基于罗默模型，引入污染税和技术补贴作为市场引导型环境规制变量，将导向性技术创新的方向内生化，构建了内生增长模型，通过仿真分析得到以下结论：一是经济增长速度的提升可以通过调整政府转移支付和技术补贴成本来实现；偏向减排的导向性技术创新是技术补贴的资助对象，也是经济增长的隐性动力。这也验证了"保护生态环境就是保护生产力，改善环境就是发展生产力"。二是资本所得税率的增加不利于经济增长，而污染转化参数也没有对经济增长造成直接影响，但二者都能不同程度地提升社会福利。反倒是政府转移支付费用的增加，会占用社会消费，影响整体福利的提升。三是在严格环境税政策下，环境税对企业高能耗存在"矫枉过正"的问题。严格环境税会降低代表性家庭进行投资储蓄的动机，将更多的产出用于消费。这种高消费不可持续，也会导致投资不足，造成产出增长乏力，使长期消费处于较低水平。随着环境税的收益相对于成本不断上升，环境税对经济增长的不利影响也随之减弱。而当环境税的收益超过成本时，表明环境税能够有效缓解污染对生产的负外部性影响，并开始发挥对经济增长的促进作用，环境税的产出红利逐渐显现。此时，政府将有动力继续提高环境税，以获取更大的政策效益与增长红利。

（5）建立了公众参与型环境规制对绿色增长的影响机理模型。基于扩展的索洛模型框架，引入环境资源存量约束与绿色消费变量，建立了环境资源约束下以社会福利最大化为目标的绿色消费路径模型，运用最优控制理论得到了均衡状态下最优消费路径的解析解，对不同影响因素变动下最优的绿色消费路径进行数值仿真，得到以下结论：一是不同的绿色消费初值影响着消费模式绿色化的速度，但无法实现完全绿色化，两种消费模式之间会最终达到某种均衡状态；二是环境资源承载力较高的条件下有利于消费模式的绿色化，但也刺激了传统消费更快速度的增长，从而会降低整体消费的绿色程度；三是高资本弹性和高环境自净力均不利于消费模式的绿色化。通过结论可以得到：在传统消费转向绿色消费的进程中，应针对当前的绿色消费水平，充分考虑环境资源存量、物质资本的资本弹性（技术条件）和环境自净能力等影响因素作出有针对性的调整决策，进而选择最优的绿色消费路径。

第二节 政策建议

应对气候变化是一个全球性、长期性问题，由于环境损害不分国界，我国应重视和加强与经合组织、发展中国家、新兴国家的合作来缓解气候变化。在一同推行绿色增长改革的进程中，我国不仅需要广泛吸收发达国家的成功经验和失败教训，积极参与到与不同经济体的双边、多边合作中，更需要研究设计支撑绿色增长的可行政策。基于本书不同类型环境规制下导向性技术创新对绿色增长的影响机理的研究结果,为我国在未来的绿色增长改革中提出以下建议。

(1) 制定正确导向性技术创新的环境政策是我国进行绿色增长改革的重心。以往热衷于追求生产技术创新的决策导致污染排放的绝对量不降反升,需政府通过高的环境治理成本来"买单";此外,这一决策下技术创新水平的缓速进步造成减排技术创新的能力不足,对环境质量形成了潜在隐患。相比生产技术创新,偏于减排的导向性技术创新可实现更长时间、更高水平的人均消费变化率。因此,在环境政策的实施中更应重视对减排技术创新的引导。

(2) 减排技术创新可使我国打破对现有资本积累的路径依赖,避免走发达国家的发展之路,并可跨越式地迈入绿色增长,其首要前提是摆脱大比重的社会消费/资本积累存量下产品生产的资本增长缓慢的枷锁。这不仅需要政府不断引导公众提升环境保护意识来减轻环境政策治理强度的提高给环境治理成本带来的压力,还可能需要公众牺牲短期的社会消费,为存在"溢出效应"的导向性技术创新准备充足的资本空间,即可以制定和实施有利于技术转化率提高和技术创新投资力度加大的相关政策。

(3) 非可再生资源投入的适当减少不会对产品生产的资本造成剧烈的影响,它在我国实现长期的绿色增长中将逐步被替代,其必要条件是保证资本积累存量长期的边际产出,即资本积累的生产弹性不能过低。而且,刺激更多的技术创新投资只是前提性工作,更需关注的是制定和实施严格的环境政策以加大环境治理强度。这是因为,我国专业、开放的产品生产的资本增长与劳动力相对充裕、加工贸易重要性和我国在全球价值链中的定位是密不可分的,不可脱离实际增长而过度信赖于"技术创新",因其易陷入发达国家出现的"技术锁定"。

(4) 环境税和减排技术补贴是一种合理的税收政策组合,但过度的补贴会给企业造成减排技术研发乏力的现象，而环境税率的设定要与经济发展规模相适应，也需要保证在收益高于成本的前提下才能收获环境红利，进而达到遏制污染排放促进经济发展的效果。同时，作为政策的制定者，政府应客观看待动态环境税政策在短期内对经济增长的微弱负面影响，以提高当下及未来社会福利水平为主要目标，关注环境税政策在经济增长与福利改善中的"惠长远"作用，推动经济文明与生态文明的协同发展。

（5）更多的公众参与型环境规制有利于降低环境规制的实施成本，能够有效促进全社会生产、消费的绿色化转变。培养公众主观的绿色消费意识是实现绿色增长的有效途径。

第三节　创 新 要 点

本书在已有文献的基础上，从导向性技术创新的视角分析了不同类型环境规制对绿色增长的影响机理，并结合经验数据选取适合边界条件的参数值进行仿真分析，得到了促进绿色增长的要素。本研究的创新之处在于：

创新一：基于经济增长理论和 DICE 模型，融合导向性技术创新，构建了环境规制约束下可体现包容性、可持续性和均衡性特征的绿色增长理论模型，通过仿真，揭示了环境规制强度对导向性技术创新选择的影响、进而影响绿色增长全过程的作用机理。

已有对于绿色增长的研究基于绿色增长理念的推广和对其实践的观察，缺乏系统性的理论探索。对此，本书通过探讨其内涵、特征和目标，借鉴 OECD 绿色增长分析框架，利用经济增长理论和模型进行研究。另外，主流的绿色增长研究是在拉姆齐模型框架下进行的拓展，与 DICE 模型有着相同的理论源流，且二者都具有全球性、长期性和自顶向下的视角。基于 DICE 模型与 OECD 分析框架，本书从政府的研究视角，通过常弹性的柯布－道格拉斯生产函数确保长期的稳态存在，充分考虑社会生产、资本分配、导向性技术创新和环境质量等模块不同要素之间的联系，设计符合绿色增长均衡性、包容性和可持续性的初始条件和均衡条件，建立绿色增长理论模型，研究环境规制强度约束下导向性技术创新对社会生产和环境质量的影响，打开了环境规制作用于导向性技术创新影响绿色增长全过程的"黑箱"，并证实环境规制在整个过程中的作用不可忽视。

创新二：基于内生增长模型，将环境规制动因与导向性技术创新的影响因素相结合，构建了政府扶持、命令控制、市场引导和公众参与四种类型环境规制下的绿色增长影响机理模型，通过仿真，揭示了不同类型环境规制对绿色增长要素、目标实现的影响机理。

政府扶持型环境规制是一种以提高公众环境保护意识带动环境治理投入、引导企业绿色技术研发促进绿色资本积累两种方式来解决环境问题的规制工具，更侧重导向性技术创新对资本积累过程的影响。基于导向性技术创新的分类特点和作用对象，为强调资本积累的作用，将资本细分为棕色资本和绿色资本，假设规模经济效应不变和完全竞争市场的条件下，结合不同政府对绿色资本积累的扶持力度和环境治理投入的成本，构建以社会福利最大化的绿色增长目标为目标函数、以保证均衡增长率的持续增长和环境质量的持续改善为约束条件的非线性最优控制模型，运用动态仿真分析揭示了政府扶持型环境规制对绿色增长的影响机理，得到导向性技术创新作为绿色增长的核心动力在扶持型环境规制的适当引导下偏向绿色技术创新的方向。

从环境污染和资源耗竭的角度对经济增长进行分析，非可再生资源的需求增长引发的污染排放风险成为实现绿色增长的威胁。基于罗默内生技术创新增长模型，结合已经证明的"导向性技术创新是绿色增长的核心动力"，重构导向性技术创新的区分形式、重建非可再生资源与导向性技术创新之间的内生化形式，引入环境治理强度，建立可充分体现绿色增长的包容性、可持续性和均衡性特征的目标函数和可能性约束的内生增长模型，通过仿真分析揭示了命令控制型环境规制对绿色增长的影响机理，得到环境政策的实施中更应重视对减排技术创新的引导。

为环境治理投资寻求固定资金来源，假定政府是对企业、家庭和环境质量三者预算约束的管理者，引入污染税率和技术补贴作为市场引导型环境规制变量，并考虑环境正向外部性对社会生产的积极影响，建立内生增长模型，通过仿真分析揭示市场引导型环境规制对绿色增长的影响机理，得到市场引导型规制在解决环境治理资金不足的同时，也利于减排技术创新的发展。研究结果为政府相关部门针对绿色增长实践过程制定合理的环境规制，提供了理论依据和决策参考。

为从根本上解决绿色化转变的动力问题，利用环境公益信访和环境新闻舆论等监督模式，培养每个人的绿色消费意识，使公众自愿参与到环境监督和治理中。

第四节　研究不足及未来展望

本书以政府制定的环境规制为研究对象，从导向性技术创新的视角，研究不同类型环境规制对绿色增长的影响机理，但在模型构建及仿真分析过程中仍存在局限和不足，可以在未来的研究工作中从以下几个方面进一步展开深入研究。

一、绿色增长理论模型进一步完善

建立绿色增长理论模型，可以有效评价绿色增长发展程度，帮助政府判断绿色增长政策的有效性。特别是我国处于绿色转型期，更需要这种量化模型帮助政府把握控制绿色增长的进程。本书在第三章中为简化分析、降低建模和求解难度，未考虑人口增长对整个模型造成的影响，以人均形式消费、生产作为模型变量，不会对分析结果造成很大影响。而实际上作为社会生产、技术创新的研发和消费的主体，其复杂变化不易被量化并以数理模型的方式表示，特别是研发人员等的流动实际上是会对导向性技术创新的方向产生影响的。因此，劳动力因素的考量是完善绿色增长理论模型未来研究的方向之一。

二、环境规制及影响因素的深入研究

环境规制除了类型上的区别，在实践中具体政策的执行实施效果也是不同的，主要受到执行和监管力度等因素的影响。尽管在导向性技术创新的函数设定中引入技术转化率，可以看成是对技术创新政策实施效果的一种考量，但由于目前我国规制的监管政策不完善、无法量化作为边界条件，因此模型中没有引入监管力度作为参数或变量。

然而，本研究中考虑的技术条件、劳动力和消费效用的影响因素仍比较有限，例如，技术随时间的变化，"干中学"及污染对消费效用的负向影响等。因此，考虑更多现实因素的绿色消费路径研究仍有待深化。

三、环境规制作用对象扩展研究

本书以导向性技术创新为视角，选取的环境规制具体工具也是对技术创新有影响效果的政策工具，而实际存在的环境规制的作用对象是广泛的，还可以从外商直接投资、产业和企业等角度进行深入研究。比如，企业是技术创新的主体，从企业的自下而上的视角，通过案例研究和统计分析等方法，在明确内外部因素与企业、政府和消费者之间关系的基础上，选择并建立合适的模型进行研究，为政府寻求更有效地推动绿色增长的环境规制提供建议。

附录　主要符号表

符号	代表意义
t	时间
$U(\cdot)$	效用函数
$C(\cdot)$	消费
$V(\cdot)$	绿色消费
δ_V	绿色消费衰减速率
ρ	贴现率
σ	相对风险回避系数
ϕ	公众环境质量感知系数
$Y(\cdot)$	社会生产
g	经济增长速度
K	资本
K_A	棕色资本
K_E	绿色资本
R	非可再生资源
$f(\cdot)$	损失函数
τ	气温
χ_1	气温影响社会生产的系数

续表

符号	代表意义
ψ	气温影响社会生产的双曲衰退率
A	生产技术创新
γ	环境外部性的利用程度
α	棕色资本弹性
α_A	棕色资本的生产弹性
α_E	绿色资本的生产弹性
δ	资本折旧
θ	绿色资本折旧
I	技术创新投资力度
I_A	生产技术创新投资
I_E	减排技术创新投资
d	棕色资本积累的规模参数
e	政府扶持绿色资本积累的扶持力度
b	环境规制强度
a	环境治理强度
$c_1(\cdot)$	成本函数
l	环境治理资本比例
Λ	环境治理资本指数
w	技术创新投资的外生机会成本
τ_P	污染税率
τ_K	资本所得税率
r	资本收益率
G	政府转移支付
φ	政策参数
s	非可再生资源价格
q_E	减排技术研发补贴的单位成本
x	技术创新水平

续表

符号	代表意义
β	技术创新投资利用率
δ_2	技术衰退率
δ_V	绿色消费衰减速率
ε	技术创新导向参数
ω	技术转化率
E	减排技术创新
N	环境质量
$\bar{N}$	环境资源承载力
B	环境资源承载力贡献度
μ	环境自修复率
p	污染排放
Ω	污染转换系数
ζ	温室气体排放强度
m	温室气体浓度
v	温室气体浓度自吸收率
λ	气温自修复率
η	气温关于温室气体浓度的敏感系数

参考文献

[1] 陈彦 (2015). 气候变化与绿色转型. 北京, 金城出版社.

[2] 丁文广 (2008). 环境政策与分析. 北京, 北京大学出版社.

[3] 范庆泉, 周县华, 张同斌 (2016). 动态环境税外部性、污染累积路径与长期经济增长——兼论环境税的开征时点选择问题. 经济研究 (8): 116-128.

[4] 高建刚 (2016). 环保意识提升促进经济环境双赢发展的内生增长模型. 数学的实践与认识 46 (17): 50-57.

[5] 郭炬, 叶阿, 忠陈泓 (2015). 是财政补贴还是税收优惠?——政府政策对技术创新的影响. 科技管理研究 (17): 25-31.

[6] 郭庆 (2009). 世界各国环境规制的演进与启示. 东岳论丛 30 (6): 140-142.

[7] 何正霞, 许士春 (2011). 考虑污染控制、技术进步和人力资本积累下的经济可持续增长. 数学的实践与认识 41 (18): 1-8.

[8] 胡远波, 等 (2005). 考虑环境污染的随机经济增长模型. 应用数学 (S1): 131-135.

[9] 金卓, 胡适耕 (2006). 考虑环保技术的随机经济增长模型. 应用数

学（S1）：233－236.

［10］柯凯（2015）.消费假设的实证检验来自16个国家的证据，华中科技大学.

［11］李丁（2011）.科技在推进经济绿色增长中的作用.经济研究参考（1）：44－48.

［12］李冬冬，杨晶玉（2015）.基于增长框架的研发补贴与环境税组合研究.科学学研究33（7）：1026－1034.

［13］李平，付一夫，张艳芳（2017）.生产性服务业能成为中国经济高质量增长新动能吗.中国工业经济（12）：5－21.

［14］刘丹鹤，汪晓辰（2017）.经济增长目标约束下环境规制政策研究综述.经济与管理研究38（8）：86－93.

［15］马树才，李国柱（2006）.中国经济增长与环境污染关系的Kuznets曲线.统计研究（8）：37－40.

［16］孟卫军（2010）.基于减排研发的补贴和合作政策比较.系统工程（11）：123－126.

［17］彭红斌（2002）.绿色型经济增长方式：中国经济发展的必然选择.理论前沿（8）：29－30.

［18］彭水军，包群（2006）.环境污染、内生增长与经济可持续发展.数量经济技术经济研究23（9）：114－126.

［19］彭水军，包群，赖明勇（2005）.自然资源耗竭、内生技术进步与经济可持续发展.上海经济研究（3）：3－13.

［20］任淑林（2006）.绿色技术及我国产业技术创新研究，河海大学.

［21］石莹，朱永彬，等（2015）.成本最优与减排约束下中国能源结构演化路径.管理科学学报18（10）：26－37.

［22］孙刚（2004）.污染、环境保护和可持续发展.世界经济文汇（5）：47－58.

[23] 孙耀武 (2007). 促进绿色增长的财政政策研究. 北京, 中共中央党校.

[24] 汪铭芳 (2006). 绿色消费的哲学思考, 福建师范大学.

[25] 王春晖, 李平 (2012). 政府扶持企业技术创新的政策效应分析. 科技进步与对策 29 (2): 106-109.

[26] 王帆, 邵伟 (2015). 中国的资本形成与经济增长再发现. 经营与管理 (5): 65-68.

[27] 吴继贵, 叶阿忠 (2016). 环境、能源、R&D 与经济增长互动关系的研究. 科研管理 37 (1): 58-67.

[28] 武永春 (2004). 我国绿色消费的障碍因素分析. 经济体制改革 (4): 160-162.

[29] 徐盛国, 等 (2014). "绿色消费"研究综述. 生态经济 30 (7): 65-69.

[30] 许士春, 何正霞, 魏晓平 (2010). 资源消耗、污染控制下经济可持续最优增长路径. 管理科学学报 13 (1): 20-30.

[31] 闫晓霞, 张金锁, 邹绍辉 (2015). 污染约束下可耗竭资源最优消费模型研究. 系统工程理论与实践 35 (2): 291-299.

[32] 于渤, 黎永亮, 迟春洁 (2006). 考虑能源耗竭、污染治理的经济持续增长内生模型. 管理科学学报 9 (4): 12-17.

[33] 于惊涛, 王珊珊 (2016). 基于低碳的绿色增长及绿色创新——中、美、英、德、日、韩实证与比较研究. 科学学研究 34 (4): 528-538.

[34] 俞海, 张永亮, 张燕 (2015). "十三五"中国绿色增长路线图"研究报告发布. 环境与可持续发展 40 (6): 2.

[35] 张晖, 朱军 (2009). 经济可持续增长、生产技术局限性与环境品质需求——环保投资两重性角度的一个分析. 财贸研究 20 (2): 16-23.

[36] 张江雪, 朱磊 (2012). 基于绿色增长的我国各地区工业企业技术

创新效率研究. 数量经济技术经济研究 (2): 113 – 125.

[37] 张莉, 李捷瑜, 徐现祥 (2012). 国际贸易、偏向型技术进步与要素收入分配. 经济学 (季刊) 11 (2): 409 – 428.

[38] 赵玉民, 朱方明, 贺立龙 (2009). 环境规制的界定、分类与演进研究. 中国人口·资源与环境 19 (6): 85 – 90.

[39] 中国经济增长与宏观稳定课题组 (2010). 资本化扩张与赶超型经济的技术进步. 经济研究 (5): 43 – 47.

[40] 邹庆, 陈迅, 吕俊娜 (2014). 经济与环境协调发展的模型分析与计量检验. 科研管理 35 (12): 175 – 182.

[41] Acemoglu, D., et al. (2009). The Environment and Directed Technical Change. Cambridge, National bureau of economic research.

[42] Acemoglu, D., et al. (2015). The environment and directed technical change in a North-South model. 30 (3): 513 – 530.

[43] Acemoglu, D., et al. (2016). Transition to clean technology. Journal of Political Economy 124 (1): 52 – 104.

[44] Acemoglu, D. (1998). Why Do New Technologies Complement Skills? Directed Technical Change and Wage Inequality. Quarterly Journal of Economics 113 (4): 1055 – 1089.

[45] Alho, K. (2006). Climate Policies and Economic Growth. Discussion Papers 31 (5): 1 – 10.

[46] Antoci, A., et al. (2014). Industrialization and environmental externalities in a Solow-type model. Journal of Economic Dynamics & Control 47 (6): 211 – 224.

[47] Barter, N. (2011). Freefall: Free Markets and the Sinking of the Global Economy. Social & Environmental Accountability Journal 31 (2): 179 – 179.

［48］Bilancini, E. and S. D'Alessandro (2012). Long-run welfare under externalities in consumption, leisure, and production: A case for happy degrowth vs. unhappy growth. Ecological Economics 84 (6): 194 – 205.

［49］Bloom, N. and J. V. Reenen (2010). Patents, Real Options and Firm Performance. Economic Journal 112 (478): 97 – 116.

［50］Bondarev, A., et al. (2014). Climate Change and Technical Progress: Impact of Informational Constraints. Heidelberg, Springer Berlin Heidelberg.

［51］Bovenberg, A. L. and B. J. Heijdra (1998). Environmental tax policy and intergenerational distribution. Journal of Public Economics 67 (1): 1 – 24.

［52］Bovenberg, A. L. and L. H. Goulder (1996). Optimal Environmental Taxation in the Presence of Other Taxes: General- Equilibrium Analyses. American Economic Review 86 (4): 985 – 1000.

［53］Bovenberg, A. L. and S. A. Smulders (1996). Transitional Impacts of Environmental Policy in an Endogenous Growth Model. International Economic Review 37 (4): 861 – 893.

［54］Bovenberg, A. L. and S. Smulders (1993). Environmental quality and pollution-augmenting technological change in a two-sector endogenous growth model. Papersvolume 57 (3): 369 – 391.

［55］Bréchet, T., et al. (2014). Model predictive control, the economy, and the issue of global warming. Annals of Operations Research 220 (1): 25 – 48.

［56］Bretschger, L. (2005). Economics of technological change and the natural environment: How effective are innovations as a remedy for resource scarcity? Ecological Economics 54 (2): 148 – 163.

［57］Bretschger, L. (2009). How to substitute in order to sustain: Knowledge driven growth under environmental restrictions. Environment & Development Economics 3 (4): 425 – 442.

[58] Buonanno, P., et al. (2003). Endogenous induced technical change and the costs of Kyoto. Resource & Energy Economics 25 (1): 11 – 34.

[59] Cairneross, F. (2000). Economic Tools, International Trade and the Role of Business Sustainable Development: the Challenge of Transition. Cambridge, Cambridge University Press.

[60] Caselli, F. (2010). Accounting for Cross-Country Income Differences. Documentos De Trabajo 1 (05): 679 – 741.

[61] Chu, H. and C. C. Lai (2014). Abatement R&D, market imperfections, and environmental policy in an endogenous growth model. Journal of Economic Dynamics & Control 41 (1): 20 – 37.

[62] Coase, R. (1960). The Problem of Social Cost. Journal of Law & Economics 3: 1 – 44.

[63] Court, V., et al. (2015). Endogenous economic growth, EROI, and transition towards renewable energy. Working Papers 43 (1): 23 – 8.

[64] Damon, M. and T. Sterner (2012). Policy Instruments for Sustainable Development at Rio +20. Journal of Environment & Development 21 (2): 143 – 151.

[65] Dasgupta, P. and G. Heal (1974). The Optimal Depletion of Exhaustible Resources. Review of Economic Studies 41 (5): 3 – 28.

[66] Dasgupta, P. (1995). The economics of the environment. Environment and Development Economics 1 (4): 387 – 428.

[67] Dogan, E. (2016). Analyzing the linkage between renewable and non-renewable energy consumption and economic growth by considering structural break in time-series data. Renewable Energy 99 (12): 1126 – 1136.

[68] Dong-Dong, L. I. and J. Y. Yang (2015). R&D subsidy and environment tax combination based on growth model. Studies in Science of Science 33

(7): 1026 – 1034.

[69] Ebert, U. (1998). Relative Standards: a Positive and Normative Analysis. Journal of Economics 67 (1): 17 – 38.

[70] Ellis, K., et al. (2009). Policies for Low Carbon Growth. London, Overseas Development Institute.

[71] Escap, U. N. and UNEP (2013). Green Growth, Resources and Resilience Environmental Sustainability in Asia and the Pacific. Bangkok, United Nations and Asian Development Bank publication.

[72] Feenstra, T., et al. (2001). Environmental policy instruments in an international duopoly with feedback investment strategies. Journal of Economic Dynamics & Control 25 (10): 1665 – 1687.

[73] Forster, A. B. (1973). Optimal consumption planning in a polluted environment. Economic Record 49 (128): 534 – 545.

[74] Francis, J. G. (1993). The politics ofregulation: a comparative perspective. 56 (1): 291 – 304.

[75] Fullerton, D. and S. R. Kim (2008). Environmental investment and policy with distortionary taxes, and endogenous growth. Journal of Environmental Economics & Management 56 (2): 141 – 154.

[76] Gans, J. S. (2012). Innovation and Climate Change Policy. Social Science Electronic Publishing 4 (4): 125 – 145.

[77] Gerlagh, R. (2010). Too Much Oil. Working Papers 57 (1): 79 – 102.

[78] GGBP (2014). Green growth in practice: lessons from country experiences. GGBP.

[79] GGKP (2013). Moving towards a common approach on green growth indicators. Geneva, GGKP.

[80] Glemarec, Y. and J. A. P. de Oliveira (2012). The role of the visible hand of public institutions in creating a sustainable future. Public Administration & Development 32 (3): 200 – 214.

[81] Greaker, M. and K. E. Rosendahl (2008). Environmental policy with upstream pollution abatement technology firms. Journal of Environmental Economics & Management 56 (3): 246 – 259.

[82] Greaker, M. and T. Heggedal (2012). A Comment on the Environment and Directed Technical Change. Oslo, Frisch Center.

[83] Greaves, G. (2015). Evaluation of the DICE climate-economy integrated assessment. Mpra Paper 12 (5): 1 – 24.

[84] Görg, H. and E. Strobl (2007). The Effect of R&D Subsidies on Private R&D. Economica 74 (294): 215 – 234.

[85] Grimaud, A. and L. Rouge (2008). Environment, Directed Technical Change and Economic Policy. Environmental & Resource Economics 41 (4): 439 – 463.

[86] Grimaud, A. (1999). Pollution Permits and Sustainable Growth in a Schumpeterian Model. Journal of Environmental Economics & Management 38 (3): 249 – 266.

[87] Grossman, G. M. and A. B. Krueger (1995). Economic Growth and the Environment. Quarterly Journal of Economics 110 (2): 353 – 377.

[88] Groth, C. and F. Ricci (2011). Optimal growth when environmental quality is a research asset. Research in Economics 65 (4): 340 – 352.

[89] Groth, C. and P. Schou (2002). Can non-renewable resources alleviate the knife-edge character of endogenous growth? Oxford Economic Papers 54 (3): 386 – 411.

[90] Groth, C. and P. Schou (2007). Growth and non-renewable resources:

The different roles of capital and resource taxes. Journal of Environmental Economics & Management 53 (1): 80 – 98.

[91] Grubb, M., et al. (2002). Induced technical change in energy and environmental modeling: Analytic Approaches and Policy Implications. Social Science Electronic Publishing 27 (1): 271 – 308.

[92] Gupta, M. R. and T. R. Barman (2010). Health, infrastructure, environment and endogenous growth. Journal of Macroeconomics 32 (2): 657 – 673.

[93] Hallegatte, S., et al. (2012). From growth to green growth. Review of Environment, Energy and Economics-Re3.

[94] Hamdouch, A. and M. Depret (2010). Policy integration strategy and the development of the "green economy": foundations and implementation patterns. Journal of Environmental Planning & Management 53 (4): 473 – 490.

[95] Hardin, G. (1968). The Tragedy of Commons. Science 162: 1243 – 1248.

[96] Hart, R. (2004). Growth, environment and innovation—a model with production vintages and environmentally oriented research. Journal of Environmental Economics & Management 48 (3): 1078 – 1098.

[97] Hart, R. (2008). The timing of taxes on CO2 emissions when technological change is endogenous. Journal of Environmental Economics & Management 55 (2): 194 – 212.

[98] Haws K. L., Winterich, K. P., and R. W. Naylor. (2014). Seeing the world through GREEN-tinted glasses: Green consumption values and responses to environmentally friendly products. Journal of Consumer Psychology 24 (3): 336 – 354.

[99] Heal, G. and N. Tarui (2010). Investment and emission control under technology and pollution externalities. Resource & Energy Economics 32 (1): 1 – 14.

[100] Hettich, F. (1998). Growth effects of a revenue-neutral environmental tax reform. Journal of Economics 67 (3): 287-316.

[101] Hémous, D. (2012). Environmental Policy and Directed Technical Change in a Global Economy: The Dynamic Impact of Unilateral Environmental Policies. Paris, INSEAD.

[102] Itaya, J. I. (2008). Can environmental taxation stimulate growth? The role of indeterminacy in endogenous growth models with environmental externalities. Journal of Economic Dynamics & Control 32 (4): 1156-1180.

[103] Jaffe, A. B., et al. (2005). A Tale of Two Market Failures. General Information 54 (2): 164-174.

[104] James, D. E. and H. M. A. Jansen (1978). Economic approaches to environmentalproblems: techniques and results of empirical analysis. Amsterdam, Elsevier Scientific Pub. Co.

[105] Jänicke, M. (2012). "Green growth": F rom a growing eco-industry to economic sustainability. Energy Policy 48 (9): 13-21.

[106] Jones, C. I. (2002). Sources of U. S. Economic Growth in a World of Ideas. American Economic Review 92 (1): 220-239.

[107] Kalkuhl, M., et al. (2011). Renewable energy subsidies: Second-best policy or fatal aberration for mitigation? Social Science Electronic Publishing 35 (3): 217-234.

[108] Kato, K. (2011). Emission quota versus emission tax in a mixed duopoly. Environmental Economics & Policy Studies 13 (1): 43-63.

[109] Kilbourne, W. and G. Pickett (2008). How materialism affects environmental beliefs, concern, and environmentally responsible behavior. Journal of Business Research 61 (9): 885-893.

[110] Kim, S. E., et al. (2014). A new approach to measuring green

growth: Application to the OECD and Korea. Futures 63: 37 – 48.

[111] Kober, T., et al. (2014). Emission certificate trade and costs under regional burden-sharing regimes for a 2℃ climate change control target. Climate Change Economics 5 (1): 1 – 32.

[112] Krautkraemer, J. A. (1985). Optimal Growth, Resource Amenities and the Preservation of Natural Environments. Review of Economic Studies 52 (1): 153 – 170.

[113] Lane, J. E. (2010). The crisis from the point of view of evolutionary economics. International Journal of Social Economics 37 (6): 466 – 471.

[114] Lane, P. R. and A. Tornell (1999). The Voracity Effect. American Economic Review 89 (1): 22 – 46.

[115] Leipert, C. (2016). A Critical Appraisal of Gross National Product: The Measurement of Net National Welfare and Environmental Accounting. Journal of Economic Issues 21 (1): 357 – 373.

[116] Le, T. and C. L. Van (2014). Natural resources, R&D and economic growth. Workshop of the Australasian Macroeconomics Society.

[117] Lorek, S. and J. H. Spangenberg (2014). Sustainable consumption within a sustainable economy beyond green growth and green economies. Journal of Cleaner Production 63 (1): 33 – 44.

[118] López, R. (1994). The Environment as a Factor of Production: The Effects of Economic Growth and Trade Liberalization. Journal of Environmental Economics & Management 27 (2): 163 – 184.

[119] Löschel, A. and M. Schymura (2013). Modeling Technological Change in Economic Models of Climate Change. Encyclopedia of Energy Natural Resource & Environmental Economics (7): 89 – 97.

[120] Lucas, R. (1988). On the mechanisms of economic development.

Journal of Monetary Economics 22 (1): 3 –42.

[121] Magat, W. A. (1978). Pollution control and technological advance: A dynamic model of the firm. Journal of Environmental Economics & Management 5 (1): 1 –25.

[122] Majone, G. (1976). Choice among policy instruments for pollution control. Policy Analysis 2 (4): 589 –613.

[123] Marshall, A. (1890). Principles of Economics. London, Macmillan.

[124] Maurer, H., et al. (2013). Optimal Control of Growth and Climate Change—Exploration of Scenarios. Heidelberg, Springer Berlin Heidelberg.

[125] Metcalf, G. E. (2003). Pollution Taxes in a Second-Best World. Baltic Journal of Economics 4 (1): 21 –34.

[126] Michel, P. and G. Rotillon (1995). Disutility of pollution and endogenous growth. Environmental & Resource Economics 6 (3): 279 –300.

[127] Milesi-Ferretti, G. M. and N. Roubini (1998). On the Taxation of Human and Physical Capital in Models of Endogenous Growth. Journal of Public Economics 70 (2): 237 –254.

[128] Mohtadi, H. (1996). Environment, growth, and optimal policy design. Journal of Public Economics 63 (1): 119 –140.

[129] Moon, Y. S. and Y. H. Sonn (1996). Productive energy consumption and economic growth: An endogenous growth model and its empirical application. Resource & Energy Economics 18 (2): 189 –200.

[130] Moore, M. P. and P. Ranjan (2005). Globalisation vs Skill-Biased Technological Change: Implications for Unemployment and Wage Inequality. Economic Journal 115 (503): 391 –422.

[131] Moser, E. and A. Prskawetz, et al. (2013). Environmental Regulations, Abatement and Economic Growth. Dynamic Modeling & Econometrics in Eco-

nomics & Finance 14 (4): 1-24.

[132] Murray, C. K. (2013). What if consumers decided to all "go green"? Environmental rebound effects from consumption decisions. Energy Policy 54 (3): 240-256.

[133] Negny, S., et al. (2012). Toward an eco-innovative method based on a better use of resources: application to chemical process preliminary design. Journal of Cleaner Production 32 (3): 101-113.

[134] Newman, L. and A. Dale (2008). Limits to growth rates in an ethereal economy. Futures 40 (3): 261-267.

[135] Nikolai Kondratiev, D. (1935). The Long Waves in Economic Life. Review of Economic Statistics 6 (17): 105-115.

[136] Nordhaus, W. (2008). A Question of Balance: Weighing the Options on Global Warming Policies, Yale University Press.

[137] Nordhaus, W. D. (1992). An Optimal Transition Path for Controlling Greenhouse Gases. Science 258 (5086): 1315-1319.

[138] Nordhaus, W. D. (1994). Managing the global commons: the economics of climate change. Journal of Economic Literature (4): 26.

[139] OECD (2009). Declaration on Green Growth. Paris, OECD.

[140] OECD (2009). Green growth: Overcoming the crisis and beyond. Paris, OECD Publishing.

[141] OECD (2012). Inclusive Green Growth: For the Future We Want. Paris, OECD.

[142] OECD (2010). Interim Report of the Green Growth Strategy: Implementing our commitment for a sustainable future. Paris, OECD.

[143] OECD (2011). Towards green growth: Monitoring process-OECD indicators. Paris, OECD.

[144] OECD (2011). Towards Green Growth. Paris, OECD.

[145] Oueslati, W. (2015). Growth and welfare effects of environmental tax reform and public spending policy. Economic Modelling45: 1 – 13.

[146] Pigou, A. C. (1920). The Economics of Welfare. London, Macmillan.

[147] Ploeg, R. V. D. and C. Withagen (2013). Green Growth, Green Paradox and the global economic crisis. Environmental Innovation & Societal Transitions 6: 116 – 119.

[148] Popp, D. (2002). Induced Innovation and Energy Prices. American Economic Review92 (1): 160 – 180.

[149] Presley and Wesseh, et al. (2016). Optimal emission taxes for full internalization of environmental externalities. Journal of Cleaner Production 137: 871 – 877.

[150] Quaas, M. F. and S. Smulders (2013). Brown Growth, Green Growth, and the Efficiency of Urbanization. Environmental & Resource Economics (2): 1 – 21.

[151] Rauscher, M. (2009). Green R&D versus end-of-pipe emission abatement: A model of directed technical change. Thuenen-Series of Applied Economic Theory 106 (4): 1 – 18.

[152] Repetto, R. and R. Easton (2015). Analyzing Climate Uncertainty and Risk with an Integrated Assessment Model. Sais Review 35 (1): 47 – 59.

[153] Requate, T. and W. Unold (2003). Environmental policy incentives to adopt advanced abatement technology: Will the true ranking please stand up? European Economic Review 47 (1): 125 – 146.

[154] Ricci, F. (2007). Channels of transmission of environmental policy to economic growth: A survey of the theory. Ecological Economics 60 (4): 688 – 699.

[155] Romer, P. M. (1989). Endogenous Technological Change. Journal of Political Economy 14 (3): 71 – 102.

[156] Roseta-Palma, C., et al. (2010). Externalities in an endogenous growth model with social and natural capital. Ecological Economics 69 (3): 603 – 612.

[157] Samuelson, P. A. (1954). The Pure Theory of Public Expenditure. Review of Economics & Statistics 36 (4): 387 – 389.

[158] Selden, T. M. and D. Song (1995). Neoclassical Growth, the J Curve for Abatement, and the Inverted U Curve for Pollution. Journal of Environmental Economics & Management 29 (2): 162 – 168.

[159] SERI (2008). Emergence of Green Growth Era. Seoul, Samsung Economy Research Institute.

[160] Shrum, L. J., et al. (2006). Recycling as a marketing problem: a framework for strategy development. Psychology and Marketing 11 (4): 393 – 416.

[161] Sidgwick, H. (1887). The Principles of Political Economy. London, Macmillan.

[162] Smulders, S. and C. D. Maria (2011). The Cost of Environmental Policy Under Induced Technical Change, Environmental Economics and Climate Change Workshop Working Paper.

[163] Smulders, S. and E. V. D. Werf (2008). Climate policy and the optimal extraction of high- and low-carbon fossil fuels. Canadian Journal of Economics/ revue Canadienne Déconomique 41 (4): 1421 – 1444.

[164] Smulders, S. and M. D. Nooij (2003). The impact of energy conservation on technology and economic growth. Resource & Energy Economics 25 (1): 59 – 79.

[165] Smulders, S., et al. (2014). Growth theory and "green growth".

Oxcarre Working Papers 30 (3): 423 – 446.

[166] Solow, R. M. (1956). A Contribution to the Theory of Economic Growth. Quarterly Journal of Economics 70 (1): 65 – 94.

[167] Stasys, G. and S. Dalia (2008). Logistic growth models for analysis of sustainable growth. Transformations in Business & Economics 7 (3): 218 – 235.

[168] Sterner, T. and M. Damon (2011). Green growth in the post-Copenhagen climate. Energy Policy 39 (11): 7165 – 7173.

[169] Stiglitz, J. E. (1974). Growth with Exhaustible Natural Resources: The Competitive Economy. Review of Economic Studies 41 (5): 139.

[170] Stokey, N. L. (1998). Are There Limits to Growth? International Economic Review 39 (1): 1 – 31.

[171] Stokey, N. L. (2015). Catching up and falling behind. Journal of Economic Growth 20 (1): 1 – 36.

[172] Tamai, T. (2009). Variety of products, public capital, and endogenous growth. Economic Modelling 26 (1): 251 – 255.

[173] Torgerson, D. (2010). Rethinking Politics for a Green Economy: A Political Approach to Radical Reform. Social Policy & Administration 35 (5): 472 – 489.

[174] Tsur, Y. and A. Zemel (2009). On the dynamics of competing energy sources. Automatica a Journal of Ifac the International Federation of Automatic Control 47 (7): 1357 – 1365.

[175] UNEP (2012). Measuring progress towards an inclusive green economy. Nairobi, UNEP.

[176] UNEP (2011). Towards a green economy: Pathways to sustainable development and poverty eradication. Nairobi, UNEP.

[177] UNESCAP (2005). MCED 2005 bulletin: A summary report of the

fifth ministerial conference on environment and development in Asia and the Pacific. Souel, International Institute for Sustainable Development.

[178] Vazquez-Brust, D. A. and J. Sarkis (2012). Green Growth: Managing the Transition to Sustainable Economies. London, Springer.

[179] Victor, P. A. (2010). Ecological economics and economic growth. Annals of the New York Academy of Sciences 1185 (1): 237 –245.

[180] WB (2012). Inclusive GreenGrowth: The Pathway to Sustainable Development. Washington DC, World Bank.

[181] Xepapadeas, A. (1997). Economic development and environmental pollution: traps and growth. Structural Change & Economic Dynamics 8 (3): 327 –350.

[182] Young, W., et al. (2010). Sustainable consumption: Green consumer behaviour when purchasing products. Sustainable Development 18 (1): 20 –31.

[183] Zaddach, J. O. (2016). Climate Policy Under Intergenerational Discounting. Wiesbaden, Springer Fachmedien Wiesbaden.